AFRIQUE-OCCIDENT :
LE NEW DEAL INDUSTRIEL

Points de vue
Collection dirigée par Denis Pryen

Dernières parutions

Clotaire SAULET SURUNGBA, *La centrafricanité, antidote à la crise*, 2018.
Jean Clair MATONDO, *Congo. Toujours les mêmes*, 2018.
SHANDA TONME, SINDJOUN POKAM, Thomas TCHATCHOUA & Anselme NZOKO, *L'Université des Montagnes poursuit son chemin*, 2018.
SHANDA TONME, *L'obsession du complot bamiléké. Ma rencontre avec Jean Fochivé. Mémoire des années de braise au Cameroun. Fragments d'autobiographie politique*, 2018.
Salah EL GHARBI, *La « Cause palestinienne », cette malédiction arabe*, 2018.
Venant Fali NGALIKPIMA, *Cinquante-six ans après, que reste-t-il de Patrice Emery Lumumba ?*, 2017.
Flory E. KABONGO KAPENDA, L'échec du paradigme de l'État moderne en RDC Le projet d'un pacte social, 2017.
Augustin RAMAZANI BISHWENDE, *La démocratie doit s'inventer en Afrique*, 2017.
Augustin RAMAZANI BISHWENDE, *Le Kivu balkanisé, Miroir d'une mondialisation mafieuse*, 2017.
Paulin HOUNSOUNON-TOLIN, *Droits de l'homme et droits de la femme, Regard historique, philosophique et politique ou évidence d'une secondarité, Nouvelle édition*, 2017.
Alphonse NDJATE OMANYONDO N'KOY, *L'audace congolaise. Perspectives à partir de l'élection de 2006 en RDC*, 2017.
Laurent LWANGA FALAY, *La pensée du philosophe Kä Mana. Redynamiser l'imaginaire africain*, 2017.
Noël Bertrand BOUNDZANGA, *Le Gabon, une démocratie meurtrière*, 2016.
Paulin HOUNSOUNON-TOLIN, *Droits de l'homme et droits de la femme, Regard historique, philosophique et politique ou évidence d'une secondarité*, 2016

Amos René Martin Tonye

Afrique-Occident : Le New Deal industriel

Stratégie et politique économique

L'Harmattan

5-7, rue de l'École-Polytechnique ; 75005 Paris

http://www.editions-harmattan.fr/

ISBN : 978-2-343-16004-7
EAN : 9782343160047

SOMMAIRE

PREMIÈRE PARTIE

INTRODUCTION

CHAPITRE 1

QUEL MODÈLE ÉCONOMIQUE POUR DÉVELOPPER LES PAYS AFRICAINS PAUVRES ?

L'Afrique de demain ne sera pas comme l'Afrique d'aujourd'hui, c'est ce que les Asiatiques ont compris pendant que les Occidentaux semblent somnoler sur les acquis des accords de la conférence de Berlin (novembre 1884/février 1885) et de la décolonisation. Seuls ceux qui auront noué aujourd'hui un partenariat transparent avec l'Afrique pourront anticiper sur l'avenir, c'est-à-dire pourront préserver leurs intérêts stratégiques sur le sol africain et demeurer crédibles aux yeux du monde. Il nous convient de relever que ce monde est en train de changer inexorablement, ce monde est en pleine mutation irréversible, mu entre autres et particulièrement par l'évolution de l'internet et de la vitesse de l'information, en image et en temps réel. Dans ce futur village planétaire, on peut aisément comprendre qu'il sera très difficile, voire inacceptable, et intolérable d'alimenter des conflits, de provoquer des effusions de sang, de soutenir des dictatures et des gouvernements non démocratiques de façon souterraine pour préserver ses intérêts stratégiques sur le sol africain. C'est ce monde à venir que les Occidentaux eux-mêmes sont en train de créer, d'instaurer et d'imposer à travers leur impulsion du développement de la technologie, leur regard et leur propre discours sur les droits de l'homme qui participent de l'évolution des mentalités des nouvelles générations du monde, en général, et de l'ouverture d'esprit de la majorité des africains de demain, en particulier.

Pour nous situer sur l'Afrique et l'Occident qui sont les domaines que nous avons choisis pour cette réflexion, il est intéressant de préciser que le chômage sans cesse croissant de la jeunesse africaine sous nos yeux peut être vu comme une bombe à retardement qui pourrait détruire le continent africain, mais également l'Occident à travers les vagues d'immigration galopantes observées depuis les côtes et frontières méditerranéennes. Si rien n'est fait pour stopper efficacement à la racine, l'immigration clandestine en provenance des pays africains dont se nourrit l'extrême-droite européenne, croyez-nous, dans un avenir très proche, les Occidentaux perdront leur tranquillité. Car l'histoire renseigne à suffisance que chaque fois que les thèses d'extrême-droite prospèrent, comme c'est le cas en ce moment, cela s'est toujours très mal terminé[1].

[1] [...] origines et causes de l'hécatombe de la 2e Guerre Mondiale (Voir chapitre IV).

Ces réalités que nous venons très brièvement de décrire n'imposent-elles pas désormais à l'Occident et à l'Afrique de bâtir un front commun pour pouvoir faire face à ces difficultés communes ? Par souci d'efficacité, ce front commun ne devrait-il pas se matérialiser par un ''new deal'', une nouvelle alliance, ou encore, un partenariat transparent à construire entre l'Afrique et l'Occident, si ces deux entités voudraient éviter de ''se noyer'' ensemble, telles que les réalités dépeintes se renforcent au cours du temps, et le prédestinent ? Pour le compte de l'Afrique, ne reviendrait-il pas aux économistes et aux politiques africains d'appréhender cette opportunité que leur offre ce contexte particulier, et de formuler une nouvelle politique économique à soumettre à ce front commun ? C'est cette opportunité nécessaire que nous avons voulu saisir en écrivant cet ouvrage pour essayer de jeter les bases de ce front commun, ou encore, de ce ''new deal'' entre l'Afrique et l'Occident.

Cependant, en matière de politique économique, il est établi que nous pouvons agir sur deux leviers : le budget et la monnaie. Pour ce qui est de l'instrument monétaire, plusieurs propositions pertinentes ont été faites sur son usage en Afrique. Mais elles avaient, pour certaines, des faiblesses d'ordre technique, et pour d'autres, d'ordre politique (elles n'ont pas pris en compte les rapports de force dans leur faisabilité). Les aspects techniques ayant déjà été examinés par la littérature économique abondamment disponible sur la question, nous envisageons la rédaction d'un prochain ouvrage qui compte élaborer une stratégie pour rendre réalisable l'usage de l'instrument monétaire en Afrique.

En ce qui concerne l'instrument budgétaire, nous proposons dans cet ouvrage, une alternative aux modèles économiques actuellement mis en œuvre en Afrique, qui grèvent considérablement les ressources budgétaires limitées des États africains sans pouvoir impacter de façon significative sur leur développement. Nous proposons également une vision tournée vers la production industrielle et l'industrialisation des pays africains. À la lecture de la phrase précédente, certaines personnes estimeront hâtivement que nous ne disons rien de nouveau, prétextant probablement qu'il y a des lustres que les économistes et les services économiques de la plupart des États africains le proposent. Mais, entre le suggérer et élaborer une stratégie réalisable (réaliste et concrète) pour parvenir à la vision ou atteindre le but recherché, il y a là une grande différence qui n'a d'égale que celle qui existe entre un vœu et une vision.

La différence qui existe entre une vision et un vœu est la suivante : un vœu repose sur des souhaits et des intentions. Par exemple, il faut que les économies africaines s'industrialisent pour que l'Afrique sorte du sous-développement, ou encore, nous serons un pays émergent à l'horizon 2000 X et le pays africain le plus industrialisé à l'horizon 2000 Y, sans pour autant décliner la stratégie qui va rendre ces souhaits réalisables, c'est-à-dire, qui va nous permettre d'implémenter ces objectifs. Tandis qu'une vision repose sur une stratégie pour parvenir à rendre le but ou les objectifs que l'on s'est fixés, réalisables. Il n'y a donc pas de politique économique sans vision. Sinon, elle devient un vœu, à la limite, un vœu pieux.

Toute politique économique surtout dans le cadre d'une économie ouverte doit être adossée sur une stratégie, et non sur des souhaits et des intentions, pour la rendre réalisable. L'industrialisation d'un pays ou de tout un continent n'est alors guère possible sans la tactique, ou la stratégie et le sens critique de ceux qui le gouvernent. Malgré nos vœux et nos souhaits : les schémas directeurs d'industrialisation ou les PDI (Plans de Développement Industriel), dont la mise en œuvre n'a pas bougé d'une ligne alors que depuis notre naissance, nous en entendons parler puisqu'ils ont été élaborés, depuis les années 80 et même avant par la plupart des gouvernements africains. La maîtrise de la dimension stratégique semble alors être une des grandes faiblesses[2] de la plupart des ministres en charge de l'Économie dans les gouvernements africains qui ne réalisent pas que l'industrialisation bien que relevant d'un domaine technique, est une question hautement géostratégique et politique. Car, elle repose sur un enjeu géostratégique[3] majeur dont dépend la survie de toutes ces économies dites modernes à travers le monde. En d'autres termes, penser une politique économique, dans le cadre des économies africaines de plus en plus ouvertes, au contact des grandes puissances internationales et des économies plus fortes, sans questionner sa faisabilité, ou encore, les conditions de sa mise en œuvre par rapport aux influences extérieures, est voué à l'échec. Comme le dirait Kant, la théorie sans la pratique est inutile, la pratique sans la théorie est aveugle. Raison pour

[2] [...] limites des pays africains à l'industrialisation de l'Afrique (Voir Chapitre IV)
[3] Enjeux géostratégiques de l'industrialisation (Voir chap. IV)

laquelle nous avons compartimenté cet ouvrage en deux blocs : un bloc pratique (chapitres 4 à 9) et un bloc théorique (chapitres 10 à 13).

Sur le plan pratique, nous élaborons une stratégie pour rendre réalisable (concrète et réaliste) l'industrialisation des pays africains, et nous formulons des modèles économiques ou encore des politiques de développement qui sont en adéquation avec les réalités, les ressources budgétaires et naturelles des États africains pour parvenir à réduire les rigidités (à améliorer les facteurs de production) pour moderniser les économies africaines dans la perspective de les rendre compétitives (débloquer l'offre) et résorber ce chômage de masse sur le sol africain à l'effet de sédentariser la jeunesse africaine dans son milieu naturel, dans l'intérêt de toutes les parties (les Africains comme les Occidentaux). Une jeunesse démographiquement majoritaire et en croissance exponentielle, sans espoir, sans emploi et condamnée à la misère, a pour seul espoir, la traversée de la méditerranée. Cette perspective lui offre au moins, deux possibilités : « 50 % d'être avalée par un requin et 50 % de chance d'atteindre ''la terre promise'', ou l'eldorado européen, alors qu'en restant en Afrique, selon cette jeunesse africaine, c'est 100 % de chance d'être avalée et de mourir par la misère ».

Sur le plan théorique, nous voulons établir le lien entre l'analyse économique et la réalité. Le but de cette partie est de permettre particulièrement à l'étudiant (l'intellectuel et le décideur de demain) de l'Occident et de l'Afrique de se familiariser à ce type d'exercice qui consiste à établir le lien entre les questions fondamentales de l'analyse économique (la théorie) et les problèmes spécifiques réels afin d'y apporter des solutions claires, simples et concrètes adaptées aux spécificités et aux réalités de son environnement ou de son pays, puis de l'environnement extérieur et international (la pratique et la stratégie).

Selon J.M. Keynes, c'est la demande qui crée l'emploi. En ce sens que c'est elle qui détermine le niveau de la production, c'est-à-dire de l'emploi. C'est une vision qui lui a été inspirée par ses maîtres, Marshall et Pigou. Marshall est, ce que nous pouvons appeler le père de l'économie industrielle. Ce sont ses travaux qui jettent les bases de cette économie. Ils s'intéressent aux effets externes, au rendement croissant, à la situation de monopole. C'est grâce à lui que progresse l'analyse de la demande en introduisant les concepts d'élasticité et de surplus de consommateurs. Mais, là où Keynes, dans *la théorie générale de l'emploi, de l'intérêt et de la monnaie*, se démarque, c'est lorsqu'il précise et ajoute qu'« une intervention discrétionnaire de l'État est donc nécessaire pour maintenir l'économie au voisinage de l'équilibre de plein emploi ». Ce qui veut dire en d'autres termes que le marché n'est plus autorégulateur. Il rompt ainsi avec l'orthodoxie ou la théorie de la main invisible issue d'Adam Smith et perpétuée par Léon Walras avec son modèle d'équilibre général dont l'idée est partiellement partagée par Alfred Marshall. Puisque, Marshall raisonne en équilibre partiel. Il étudie la détermination de l'équilibre sur un marché particulier.

À partir d'une compréhension de la démarche keynésienne, nous voulons envisager un dépassement qui fondera une économie contextualisée dans les pays en développement à mesure de susciter la stabilité, d'accélérer la croissance et l'intrusion des économies africaines dans le concert des nations industrialisées. Ainsi, les éléments que nous voulons à la suite de Keynes ajouter, développer et montrer sont les suivants :

1. La théorie économique peut conserver presque toute son influence pratique. Même si d'une part, les grands diplômés tout court, d'origine africaine limitent souvent leurs contributions scientifiques à la formulation mathématique inutile et à la manipulation des concepts théoriques « savants » à peine bons pour les amphis, sans en établir le lien avec la pratique ou la réalité et sans en prouver l'utilité pour l'amélioration des conditions de vie de leurs concitoyens. Même si, d'autre part, ceux qui ont lu Keynes n'en retiennent souvent qu'un aspect partiel. C'est souvent le rôle de la demande effective et du multiplicateur d'investissement qui les intéresse. Alors que les fléaux que Keynes cherchait à combattre, c'est le chômage et la pauvreté qui représentent nos chevaux de bataille dans cet ouvrage. C'est le problème majeur du monde en général et de l'Afrique en particulier ;

2. S'il est vrai que la demande crée l'emploi, à son tour, l'emploi, donc la production, crée la demande globale, nous devons alors débloquer l'offre en Afrique à travers la production industrielle sur le sol africain. Car, le niveau de vie d'une économie, par exemple la pauvreté d'une société, dépend de sa capacité ou de son incapacité à produire des biens et services ;

3. S'il est également vrai que la régulation de l'État est nécessaire dans certains cas, l'on ne saurait faire abstraction de la confrontation de l'offre et de la demande qui influence la fixation du prix sur le marché ;
4. S'il est enfin vrai qu'une économie ne saurait totalement fonctionner sur la base des mécanismes automatiques, l'on ne saurait limiter le rôle du visible à celui de l'invisible, surtout pas dans les économies en développement. Un État riche ou développé, en tant qu'agent économique, n'a pas besoin de s'insérer dans le circuit de la production et de la concurrence pour la satisfaction d'un intérêt général qui conduit au développement, puisqu'il est déjà développé. Mais, un État pauvre et sous-développé, pour la rationalisation de ses ressources budgétaires limitées et l'efficacité de ses actions dans certains secteurs de son économie, par exemple en ce qui concerne la construction et le développement de ses infrastructures publiques, devrait s'insérer de façon loyale dans le circuit de la production et de la concurrence pour la satisfaction de l'intérêt général qui conduit à son développement et à sa sortie réelle de la pauvreté. En somme, un État pauvre et sous-développé devrait être à la fois régulateur et concurrent dans certains secteurs de son économie qui concourent à la satisfaction de l'intérêt général qui mène à son développement.

Pour mieux illustrer cette disposition, relevons que le niveau de performance de l'économie américaine offre la possibilité aux Américains d'être réticent à l'idée d'un système de sécurité sociale dans le secteur de la santé comme celui pratiqué en France. Mais, l'État français, pourrait-il pour le moment s'en passer ? Pourquoi les partenaires au développement contraignent-ils les États africains à implémenter un modèle néolibéral dans le secteur des travaux publics comme c'est le cas aujourd'hui dans les pays occidentaux dont les économies sont de loin performantes ? L'idée d'un État, agent économique, fût-il pauvre et sous-développé, qui doit passer le relais au secteur privé, dans tous les secteurs de son économie, et se confiner à l'unique rôle de régulateur serait-elle encore raisonnable ? Est-ce parce que les fonctionnaires ont échoué dans la gestion des entreprises d'État en Afrique que l'État va cesser d'être guidé par la recherche de l'intérêt général et de l'équité entre les acteurs, que l'on ne saurait imaginer un modèle où, dans certains secteurs prioritaires de développement, certaines entreprises pourraient être constituées à capitaux publics, mais, à gestion privée ? Le cas Exim Bank China n'en serait-il pas une parfaite illustration ? Si Exim Bank China avait été une banque occidentale, aurait-elle existé sous la forme actuelle ? Le modèle d'une banque d'État à capitaux publics et à gestion privée fait-il d'Exim Bank China la plus importante banque de la Chine et de la planète à travers laquelle, la Chine parvient à damer le pion aux Occidentaux et à s'imposer à travers le monde ? Pouvons-nous nous inspirer des modalités et des règles dans le secteur de la justice telles qu'elles sont définies dans tous les pays du monde, où l'État est, à la fois juge et justiciable, et les transposer dans certains secteurs de l'économie des pays pauvres, notamment dans le secteur des travaux publics en ce qui concerne la construction et le développement de leurs infrastructures publiques ? Connaissons-nous un continent ou un seul pays au monde qui aurait atteint un niveau acceptable de développement de ses infrastructures publiques avec le chemin de fer et les matériaux prioritaires de construction privatisés tels que le ciment, l'acier, le bitume, le sable et la pierre ?

Haussmann Saint-Lazare, Georges Washington et autres, qui ont bâti des belles villes en Occident, avec des routes, des boulevards, de jolis immeubles et de grands espaces urbains qui suscitent, jusqu'aujourd'hui respect et admiration, l'ont-ils fait avec les matériaux prioritaires de construction et le chemin de fer privatisés ?

En somme, cet ouvrage de stratégie et de politique économique ne recommande pas seulement ce qu'il faudrait faire, il indique pourquoi et comment le faire. Donc, il pose et tente de résoudre la problématique de l'industrialisation et des politiques (modèles) de développement de l'Afrique dans la mesure où :

1. Il en étudie les conditions et formule une stratégie pour parvenir à une véritable industrialisation de l'Afrique.
2. Il récuse le modèle néolibéral imposé par les partenaires au développement dans le secteur des travaux publics en Afrique et formule une alternative : un modèle semi-libéral, intitulé le modèle CPFC ou le Plan T. pour la construction et le développement des infrastructures publiques, en grand nombre et qualité, en adéquation avec les ressources budgétaires et naturelles des pays africains.

3. Il formule une véritable politique agricole et une ingénierie particulière de financement de l'agriculture adaptée aux réalités du secteur agricole des pays africains.
4. Il formule une politique de transformation du bois au plan local qui tient compte des réalités locales et extérieures afin de la rendre réalisable (réaliste et concrète).
5. Il formule une politique de financement de la couverture sanitaire universelle adaptée aux réalités des pays africains.
6. Enfin et en annexe, il préconise pour l'Occident (ami), partenaire traditionnel et historique de l'Afrique, une alternative à la diplomatie (coopération) ringarde asiatique en Afrique.

Les partenaires au développement de l'Afrique que sont les investisseurs privés, les institutions de Brettons Woods et les autres bailleurs de fonds (bilatéraux et multilatéraux) ne devraient-ils pas examiner en profondeur, les propositions contenues dans cet ouvrage qui pourraient inspirer les politiques économiques à mettre en œuvre dans les pays pauvres pour les trente prochaines années, tels que les travaux de Samuelson, prix Nobel d'économie en 1970, ont inspiré les politiques dites keynésiennes des « trente glorieuses » ?

CHAPITRE 2

POURQUOI DEVONS-NOUS IMPÉRATIVEMENT INDUSTRIALISER LES ÉCONOMIES AFRICAINES ?

L'illustre ancien président ghanéen, de regrettée mémoire, KWAME NKRUMAH affirmait, à la suite d'Emmanuel Kant, que « pratique sans théorie est aveugle, théorie sans pratique est vide ». Le philosophe français Henry Bergson ne pensait pas le contraire dans *l'évolution créatrice,* lorsqu'il définissait l'intelligence en ces termes : « l'intelligence, envisagée dans ce qui en paraît être la démarche originelle, est la faculté de fabriquer les objets artificiels, en particulier, les outils à faire les outils, et d'en varier indéfiniment la fabrication ». En d'autres termes, l'industrialisation qui est cette faculté, cette capacité de l'homme à dominer la matière, à fabriquer les objets artificiels, et en varier indéfiniment leur fabrication, matérialise l'intelligence humaine. La question qui en découle et que l'on devrait se poser au niveau de chaque pays africain est la suivante : sommes-nous un peuple intelligent si nous ne parvenons pas à transformer la matière pour en faire des outils ? Dès lors, l'industrialisation de notre continent devient un impératif catégorique. Car, elle permet à notre peuple de matérialiser son intelligence et de s'affirmer comme un peuple intelligent qui ne se limite pas seulement à courir après un ballon rond, à célébrer des lauriers de façade.

Tel que je l'ai exprimé par exemple au Premier ministre du Cameroun, Monsieur Philémon YANG, à l'occasion d'une audience qu'il a bien voulu me faire l'honneur de m'accorder à la primature le 7 janvier 2014 : je prédisais, d'après mes analyses que le Cameroun retournera au FMI dans les toutes prochaines années. À son étonnement, j'ai renchéri que les coûts du pétrole chuteront drastiquement bientôt. Ce qui a davantage et légitimement alimenté son étonnement, en raison du chiffre jamais égalé auparavant par le prix du baril, même pas après le second choc pétrolier de 1979 causé par l'arrivée des Ayatollahs au pouvoir en Iran, et du fait de la bonne santé économique apparente du Cameroun à cette date, due à l'atteinte du point d'achèvement de l'initiative PPTE en 2006. J'ai ajouté avec insistance que techniquement, c'était inéluctable parce que DAECH (l'État islamique) est en train de vendre du pétrole à des prix extrêmement bas (entre 50 et 70 dollars le baril) dans le marché noir et malgré les appels à l'ordre des Américains, certains pays continuent de l'acheter en cachette pour faire tourner leurs économies. Par conséquent, pour couper cette source importante de financement de l'effort de guerre de DAECH, les Américains sont contraints de faire chuter drastiquement dans les jours à venir, les coûts officiels du baril du pétrole. Ce qui va amener ces pays à ne plus prendre les risques inutiles et à retourner logiquement sur le marché officiel. Ensuite, je lui ai affirmé que, si j'avais été conseiller du gouvernement américain, c'est ce que je recommanderais techniquement dans mes notes. Malheureusement[4], cette situation va automatiquement affecter notre balance de paiements. Ce qui va justifier le retour du FMI. Bien qu'il en douta, il m'a demandé ce que nous pourrions faire au Cameroun ?

Je lui ai en réalité expliqué ce que nous évoquerons dans la suite de l'introduction de cet ouvrage (Chapitre III.1. La tactique ou la stratégie) et les conditions que je lui ai décrites à l'époque, l'industrialisation est l'option économique qui va permettre à notre pays de modifier et de diversifier la structure de notre appareil de production pour permettre à notre économie de pouvoir faire face à l'avenir, aux fluctuations des cours des matières premières et des produits primaires. Ce qui pourrait faire du Cameroun, un pays concrètement émergent.

Dans cette dynamique productive, il faut souligner que la modification et la diversification de la structure de notre appareil de production signifient qu'à côté des quelques produits primaires (pétrole, bois et cacao qui représentent, à eux seuls, 82 % de nos exportations (source, INS-Institut National des Statistiques) en nous abstenant par ailleurs d'additionner la banane et le coton pour ne pas faire apparaître l'essentiel des exportations d'un pays comme le Cameroun. L'industrialisation de notre pays va nous permettre de transformer nos matières premières sur place, en des produits manufacturiers, ou en produits finis qui offrent la possibilité de varier, multiplier et diversifier indéfiniment leur production pour permettre à une économie de ne pas ressentir les fluctuations baissières des cours des matières premières et des produits primaires. En plus, les produits manufacturiers génèrent les richesses que nous appelons en langage économique, de la valeur ajoutée dont la création va favoriser l'émergence concrète du pays.

La valeur ajoutée en langage simple, c'est ce dollar de chaque Américain, ce yen de chaque japonais et cet euro de chaque Européen que capte l'économie d'un pays chaque fois qu'elle réussit à placer sur les différents marchés à travers le monde, un produit fabriqué ou « made in » ce pays. C'est pour cela qu'un pays peut être riche sans

---

[4] *Effectivement, six mois plus tard, en juin 2014, les cours du pétrole ont chuté et trois ans plus tard, en 2017, le Cameroun est retourné au FMI.*

être émergent. C'est-à-dire, posséder en abondance un produit primaire comme le pétrole et subvenir aux besoins de ses citoyens sans jamais être émergent. Ce fut par exemple, le cas de la Libye de KHADAFI. Tel n'est même pas à présent, le cas de la plupart des pays africains en général et du Cameroun en particulier. Les entreprises industrielles sont alors les seules susceptibles de générer et de créer des emplois à l'échelle industrielle. C'est-à-dire, les seules techniquement capables d'employer la majeure partie de notre jeunesse et la majorité de nos concitoyens en âge de travailler pour accélérer et accroître la capacité de production (la productivité) du pays donc la croissance, quel que soit le pays africain.

Comme nous allons, par ailleurs, le montrer dans la quatrième partie de cet ouvrage réservée à la théorie économique, l'industrialisation va permettre à notre économie à travers la création de la valeur ajoutée, d'accroître notre revenu global, notre PIB[5], en boostant nos points de croissance. L'augmentation de l'emploi et l'augmentation de la productivité sont à la fois, au plan statistique ou comptable, les deux indicateurs de croissance. Ainsi, la croissance (l'augmentation de l'emploi et l'augmentation de la productivité) a un effet multiplicateur et des implications intéressantes sur tous les secteurs économiques du pays. Car, l'augmentation de l'emploi (du travail) génère l'augmentation de la production (la productivité) qui génère davantage de l'emploi. Lorsque l'on a de l'emploi, l'on a le pouvoir d'achat. Quand l'on a le pouvoir d'achat, l'on a la possibilité de consommer. L'augmentation de la consommation (à l'intérieur et à l'extérieur des produits « made in » chez vous), à son tour, génère à nouveau de la productivité et de l'emploi, génère l'épargne, génère l'investissement, génère des impôts. Et quand un État commence à collecter des impôts importants, il peut à son tour investir pour pouvoir développer l'ensemble du pays. Et l'ensemble d'un pays qui migre ainsi du sous-développement vers le développement est un pays dit émergent. C'est la résultante d'un cycle économique vertueux.

[5] *« Rien ne se perd, rien ne se crée, tout n'est que transformation » de la même valeur dans une économie. 1 dollar dépensé par un acheteur correspond à 1 dollar reçu par un vendeur dans une économie. 1 dollar capté à l'extérieur (dans une autre économie ou dans un autre pays), par un produit fabriqué chez vous, est logiquement un dollar en plus pour votre économie, donc, pour votre PIB : la valeur ajoutée.*

L'émergence d'un pays ne se décrète donc pas comme nous l'entendons par-ci par-là dans les pays africains. Dans le cas des économies africaines, comme celle du Cameroun qui ne produit presque rien et grève plutôt son PIB à travers les importations, le niveau de vie de la majorité des Camerounais va plutôt se dégrader d'année en année, si nous ne commençons pas à produire et à exporter. Auquel cas, l'émergence du Cameroun est impossible en 2035. Nous pouvons davantage affirmer tout comme nous allons le prouver par la suite, dans la partie théorique, que l'émergence des pays africains n'est pas possible avec un PIB qui s'effrite[6] au quotidien à cause de la faible productivité et des importations massives non compensées (le déficit commercial observé).

Cette situation (cette façon de décréter l'émergence dans les pays africains) correspond exactement à celle d'une personne qui saigne abondamment et qui ne reçoit pas en retour du sang à la hauteur de ce qu'il en perd, mais proclame haut et fort que dans les jours à venir, non seulement, elle sera encore debout, mais qu'elle aura en plus, la capacité de courir (c'est-à-dire la capacité d'atteindre le niveau de productivité, donc de croissance qui conduit à l'émergence). Cela relève soit de la fanfaronnade, soit de la roublardise (de la mauvaise foi), soit de l'ignorance. Car, c'est une personne qui est plus proche de l'anémie qu'autre chose. Et, c'est cette anémie qu'essaye de soigner tant bien que mal, le médecin que l'on appelle le FMI.[7]

Dans le cas des nations africaines qui se rapprochent d'une situation d'anémie collective, ou de l'anémie de la majorité des personnes qui les composent, il est normal que l'instinct de survie qui habite chaque être humain pousse la jeunesse, démographiquement majoritaire en Afrique, à refuser de mourir de l'anémie (un revenu de plus en plus bas), alors qu'en face, il y a des personnes qui ont du sang

---

[6] *Comme « Rien ne se perd, rien ne se crée, tout n'est que transformation » de la même valeur dans une économie, chaque fois que vous sortez 1 dollar de votre PIB pour importer un bien ou un service, et ne compensez pas ce dollar par une exportation d'un produit, « made in » chez vous, dont la valeur sur le marché est ≥ 1 dollar, vous créez logiquement un déficit à votre économie (PIB).*

[7] *Le FMI (Fonds Monétaire International) est une institution que les Américains ont créée au lendemain de la 2e guerre mondiale en 1945 à l'effet de s'assurer que les dollars qu'ils avaient dépensés pour la reconstruction de l'Europe seront remboursés. Ce qui veut dire que le FMI ne s'occupe que des pays qui ont des problèmes de balance de paiements. En langage simple, des pays qui ont des difficultés de trésorerie.*

en abondance (un revenu élevé) dans les pays occidentaux riches, à aller essayer d'obtenir une transfusion sanguine auprès des occidentaux par tous les moyens même au risque de :

- leur vie, c'est-à-dire de se faire asservir ou avaler par des requins en méditerranée, « qui ne risque rien n'a rien. De toutes les façons, en essayant l'aventure, l'on a 50% de chance d'atteindre Canaan ou 50 % de mourir en chemin, tandis qu'en restant au pays, selon la jeunesse africaine, l'on est sûr à 100 % de mourir d'anémie »;

- la vie de ceux qui sont supposés leur procurer de leur sang : c'est le cas d'un bon nageur en pleine baignade paisible qui est surpris dans son bassin (un environnement de bien-être) par la présence d'une personne qui s'agrippe brusquement et s'accroche sur lui en essayant de se débattre comme elle peut pour ne pas se noyer et espérer être sauvée. La suite, vous pouvez la deviner.

C'est ce risque que l'Occident est en train de courir et de faire courir aux Occidentaux avec le déferlement des vagues d'immigration de la jeunesse africaine, depuis les côtes et frontières méditerranéennes, dont rien ne pourra ni stopper ni altérer la détermination. Car, rien ne peut stopper ou altérer l'instinct de survie, en dehors de la vie. Il est donc sage que ceux qui possèdent les capitaux, le savoir-faire, la technologie et les moyens de dissuasion qui participent de l'amélioration des conditions et du niveau de vie de leurs populations (un environnement de bien-être), participent à améliorer les contions et le niveau de vie des autres afin de les sédentariser dans leur espace d'origine, dans l'intérêt de l'Occident riche et des Occidentaux.

Cela s'appelle l'anticipation rationnelle du bon nageur, qui pour éviter d'être transformé en sauveteur inopiné (malgré lui) et courir le risque d'une noyade sous l'effet de la surprise dans son propre bassin paisible (un environnement de bien-être), décide d'aller soutenir dès maintenant, le voisin chez lui à la création d'un bassin paisible en se rassurant bien entendu que l'approvisionnement en eau du bassin du voisin ne contribuera pas à tarir son propre bassin : c'est le sens de l'économie positive que prône Jacques ATTALI dans son ouvrage *Pour une économie positive*.

Il n'est alors guère question pour nous de demander à l'Occident de se faire harakiri pour l'Afrique et les Africains. Nous sommes conscients des vives tensions politiques internes, de la recrudescence des extrêmes, de la grogne des chômeurs et des syndicats dues à la montée du chômage dans les pays occidentaux, mais aussi à l'immigration galopante auxquelles les dirigeants occidentaux sont en train de faire face. Une situation qui les amène à ne pas envisager une source supplémentaire de concurrence industrialo-commerciale en dehors de celle qu'ils subissent actuellement de plein fouet des pays asiatiques, que les occidentaux, attirés par le passé uniquement par une main-d'œuvre bon marché, ont par ailleurs contribué à industrialiser, à travers les délocalisations industrielles.

Raison pour laquelle, en de telles circonstances, l'oiseau de minerve de Platon commande à l'intellectuel d'inventer des réflexions, des solutions appropriées. D'où tout l'intérêt de la stratégie d'industrialisation véritable de l'Afrique que nous vous proposons dans cet ouvrage et qui a le mérite de :

1. Ne pas écorcher les intérêts stratégiques des Occidentaux.

2. Affaiblir l'industrialisation asiatique.

3. Ne faire ni concurrence aux industries occidentales ni menacer leurs emplois pour ne pas embarrasser leurs dirigeants.

4. Sédentariser la jeunesse en Afrique et de stopper efficacement à la racine, l'immigration avec toutes ses conséquences en Occident.

Comme Alfred de Vigny, c'est une bouteille que nous avons jetée à la mer.

CHAPITRE 3

APPROCHE
ET
PRÉSENTATION DE L'OUVRAGE

III.1. Sur la stratégie ou la tactique

III.2. Sur la méthodologie

III.3. Sur la nouvelle alliance et le titre de l'ouvrage

Ce dernier volet introductif consacré à l'approche et à la présentation de cet ouvrage s'articule en trois points : la stratégie ou la tactique, la méthodologie, et, la nouvelle alliance et le titre de l'ouvrage.

III.1. SUR LA TACTIQUE OU LA STRATÉGIE

Bien avant nous, certains travaux ont traité du passage d'une économie africaine de rente vers une économie de transformation, c'est-à-dire, de l'importance de l'industrialisation de l'Afrique. D'autres ont également préconisé la délocalisation industrielle occidentale comme moyen d'industrialisation de l'Afrique. Or, la délocalisation suppose la suppression des postes et le transfert des emplois de l'Occident vers l'Afrique. Ce qui apparaîtrait, actuellement comme une provocation aux yeux des dirigeants occidentaux. Parce qu'ils sont eux-mêmes confrontés à de sérieux problèmes de chômage dans leurs propres pays.

Cependant, une problématique subsiste : « Comment produire dans un pays africain à partir de ses matières premières, les produits manufacturiers, ou encore, produits finis à exporter à travers les différents marchés du monde, sans heurter les intérêts des puissances occidentales, ni embarrasser leurs dirigeants ? En d'autres termes :

1. Comment une véritable industrialisation de l'Afrique pourrait-elle concrètement se réaliser sans qu'elle ne se transforme en une source de conflits et de déstabilisation permanente des États et des Gouvernements africains, mais plutôt, en une source de paix et de renforcement de la démocratie en Afrique, de l'épanouissement des populations africaines et du développement réel des pays africains ?
2. L'Afrique possède-t-elle le savoir-faire, la technologie, les importants capitaux et les moyens de dissuasion nécessaires à son industrialisation véritable ?
3. Comment une industrialisation véritable de l'Afrique pourrait-elle concrètement se réaliser sans provoquer la montée du chômage et celle de l'inflation dans les économies des partenaires occidentaux au développement de l'Afrique (puisqu'elles sont dépendantes de l'approvisionnement des

matières premières en provenance des pays du continent africain) ?

4. Une véritable industrialisation africaine pourrait-elle se dérouler sans faire concurrence et sans impacter négativement les industries occidentales (puisqu'elles sont dépendantes de l'approvisionnement des matières premières en provenance des pays du continent africain). Sans exacerber davantage les difficultés politiques (la montée de l'extrême-droite) et économiques actuelles de l'Occident et des dirigeants occidentaux ?
5. À quelles conditions les concurrents pourraient-ils cesser de multiplier tous les stratagèmes possibles pour empêcher par tous les moyens, les pays africains de transformer leurs propres matières premières, ou d'accéder à une véritable industrialisation ?

Telles sont les questions auxquelles nous tenterons d'apporter des éléments de réponses ou de proposer des solutions concrètes dans la deuxième partie de cet ouvrage pour tranquilliser les Occidentaux, mais aussi, les Africains avant d'entamer d'autres développements intéressants. Nous sommes conscients du blocage majeur à l'industrialisation véritable de l'Afrique que constitue cette problématique à la fois économique, politique et géostratégique.

C'est pour cela que, malgré de multiples schémas directeurs d'industrialisation (des PDI ou Plans de Développement Industriel) élaborés depuis les années 80 et même avant par la plupart des chefs de départements de l'économie des gouvernements des pays africains, ces derniers n'ont pu accéder à une véritable industrialisation. Car, ces chefs de départements ne sauraient proposer une réponse à une problématique qu'ils n'ont pu formuler. Seule, une réponse claire et précise à cette problématique, ci-dessus formulée, permettra d'industrialiser véritablement et sans douleur, les pays du continent africain.

En guise d'illustration, la première, la décolonisation africaine a été obtenue dans la douleur (effusions de sang, horribles souffrances des populations dans des villages entiers transformés en camps de concentration, nationalistes dont les vies ont été sauvagement et lâchement écourtées). Toutefois, l'Afrique n'a toujours pas connu de véritable décolonisation. Pourrions-nous seulement imaginer, un seul instant, une tentative de colonisation à ciel ouvert d'un pays africain, fût-il d'Afrique noire par un pays de l'Occident ou d'ailleurs, en ce moment ? En effet, la « colonisation à ciel ouvert » n'est ni acceptée ni tolérée aux yeux du monde actuel, elle a juste changé son visage hideux. Elle s'est muée en néo colonisation. C'est-à-dire, une colonisation encore plus dangereuse, en ce sens, qu'il s'agit d'une colonisation à la fois pernicieuse et sournoise. Souhaiterions-nous obtenir une pseudo industrialisation dans la douleur, qui soit demain, déguisée et perpétuée sans douleur apparente aux yeux du monde, ou alors, obtenir une véritable industrialisation grâce à la tactique et au compromis (la stratégie) ?

En ce qui concerne la deuxième illustration, les professeurs Jean Pierre COT et Jean Pierre MOUNIER définissent dans leur ouvrage intitulé *Pour Une Sociologie Politique,* la sociologie politique comme étant « la fille incestueuse du droit et de l'histoire ». C'est en nous appuyant sur cette définition de la sociologie politique que nous proposent les Professeurs COT et MOUNIER que nous avons eu le devoir de convoquer cette déclaration du ministre chinois des Affaires étrangères sur la chaîne thématique de télévision internationale Euro News, en date du 5 mars 2014, qui stipulait que : « le monde des affaires est très complexe. C'est pourquoi le gouvernement chinois n'a de cesse d'augmenter chaque année, de façon exponentielle, le budget militaire de la Chine ».

À la lumière de cette déclaration du ministre chinois des Affaires étrangères, l'industrialisation d'un pays est alors une question très sensible. C'est une question certes technique, puisque relevant du domaine économique. Mais, au-delà des difficultés et non des moindres liées à la mobilisation des moyens de dissuasion, d'importants capitaux, du savoir-faire et de la technologie (les pays africains possèdent-ils, pour l'instant, ces moyens ?), la décision d'y engager véritablement un pays, revêt à la fois une dimension politique et géostratégique.

C'est une décision politique qui doit tenir compte des rapports de force, de la problématique des enjeux géostratégiques liés à la production et à la commercialisation des produits manufacturiers à travers ce monde complexe des affaires dont parle le ministre chinois des Affaires étrangères. En effet, pour rendre la tâche facile à toutes les parties, aux dirigeants africains et aux dirigeants occidentaux, notre stratégie a intégré, pour mieux les contourner, les dimensions géostratégique et politique qui tiennent compte des rapports de force et des enjeux géostratégiques (source d'hésitations, de difficultés et de blocages de l'industrialisation africaine) liés à la production et à la commercialisation des produits manufacturiers à travers ce monde complexe des affaires. Ce, afin de rendre notre vision économique, concrète et réalisable : l'industrialisation et la production industrielle des pays africains. C'est en cela que réside tel que vous allez le découvrir, le caractère innovant de notre étude dans la deuxième partie de cet ouvrage : la Stratégie « le contournement habile » pour l'industrialisation véritable de l'Afrique ou l'avènement du New Deal Industriel (Afrique-Occident).

Par ailleurs, du fait de l'immigration galopante qui menace leur propre existence, les Occidentaux et les dirigeants occidentaux n'auraient-ils pas objectivement aussi besoin en ce moment (ce qui était inimaginable hier, le modèle étant conçu et organisé tel que l'Afrique ne soit qu'un pôle de ravitaillement du monde en matières premières) de savoir comment ils pourraient soutenir l'industrialisation africaine pour pouvoir stopper ce flux migratoire vers l'Occident, mais, sans toutefois que cette industrialisation africaine exacerbe davantage leurs difficultés politiques et économiques liées actuellement à la montée de l'extrême-droite et aux problèmes du chômage dans leurs propres pays ? « Il n'y a pas d'ami(s) éternels, il n'y a pas d'ennemi(s) éternels, il n'y a que des intérêts éternels », ou encore, « les États n'ont pas d'amis, ils n'ont que des intérêts » et « on est plus crédible et fort quand on agit de façon unilatérale. C'est faux » disaient respectivement, Léonid Brejnev, le Général de Gaulle, et E. Macron à la tribune de l'Assemblée générale de l'ONU, le 19/09/2017 à propos du multilatéralisme. Raison pour laquelle, la réflexion que nous avons entrepris de mener dans la deuxième partie de cet ouvrage pour engager les pays africains vers la voie de l'industrialisation véritable devenait non seulement technique, mais éminemment géostratégique et politique. Nous y avons consacré du temps et de l'énergie.

« Le contournement habile » ou l'avènement du New Deal Industriel, cette stratégie longuement réfléchie pour parvenir à l'industrialisation véritable de l'Afrique est le fruit de notre modeste expérience, une dizaine d'années passées à la tête de la gestion d'une organisation internationale de développement et de notre observation avisée de la manifestation de l'influence des rapports de force qui participent de la multiplication des foyers de tension et de guerre pour la préservation des intérêts commerciaux, économiques et politiques des États à travers le monde . Elle s'inspire de nos travaux sur les problématiques de croissance et de vision prospective des économies à travers le monde, des enseignements tirés de notre construction, implémentation et conduite sur le terrain des programmes spécifiques de développement au Cameroun, au seuil des moyens et financements que la société civile a la possibilité de capter à l'international. Elle s'appuie : - sur notre culture en sciences économiques ; - sur les atouts du continent africain en général et particulièrement sur les atouts naturels et avantages comparatifs du Cameroun mis scientifiquement en évidence ; - sur la connaissance des limites de la plupart des pays africains ; - enfin, sur la psychologie et la connaissance de l'environnement de ceux qui possèdent le savoir-faire, la technologie, les capitaux et les moyens de dissuasion.

Cette stratégie, « le contournement habile » des faiblesses et des limites des gouvernements africains, des difficultés et des craintes des dirigeants occidentaux qui motivent et justifient leurs hésitations, qui constituent des difficultés et un frein à l'industrialisation véritable des pays africains que nous proposons dans la deuxième partie de cet ouvrage, tant aux dirigeants africains qu'aux dirigeants occidentaux, constitue, tel que nous allons le montrer, un moyen sûr, concret, et sans risque pour l'industrialisation véritable de l'Afrique, pour les parties (Afrique-Occident).

III.2. SUR LE PLAN MÉTHODOLOGIQUE

Dans un premier temps, cette stratégie procède de l'identification, l'analyse et de la compréhension des enjeux géostratégiques de l'industrialisation, des faiblesses et des limites des gouvernements africains, des difficultés et des craintes des dirigeants occidentaux qui motivent et justifient leurs hésitations qui constituent des difficultés et un blocage à l'industrialisation véritable des pays africains.

Dans un second temps, elle propose les voies et les moyens suivant lesquels, les dirigeants africains et occidentaux pourraient contourner habilement les faiblesses et les limites des gouvernements africains, puis, les difficultés et les craintes des dirigeants occidentaux pour parvenir à l'industrialisation véritable de l'Afrique, et bâtir ensemble, des industries dominantes, crédibles et encore plus fortes à l'avenir : le New Deal Industriel (Afrique-Occident).

En réalité, la deuxième partie de cet ouvrage est un outil d'aide à la décision, un outil de l'orientation et de politique économiques, dans le secteur industriel. C'est un secteur qui va booster les points de croissance (l'augmentation de la productivité et l'augmentation de l'emploi) des pays africains.

La troisième partie de l'ouvrage constitue également un outil d'orientation et de politique économiques, un outil d'aide à la décision à travers lequel, nous présentons un modèle économique, des stratégies innovantes et alternatives, à faibles coûts budgétaires pour des résultats concrets dans les autres secteurs porteurs de croissance (productivité et emploi) en Afrique tels, les travaux publics, l'agriculture, le bois, la santé, etc.

La deuxième et la troisième partie de cet ouvrage constituent alors, à elles seules, un vaste programme économique, adaptable à chaque pays africain avec quelques petits ajustements liés aux réalités internes, spécifiques à chacun d'eux.

Dans la quatrième partie, nous allons discuter de la théorie économique, en nous appuyant sur les concepts et la formulation mathématique pour tenter d'établir le lien entre les questions fondamentales de l'analyse économique et la réalité. Le but de cette partie est de permettre particulièrement à l'étudiant (l'intellectuel et le décideur de l'Afrique et de l'Occident de demain) de se familiariser à ce type d'exercice qui consiste à établir le lien entre les questions fondamentales de l'analyse économique (la théorie) et les problèmes spécifiques, réels afin d'y apporter des solutions claires, simples et concrètes adaptées aux spécificités et aux réalités de son environnement ou de son pays, puis de l'environnement extérieur et international (la pratique).

Dans la cinquième partie que vous pouvez considérer comme une annexe, nous suggérons une approche pour capitaliser les faiblesses de la coopération occidentale sur la réduction de la pauvreté en Afrique. En fait, il s'agit de la présentation d'une opération de séduction de la coopération occidentale en Afrique à moindre coût, pour un gain immense, en termes d'images à travers une amélioration de la stratégie de soutien et de la mise en œuvre des activités génératrices de revenus et créatrices d'emplois en Afrique : un point prioritaire en matière de lutte contre la pauvreté.

III.3. SUR LA NOUVELLE ALLIANCE ET LE TITRE DE L'OUVRAGE

Nous l'avons mûrement pensé, conçu et intitulé, Afrique – Occident : le New Deal Industriel. Une nouvelle alliance, un partenariat industriel stratégique pour pouvoir anticiper sur l'avenir et une stratégie pour véritablement industrialiser l'Afrique sans heurter les intérêts de ses partenaires. Il s'agit de susciter et de forcer la curiosité du lecteur, surtout celle de l'industriel et du décideur, à découvrir notre stratégie et notre conceptualisation, d'une nouvelle alliance possible (un partenariat industriel stratégique d'avenir) entre l'Afrique et l'Occident, qui devraient permettre :

1. Aux investisseurs et industriels occidentaux d'investir et de tirer davantage profit d'une véritable industrialisation des pays africains sans heurter les intérêts de leurs pays ni embarrasser leurs dirigeants ;
2. Dans un premier temps, à un pays comme le Cameroun par exemple, dont la providence en a fait une Afrique en miniature et qui l'a également géographiquement positionné au centre du continent africain, d'abriter la phase pilote et de servir de catalyseur et de plaque tournante de ce « new deal » qui va conduire incontestablement vers l'industrialisation générale et véritable des pays africains sans risque pour les deux partenaires (l'Afrique et l'Occident) ;
3. À l'Occident de pouvoir anticiper sur l'avenir (l'Afrique de demain ne sera pas comme l'Afrique d'aujourd'hui) et d'affaiblir stratégiquement la concurrence industrielle asiatique.

Dans ces conditions que nous allons davantage décrire dans notre stratégie et détailler au cours de nos développements, l'industrialisation véritable de l'Afrique doit, en toute sagesse, devenir un impératif catégorique pour l'Occident, une chance inespérée à saisir pour stopper efficacement et à la racine, les vagues d'immigration qui pourraient, à long terme, envahir et détruire le vieux continent[8] du fait de la montée de l'extrême-droite[9].

Enfin, cet ouvrage est destiné non seulement aux dirigeants africains et occidentaux, aux investisseurs et industriels occidentaux, mais aussi aux étudiants en sciences économiques des universités et des grandes écoles africaines et occidentales d'administration et de Sciences politiques qui seront les décideurs de l'Afrique et de l'Occident de demain.

---

[8] *Voir la métaphore du bon nageur et du naufragé (voir Chapitre 2)*

[9] *Les origines et les causes de l'hécatombe de la 2e guerre mondiale (voir Chapitre 4)*

BLOC PRATIQUE

DEUXIÈME PARTIE

ORIENTATION ET POLITIQUE ÉCONOMIQUES DANS LE SECTEUR INDUSTRIEL :

MÉTHODOLOGIE ET STRATÉGIE CONCRÈTE POUR VÉRITABLEMENT INDUSTRIALISER L'AFRIQUE

CHAPITRE 4

MÉTHODOLOGIE

IV.1. Identification, analyse et compréhension des enjeux géostatiques de l'industrialisation

IV.2. Identification, analyse et compréhension des faiblesses, inquiétudes et limites des pays africains à l'industrialisation de l'Afrique

IV.3. Identification, analyse et compréhension des faiblesses, difficultés, craintes et hésitations des États occidentaux à l'industrialisation véritable des pays africains

IV.1 IDENTIFICATION, ANALYSE ET COMPRÉHENSION DES ENJEUX GEOSTRATIGUES DE L'INDUSTRIALISATION

IV.1.1. Au niveau de la production

Dans le domaine industriel, la production repose sur un facteur essentiel « les matières premières » qui font partie de ce que nous appelons en économie les ressources naturelles. Elles ont la particularité d'être des ressources essentiellement épuisables. En plus, toutes les études scientifiques sérieuses faites sur cette question, il y a longtemps, démontrent qu'il faut des millions d'années pour pouvoir reconstituer une ressource naturelle comme, le pétrole. Or, la nature n'a pas doté en abondance toutes les nations de cette planète, des ressources naturelles. Du moins, l'Occident en dispose très peu, notamment, le continent européen. D'ailleurs, même les Américains qui disposent dans leur sous-sol, d'une ressource comme le pétrole, font des guerres à travers le monde pour en recueillir au maximum afin d'en constituer d'importants stocks et réserves à titre préventif. Actuellement, le boom industriel en Asie complique davantage la situation. Il fait que les Asiatiques entrent également à la danse, à la quête des matières premières pour satisfaire aux besoins et exigences de leurs usines.

La Russie, l'Inde, le Brésil et d'autres pays du continent sud-américain qui s'industrialisent davantage ne sont pas en reste dans la recherche effrénée des matières premières pour faire tourner leurs usines. Le seul continent qui dispose en abondance de toutes ces ressources naturelles imaginables et même inimaginables par ses propres habitants est l'Afrique. Paradoxalement, il est à la traîne et ne les transforme pas. Les autres suscités font tout pour que l'Afrique ne les transforme pas. C'est de bonne guerre. C'est un concurrent en moins. De surcroît, le propriétaire qui pourrait légitimement devenir gourmand au cas où... De toutes les façons moins il y a de concurrents, plus les parts des uns et des autres sont importantes, mieux, l'on en recueille. La survie de leurs usines, de leur vie tout court, en dépend. Car, il n'y a pas de vie dans le chômage.

Aussi, l'histoire renseigne que la rareté des matières premières peut provoquer une hécatombe dans le monde. Pour preuve, après la guerre 1914-1918, les gagnants de la guerre vont imposer à l'Allemagne de payer les dommages de la guerre. L'Allemagne étant incapable de payer, ils vont alors décider de se faire payer en nature en approvisionnant leurs industries des matières premières allemandes. Ce qui va provoquer la rareté des matières premières dans les industries allemandes avec pour conséquence la montée du chômage et de l'inflation dans l'économie. L'inflation a pour effet d'éroder au cours du temps la valeur de la monnaie donc, de détruire une économie. Une situation qui va entraîner la montée de l'extrême-droite et l'arrivée d'Adolphe Hitler au pouvoir avec l'hécatombe qui s'ensuivra. Les mêmes causes produisant les mêmes effets, les autres craignent que l'industrialisation des pays africains provoque la rareté des matières premières. Sauf que l'économie fonctionne exactement comme dans un système de vases communiquant. Le fait de bloquer l'industrialisation des pays africains par crainte de la rareté des matières qui provoquerait la montée de l'extrême-droite, contamine un autre vase, c'est-à-dire, crée le même problème sinon pire, à travers les vagues d'immigration clandestine qui provoquent effectivement en ce moment, la sympathie des thèses d'extrême et la montée de l'extrême-droite dans l'ensemble des pays occidentaux.

Par ailleurs, en plus d'user de tous les stratagèmes possibles pour empêcher par tous les moyens les pays africains de transformer leurs propres matières premières, les autres se livrent entre eux à des luttes d'influence, dont l'unique objectif est que le plus fort puisse se tailler la part du lion, c'est-à-dire, puisse contrôler et obtenir le maximum de matières premières dans les pays africains. Conscients de ce que ces luttes d'influence à la quête des matières premières en Afrique peuvent conduire à des guerres ou à des affrontements militaires entre eux qui pourraient se déporter sur leurs propres sols ou territoires, ils se sont respectivement lancés à la course effrénée vers la recherche des moyens de dissuasion en investissant des budgets colossaux dans la recherche militaire, dont le Graal est, la fabrication et la possession du moyen de dissuasion par excellence, l'arme nucléaire, une arme de destruction massive : la bombe atomique.

Cette anticipation permet d'équilibrer la terreur. Chacun développe et montre ses muscles pour faire peur à l'autre. Qui veut éviter la guerre sur son sol prépare la guerre. Cependant, il demeure constant qu'ils plongent quand même leurs mains, au même moment dans le même plat (continent africain) pour se servir (la production des usines ne peut ni attendre ni s'arrêter), il y a alors des risques que leurs mains se cognent (conflits) de temps en temps. Comme chacun sait exactement ce qu'il pourrait perdre en cas de conflit armé, pour éviter les conflits directs entre eux sur le sol africain, ils ont décidé de sous-traiter leurs mains en les substituant par celles des Africains eux-mêmes, tout en recueillant tranquillement et à distance, la nourriture (les matières premières) pour leurs bouches (leurs usines). Raison pour laquelle, vous observez en permanence, les conflits armés sur le sol africain et ne voyez jamais opposés face à face les Américains, les Européens ou les Chinois.

En revanche, ce sont systématiquement les Africains du même pays qui se tirent dessus, les uns sur les autres. Chaque groupe étant armé, soutenu et instrumentalisé par une puissance ou un pays étranger. Pendant ce temps, les usines tournent en plein régime et produisent abondamment dans ces pays étrangers qui sont des chefs d'orchestre et soutiens ceux qui sont en conflit.

IV.1.2. Au niveau de la commercialisation

La complexité de la commercialisation des produits manufacturiers ou encore des produits industriels finis à travers les différents marchés du monde est une conséquence logique du parcours difficile qui précède leur production. « Après les rudes batailles pour le contrôle des matières premières, nous ne laisserons pas quand même n'importe qui venir encore nous imposer une concurrence de plus qui pourrait rendre difficile l'écoulement de nos produits finis ». Tel est le raisonnement des plus forts (des grandes puissances).

Encore une fois, les plus forts militairement entrent dans la danse et vous imposent les systèmes de certification particulièrement complexes de vos produits finis et en complexifient davantage et volontairement les conditionnalités. L'objectif visé étant d'empêcher les plus faibles d'écouler leurs produits et de faire concurrence aux leurs. Cela s'appelle du protectionnisme économique ou commercial tactique. D'autres, moins fins, vous imposent des quotas d'entrée et de vente, de vos produits, bien que dûment certifiés sur leurs territoires et marchés locaux. Et, après quel processus !

Pour asseoir tout ceci, ils ont créé le GATT (l'Accord général sur les tarifs douaniers) qui est le rescapé de la tentative avortée de créer l'OIC (Organisation Internationale du Commerce,) ou encore, l'ITO (International Trade Organization) en 1948 qui deviendra l'OMC en

1995. Ils en taillent les règles sur mesure. Pendant ce temps, les plus forts imposent aux plus faibles, par exemple, les APE (ACP/UE) Accords de Partenariat Economique (Afrique, Caraïbes, Pacifique / Union européenne) ; et vous brandissent les règles édictées par l'OMC sur le commerce international qui ne sont valables que quand il faut écouler leurs produits chez les plus faibles.

Pour se protéger dans ce système de commerce international mis en place par les Occidentaux pour pouvoir bloquer le déploiement commercial des uns et limiter la concurrence afin d'assurer l'écoulement de leurs propres produits pour favoriser la bonne tenue et la création des emplois dans leurs économies respectives, le gouvernement chinois a compris ce qu'il y a lieu de faire. Heureusement pour la Chine, elle a les moyens de sa politique. Le gouvernement chinois augmente significativement chaque année son budget militaire. En plus, la Chine possède, le moyen de dissuasion, par excellence, l'arme nucléaire. Toute chose qui permet à la Chine en guise de représailles d'imposer, par exemple, jusqu'en fin 2017, un embargo à l'entrée et à la vente du poulet en provenance de certaines puissances des pays occidentaux, sur le territoire et le marché chinois.

La situation militaire actuelle de quel pays africain offre-t-elle une telle possibilité de réponse ? À l'état actuel, quel pays africain pourrait-il prendre une telle mesure ?

IV.2 IDENTIFICATION, ANALYSE ET COMPRÉHENSION DES FAIBLESSES, INQUIÉTUDES ET LIMITES DES PAYS AFRICAINS A L'INDUSTRIALISATION DE L'AFRIQUE

IV.2.1. Mal gouvernance

Le premier handicap de l'industrialisation des pays africains est celui de la qualité de la gouvernance notamment la mauvaise gestion des ressources humaines, le choix des Hommes politiques, mieux, des Hommes d'État chargés de piloter les départements à caractère économique en Afrique. Les structures ne valent que ce que valent les personnes qui sont chargées de les animer.

Lorsque nous allons mettre en évidence les atouts naturels ou les avantages comparatifs d'un pays comme le Cameroun, par exemple, nous allons nous rendre compte que la misère et le chômage ne devaient jamais faire leur lit dans certains pays africains pour peu que les membres du gouvernement fassent preuve d'ingéniosité politique. Celle qui consiste à mener au quotidien des réflexions innovantes qui visent à concevoir des stratégies nouvelles non pas pour aller tromper et corrompre efficacement leurs frères du village ou de leur région d'origine avec de belles phrases, une belle rhétorique, un langage mielleux-ethnico-tribal, des promesses, quelques plats de nourriture et quelques billets de CFA, juste pour faire croire à leurs différents Chefs d'État que l'on a une assise politique dans sa région d'origine. Mais, ils devaient plutôt faire preuve d'une ingéniosité politique qui consiste à mener des réflexions novatrices et à concevoir des stratégies nouvelles pour sortir les enfants de leurs frères du village ou de leurs régions d'origine, du chômage pour améliorer leur quotidien, ainsi que leur niveau de vie et pour développer leurs régions respectives et l'ensemble du pays. C'est cela faire efficacement la politique quand l'on est membre du gouvernement, quand l'on se veut Homme d'État.

Dans le choix spécifiquement des ministres en charge de l'Économie, deux données devraient être sur une barre horizontale, car, la maîtrise de l'une sans l'autre par un ministre en charge de l'Économie, est un handicap sérieux pour parvenir à l'industrialisation de son pays. Et pourtant, dans les gouvernements des pays africains, souvent, les ministres en charge de l'Économie ne maîtrisent ni l'une ni l'autre. Alors qu'il faut pouvoir maîtriser les deux à la fois pour parvenir à piloter avec succès nos économies ouvertes qui sont au contact des économies plus fortes et des puissances internationales. Ces deux données sont les suivantes :

La parfaite maîtrise de la science économique et de la géostratégie avec toutes ses influences et interactions sur l'évolution de l'économie mondiale et du commerce international. Lorsqu'un ministre de l'économie a la parfaite maîtrise de ces deux données chaque fois qu'il pense et conçoit une politique économique, il a la capacité de questionner sa faisabilité par rapport aux influences internes et surtout externes. La maîtrise de la science économique et des réalités internationales est alors indispensable pour la réussite de la mise en œuvre des politiques ambitieuses comme l'industrialisation au sein des économies de plus en plus ouvertes. Par ailleurs, dans certains pays africains, le ministère de l'Industrie est séparé du ministère de l'Économie. C'est une faute technique. Car, l'industrie est au cœur de la pensée économique. Si un ministère de l'économie ne s'occupe pas de l'industrie, de quoi s'occupe-t-il ?

Enfin, pensait NKRUMAH, « la pratique sans théorie est aveugle, la théorie sans pratique est vide. Cette pensée suscite quelques questions :

- Comment les gouvernements africains pourraient-ils se contenter d'investir des milliards à la formation des petits africains pour le vide ?
- Comment se fait-il que malgré les grandes études d'ingénierie faites par nos enfants, même certains d'entre eux qui apprennent la structure de la matière ne parviennent pas à dominer la matière ? C'est-à-dire « à fabriquer les objets artificiels, en particulier, les outils à faire les outils » ?
- Sommes-nous (les Africains) un peuple intelligent ? Bergson pensait que « l'intelligence, envisagée dans ce qui en paraît être la démarche originelle, est la faculté de fabriquer les objets artificiels, en particulier, les outils à faire les outils, et d'en varier indéfiniment la fabrication ».
- Quelles politiques devons-nous mettre en œuvre dans chaque pays africain afin que nos enfants ne soient plus formés pour le vide, mais qu'ils parviennent à dominer la matière à la fin de leur formation, c'est-à-dire, « à fabriquer les objets artificiels, en particulier, les outils à faire les outils et en varier indéfiniment leur fabrication » ?

Voilà certaines questions fondamentales que devraient se poser et à faire perdre le sommeil à tout membre du gouvernement (Homme politique et Homme d'État) des pays africains, et auxquelles ils n'ont pas encore apporté de réponses, mais qui devraient pourtant être à la base de tout schéma directeur ou de tout PDI (Plan de Développement Industriel) d'un pays. La vraie formation étant l'acquisition et la transmission des compétences, ou le processus de la maîtrise du savoir-faire. Auquel cas, il n'y a aucune planification de l'industrialisation. La vraie formation étant le point de départ. C'est pour cela qu'il est techniquement improductif et inefficace de dissocier le ministère de la Recherche de celui de l'Enseignement supérieur. Le jumelage des deux, devant avoir pour objectif de penser et d'orienter de façon cohérente, les pistes de recherche pour bâtir des profils d'étudiants en fonction des besoins des industries et de l'économie que nous planifions. Le ministère de l'Économie et de l'Industrie étant chargé de fournir ces besoins au ministère de l'Enseignement supérieur et de la Recherche.

IV.2.2. Non-maîtrise et non-possession du savoir-faire et de la technologie

Maintenant que nous savons que la mal-gouvernance ne se limite pas seulement à des problèmes de corruption, mais concerne aussi et surtout la vision et la planification portant sur la qualité de la formation de sa jeunesse, il apparaît clairement que si les Africains possèdent le savoir (puisqu'ils sont instruits), une de leurs faiblesses pour l'industrialisation des pays africains est de toute évidence, la non-maîtrise du savoir-faire.

Le savoir-faire, ou le « know-how » fait partie de ce que nous appelons en économie, le capital humain. C'est lui qui permet de dominer la matière. C'est lui qui est à la base de la création de la technologie et du capital physique (des outils de travail, l'aménagement du territoire ou le développement des infrastructures et de l'environnement de travail). En Afrique, les programmes scolaires ne font pas encore de différence entre l'instruction (elle confère le savoir) et la formation (elle confère les compétences ou le savoir-faire).

Ce, du fait de l'absence d'une vision, d'une ingéniosité politique qui aurait consisté à mener des réflexions innovantes et à concevoir des stratégies nouvelles au sein des gouvernements des pays africains pour penser et planifier les politiques ambitieuses de développement comme l'industrialisation en adéquation avec les programmes de formation de notre jeunesse pour sortir du sous-développement et devenir émergent. Car, qui dit industrialisation, dit domination de la matière, dit maîtrise de la science et possession de la technologie, dit maîtrise du savoir-faire. Auquel cas, l'on planifierait probablement autre chose, mais, surtout pas l'industrialisation. Avec quels savoir-faire et quelle technologie les pays africains comptent-ils s'industrialiser ?

IV.2.3. Faible mobilisation des capitaux

Pour industrialiser un pays, il ne suffit pas seulement d'avoir des schémas directeurs et des plans de développement industriel. Encore, faudrait-il savoir comment financer tout cela. Le commun des mortels pourrait construire des châteaux en Espagne. La plupart des pays africains, un à un, sont en train de retourner au FMI. C'est bien la preuve qu'ils ont des difficultés de trésorerie et qu'ils ont besoin d'un gendarme à leurs côtés afin que leurs créanciers se rassurent qu'ils seraient au moins capables de payer leurs dettes d'hier. Avec quelle énergie vont-ils pouvoir soutenir une véritable industrialisation à l'effet de produire des richesses donc de générer de la valeur ajoutée qui va leur permettre d'atteindre l'émergence dont ils ont déjà fixé l'horizon pour la plupart d'entre eux ? Prenons, par exemple, le cas d'un pays comme le Cameroun que nous avons la prétention de connaître, son plan de développement industriel porte sur trois axes : le numérique ou les NTIC (Nouvelles Technologies de l'Information et de la communication), l'agro-industrie et l'énergie. Le déficit énergétique de ce pays est de 1600MGW et sa demande en énergie croît de 8 % chaque année. Ce qui fait que la fourniture des nouveaux barrages Nlom-Pangar et autres qu'il essaye de construire sera automatiquement dépassée d'ici à leur mise en service. Avec quel appareil de production les différents pays africains vont-ils alors atteindre l'émergence ? Avec quelle politique économique : l'économie administrative et l'économie de la débrouillardise que nous observons ! S'ils ne parviennent même pas à penser et à financer leur autosuffisance alimentaire, comment et où vont-ils trouver d'importants capitaux nécessaires à l'industrialisation d'une économie ?

IV.2.4. Absence des moyens de dissuasion

Supposons que les pays africains auraient la capacité de disposer ou disposeraient déjà du savoir-faire de la technologie, du capital physique et d'importants capitaux qui leur permettent de mettre en œuvre leurs différents PDI et de s'industrialiser. Ce qui veut dire qu'en décidant, aujourd'hui, de transformer leurs propres matières premières, les pays africains passent du statut de pôle d'approvisionnement, « vendeur » des matières premières brutes, à celui de sérieux concurrents de ses anciens « clients » d'hier, tant au niveau de la quête et de l'approvisionnement des matières premières, qu'au niveau de la commercialisation des produits manufacturiers (les produits finis).

En ce sens que les pays africains sont les vrais propriétaires et seraient, légitimement et objectivement tentés de se tailler la part du lion et de vendre dorénavant à prix élevés les portions congrues, des matières premières et des ressources naturelles aux concurrents dans le but, prioritairement et logiquement de faire tourner leurs propres usines et de préserver leurs emplois. Mais, les clients d'hier, devenus concurrents d'aujourd'hui ne sont pas des enfants de chœur. Il s'agit des États et souvent, les plus puissants de la planète qui ont une grande capacité de nuisance qui se manifeste souvent par la déstabilisation des États et des gouvernements à travers le financement, l'équipement et l'entretien des groupes armés, l'alimentation des guerres et des conflits chaque fois qu'ils soupçonnent leurs intérêts menacés.

Aussi, supposons que les pays africains aient pu mobiliser toutes ces ressources et franchir cette étape : réussir à bâtir des industries et à produire. Où vont-ils écouler leurs produits manufacturiers après la production pour permettre à leurs économies de pouvoir créer de la valeur ajoutée ? Ont-ils les moyens de se faire autoriser la commercialisation de leurs produits manufacturiers sur les différents marchés du monde ou de s'imposer quand c'est nécessaire comme dans le cas de la Chine ?

Autrement dit, les pays africains ont-ils pour le moment, les moyens de dissuasion, comme la Chine, par exemple pour pouvoir tenir tête à ces grandes puissances ? La réponse est malheureusement, non ! Les pays africains sont-ils alors condamnés à ne jamais s'industrialiser, ou à ne jamais pouvoir se développer ? La Chine hier, a même dû faire profil bas et se faire violence pour pouvoir apprendre à véritablement s'industrialiser à l'époque, grâce aux délocalisations industrielles occidentales. Les Chinois ayant très vite compris que les capitaux des autres ou les prêts pour vous permettre de vous développer ainsi que le transfert de compétences et de technologie n'existent pas. Ils ont stratégiquement décidé de travailler presque pour rien, en offrant leurs matières premières, une main-d'œuvre abondante et très bon marché aux industries occidentales délocalisées en Chine pour pouvoir apprendre et copier.

La Chine aujourd'hui, a les moyens de se faire autoriser la commercialisation de ses produits manufacturiers sur les différents marchés du monde et d'imposer quand c'est nécessaire, un embargo à l'entrée et à la vente du poulet en provenance d'une grande puissance occidentale afin que cette dernière lui permette également d'écouler certains produits made in china sur son marché. Elle s'est donc insérée dans le circuit mondial de la production en se creusant profondément les méninges et non en affrontant, en défiant et en heurtant les intérêts au départ des grandes puissances occidentales.

IV.2.5. Craintes et inquiétudes des États africains

Les États africains redoutent et sont conscients du fait que :

- Le modèle a été conçu tel que l'Afrique ne soit qu'un pôle d'approvisionnement et de ravitaillement du monde en ressources naturelles en général, et en matières premières en particulier.
- Une véritable industrialisation de l'Afrique suppose la transformation sur place de ses propres matières premières. Toute chose qui fait de l'Afrique un concurrent dans la quête des matières premières sur son sol. Un concurrent sérieux puisqu'il en est le propriétaire. C'est une position à la fois privilégiée et délicate dont la seule idée d'imaginer l'Afrique devenir un éventuel concurrent suscite de fortes craintes et inquiétudes chez ses « clients » d'hier.
- Une véritable industrialisation de l'Afrique ne pourrait concrètement se réaliser sans qu'elle ne se transforme en une source de conflits et de déstabilisation permanente des États et des Gouvernements africains.
- À l'image de la décolonisation africaine ou de « l'indépendance des pays africains » qui a été obtenue dans la douleur (effusions de sang, horribles souffrances des populations dans des villages entiers transformés en camps de concentration, nationalistes dont les vies ont été sauvagement et lâchement écourtées), les Africains craignent d'obtenir une pseudo industrialisation dans la douleur qui soit demain déguisée et perpétuée sans douleur apparente aux yeux du monde.

En effet, l'Afrique n'a toujours pas connu de véritable décolonisation. Pourrions-nous seulement imaginer un seul instant, une tentative de colonisation à ciel ouvert d'un pays africain, fut-il d'Afrique noire par un pays de l'Occident en ce moment ? La « colonisation à ciel ouvert » n'est ni acceptée ni tolérée aux yeux du monde actuel, elle a juste changé son visage hideux. Elle s'est muée en néo colonisation. C'est-à-dire, une colonisation encore plus dangereuse, du fait qu'il s'agit d'une colonisation à la fois pernicieuse et sournoise. Les mêmes causes produisant les mêmes effets, les États africains craignent le même résultat pour l'industrialisation de l'Afrique. Telles sont les craintes et les inquiétudes des Africains et des États africains à l'industrialisation de l'Afrique.

IV.3. IDENTIFICATION, ANALYSE ET COMPRÉHENSION DES FAIBLESSES, DIFFICULTÉS, CRAINTES ET HÉSITATIONS DES ÉTATS OCCIDENTAUX À L'INDUSTRIALISATION VÉRITABLE DES PAYS AFRICAINS

Les États occidentaux redoutent avec une certaine certitude que :

- L'industrialisation des pays africains pourrait faire concurrence et impacter négativement les industries occidentales (la faiblesse principale des industries occidentales étant que le sous-sol de leurs pays est pauvre en ressources naturelles. Elles sont alors dépendantes de l'approvisionnement des matières premières en provenance des pays du continent africain). En d'autres termes ,
- L'industrialisation des pays africains pourrait compliquer et diminuer l'approvisionnement, voire empêcher ou compromettre le contrôle et l'acquisition des matières premières, et des ressources naturelles en provenance d'Afrique pour les pays occidentaux et les industries occidentales basées en Occident. Puisque l'industrialisation véritable de l'Afrique suppose la transformation de ses propres matières premières sur place. Dès lors, l'Afrique devient un concurrent sérieux pour l'Occident dans la quête des matières premières sur le sol africain. C'est un concurrent qui inquiète et qui est d'autant pris au sérieux qu'il en est le propriétaire. Cependant, le propriétaire pourrait devenir objectivement et légitimement gourmand afin de préserver ses emplois.
- L'industrialisation des pays africains pourrait alors logiquement provoquer l'inflation, accentuer le chômage dans les pays occidentaux et exacerber davantage les difficultés politiques et économiques actuelles de l'Occident et des dirigeants occidentaux. Car, si l'Occident n'a plus désormais facilement

accès aux matières premières en provenance d'Afrique, c'est-à-dire que celles-ci commencent à coûter chères ou à devenir rares pour les industries occidentales, cela a pour conséquence logique et immédiate : la fermeture des usines en Occident (le chômage) et l'inflation. L'inflation a ceci de particulier qu'elle a pour effet d'éroder au cours du temps la valeur de la monnaie. Donc, qu'elle a la capacité de détruire des économies. C'est exactement ce qui a entraîné la montée de l'extrême-droite en Allemagne dans les années 30 et l'arrivée d'Adolphe Hitler au pouvoir avec l'hécatombe qui s'est ensuivie dans le monde. Les mêmes causes produisant les mêmes effets, les Occidentaux craignent que l'industrialisation des pays africains entraîne la rareté des matières premières pour leurs économies.

- Enfin, même la délocalisation comme moyen d'industrialisation des pays africains va transférer les emplois de l'Occident vers l'Afrique et créer du chômage dans les pays occidentaux.

En somme, telles sont les faiblesses des États occidentaux et de leurs industries, les craintes et inquiétudes qui habitent les Occidentaux, et qui justifient leurs hésitations et constituent un blocage à l'industrialisation véritable des pays africains.

Dans ces conditions, multiplier tous les stratagèmes possibles pour empêcher par tous les moyens, les pays africains de transformer leurs propres matières premières, ou d'accéder à une véritable industrialisation, est un moyen pour le maintien du niveau de vie élevé des Occidentaux et de lutte pour la survie de l'Occident. Car, la diminution de l'approvisionnement ou le coût élevé des matières premières se manifeste logiquement par la hausse du taux d'inflation, l'aggravation du chômage, la baisse du revenu et, évidemment, avec pour conséquences : la baisse du niveau de vie, la montée des problèmes sociaux et politiques en Occident. À terme, la destruction des économies occidentales. Les pays africains sont-ils alors condamnés à ne jamais s'industrialiser, ou encore, à ne jamais pouvoir se développer ?

CHAPITRE 5

STRATÉGIE CONCRÈTE POUR VÉRITABLEMENT INDUSTRIALISER L'AFRIQUE

V.1. Description de la stratégie

V.2. Les atouts et les avantages comparatifs du continent africain par rapport à l'Asie (un avant-goût)

V.3. Que gagnent concrètement (aux plans stratégique, économique, politique et éthique) les Occidentaux dans ce new deal industriel ?

V.4. Que gagnent concrètement (aux plans stratégique, économique et politique) les Africains dans ce new deal industriel ?

V.5. Que pourrait faire l'Asie dès maintenant ?

Dans le chapitre précédent, nous avons discuté de la problématique des enjeux géostratégiques de l'industrialisation. Sur le plan méthodologique, nous avons procédé :

- D'une part, à l'identification, l'analyse et la compréhension des enjeux de l'industrialisation dans le monde ;
- D'autre part, à l'identification, l'analyse et la compréhension des faiblesses, des limites, des craintes et des inquiétudes qui justifient les hésitations des uns (des Occidentaux), et qui constituent les difficultés et les blocages pour les autres (des Africains).

Il est évident que nous ne parviendrons pas à véritablement industrialiser les pays africains, tant que nous ne parviendrons pas à contourner habilement la problématique des enjeux géostratégiques (source d'hésitations, de difficultés et de blocages de l'industrialisation africaine), liés à la production et la commercialisation des produits manufacturiers ou encore produits industriels finis à travers ce monde complexe des affaires que nous venons de décrire dans le chapitre 4. Avant nous, certains travaux ont traité du passage d'une économie de rente vers une économie de transformation, c'est-à-dire de l'urgence de l'industrialisation de l'Afrique. D'autres ont même préconisé la délocalisation industrielle occidentale comme moyen d'industrialisation de l'Afrique. Or, la délocalisation suppose suppression des postes et le transfert des emplois de l'Occident vers l'Afrique. Ce qui apparaîtrait, actuellement comme une provocation aux yeux des dirigeants occidentaux. Parce qu'ils sont eux-mêmes confrontés à de sérieux problèmes de chômage dans leurs propres pays. Mais, ce que les autres études sur la question n'ont pas montré jusqu'à présent est de savoir comment l'industrialisation africaine pourrait être réalisable (concrète et réaliste). En d'autres termes, comment elle pourrait concrètement se réaliser sans que cela ne soit au détriment de la prospérité de l'Occident et des industries occidentales, d'une part :

- sans exacerber davantage les difficultés politiques et économiques des pays occidentaux ;
- sans faire concurrence aux industries occidentales ;
- sans impacter négativement les industries occidentales (elles sont dépendantes de l'approvisionnement en matières

premières en provenance des pays du continent africain), et le niveau de vie des Occidentaux ;

- sans accentuer le chômage dans les pays occidentaux ;
- Bref, sans que cette industrialisation des pays africains ne provoque la montée du chômage et l'inflation donc, à terme, la destruction des économies occidentales.

D'autre part, sans que l'industrialisation des pays africains ne devienne davantage une source de conflits et de déstabilisation permanente des États et des Gouvernements africains, mais plutôt, une source de paix et de renforcement de la démocratie en Afrique, de l'épanouissement des populations africaines et du développement réel des pays africains. C'est en cela que réside tel que vous allez le découvrir, le caractère innovant de notre étude, ou de notre stratégie : « le contournement habile » pour l'industrialisation véritable de l'Afrique ou l'avènement du New Deal Industriel (Afrique – Occident).

V.1. DESCRIPTION DE LA STRATÉGIE

Maintenant que nous avons étudié la problématique des enjeux géostratégiques de l'industrialisation, nous allons essayer d'analyser et de comprendre la stratégie que nous appelons, « le contournement habile » à la lumière de la stratégie de « l'esquive » adoptée et implémentée par les premiers footballeurs brésiliens noirs, au début du XXe siècle, qui fait rayonner et retentir le football brésilien et les footballeurs brésiliens (noirs et blancs), jusqu'à aujourd'hui à travers le monde. Grâce à l'adoption et à l'implémentation de la stratégie de « l'esquive ou le contournement habile » par les uns et les autres, les dirigeants occidentaux et les dirigeants africains vont réaliser, à très court terme, que le rayonnement, le retentissement, la force et le succès du New Deal Industriel (Afrique-Occident) seront à l'image de l'histoire du développement et de la domination du football brésilien sur le reste du monde.

D'après *l'Éloge de l'Esquive*, un ouvrage de l'écrivain, Olivier GUEZ, publié le 14/05/2014 aux éditions Grasset, le dribble n'est pas né par hasard au Brésil. Alors que la Grande-Bretagne avait la main mise sur le pays et que Rio se rêvait « Blanc, Européen et Civilisé », un Anglais du nom de Charles MILLER importa, le football au Brésil au début du 20e siècle. L'histoire du Brésil, une histoire indissociable du développement du football. Comment ce sport a-t-il façonné la nation auriverde ?

Le football est sublime, puéril et s'il suscite tant d'émotions, il le doit au dribble brésilien : un art libre, joyeux, passionné, habité par les mots. Le dribble est un mouvement de hanche, similaire à celui des danseurs de Samba et des lutteurs de Capoeira, ludique, acrobatique, marque des plus grands solistes « Audace et Joie » la devise de Neymar. Les premiers joueurs noirs brésiliens ont commencé à dribbler pour éviter les contacts avec les blancs et éviter de se faire rosser sur la pelouse et à la fin des matchs. Cette façon de jouer était tellement efficace et belle à voir qu'avec le temps, les dirigeants de clubs blancs comprirent tout le potentiel des joueurs noirs et mulâtres, qu'il fallait les intégrer dans leurs équipes pour les résultats que vous observez jusqu'à aujourd'hui, à travers le monde. Cette stratégie pourrait-elle s'appliquer à l'industrialisation ?

Nous allons nous rendre compte que cette stratégie peut s'appliquer à l'industrialisation pour des résultats identiques. C'est-à-dire, intégrer subtilement les pays africains dans le circuit mondial de la production, en se rassurant qu'ils ne bousculent pas nos intérêts, en faire des partenaires crédibles et devenir ensemble encore plus forts. Pour le prouver, étudions maintenant la manière selon laquelle, les dirigeants africains et les dirigeants occidentaux pourraient habilement contourner ou esquiver leurs faiblesses, leurs limites, leurs difficultés, leurs craintes et leurs inquiétudes pour parvenir à véritablement industrialiser l'Afrique dans l'intérêt de tous (des Occidentaux et des Africains). C'est évidemment à travers la conception et la mise sur pied d'un modèle d'industrialisation des pays africains qui présente les caractéristiques qui coïncident avec les aspirations des uns et des autres. C'est-à-dire, des caractéristiques qui préservent à la fois les intérêts, dissipent les craintes et inquiétudes des uns et des autres. Mais avant, rappelons que nous avons discuté plus haut :

- Dans un premier temps, des faiblesses, des inquiétudes et des limites des États et des gouvernements africains. Elles se résument :

D'abord, à la non-maîtrise du savoir-faire, à la non-possession de la technologie et d'importants capitaux pour bâtir des industries. Ensuite, à l'absence des moyens de dissuasion pour parvenir à transformer ses propres matières premières, ou alors à produire sans craintes et sans risques de représailles qui se manifesteraient par la déstabilisation des États et des gouvernements à travers le financement, l'équipement et l'entretien des groupes armés, l'alimentation des conflits de la part de ceux qui verront leur approvisionnement en matières premières diminuer et coûter logiquement plus chers désormais. Enfin et encore, à l'absence des moyens de dissuasion pour pouvoir s'imposer sur le marché extérieur, ou pour avoir la capacité de se faire autoriser la commercialisation de ses produits manufacturiers sur les différents marchés du monde. Tel que la Chine y parvient, par exemple en imposant quand cela s'avère nécessaire, un embargo à l'entrée et à la vente du poulet en provenance d'une puissance occidentale afin que cette dernière lui permette également d'écouler certains produits chinois sur son marché.

- Dans un second temps, nous avons analysé les faiblesses, les difficultés, les craintes et les inquiétudes des États et des dirigeants occidentaux. Elles sont les suivantes :

D'abord, le sous-sol des pays occidentaux est pauvre en ressources naturelles en général et en matières premières en particulier. Ce qui fait que leurs industries sont dépendantes de l'approvisionnement en matières premières en provenance des pays du continent africain et leur survie en dépend. Ensuite, la peur de la concurrence de l'industrialisation des pays africains qui pourrait faire diminuer et rendre plus couteux l'approvisionnement en matières premières qui se manifestera logiquement par la hausse du taux d'inflation, l'aggravation du chômage, la baisse du revenu et, évidemment, la baisse du niveau de vie, la montée des problèmes sociaux et politiques en Occident. Enfin, la peur de la suppression des postes dans les pays occidentaux et du transfert des emplois de l'Occident vers l'Afrique en cas de délocalisation.

Toute chose qui justifie les hésitations des Occidentaux à participer à l'industrialisation véritable des pays africains et motiverait logiquement leurs efforts à la torpiller. En réalité, ce qui vient d'être résumé ici constitue dans un sens comme dans l'autre, des difficultés et un frein à l'industrialisation véritable des pays africains. Les aspirations des uns et des autres sont alors, de toute évidence les suivantes :

V.1.1. Les aspirations du côté des pays africains

Les pays africains ont besoin :

- des infrastructures pour améliorer leurs facteurs de production et de développement ;
- des compétences (du savoir-faire) de la technologie et d'importants capitaux pour bâtir des industries et procurer des emplois aux jeunes africains qui souffrent du chômage ;
- de nouer des partenariats stratégiques, ou de s'associer à des personnes dont la seule présence à leurs côtés (d'une protection avant d'avoir leurs propres moyens de dissuasion) ferait peur aux autres concurrents et les dissuaderait de toute initiative de se servir de la force pour déstabiliser les États et les gouvernements africains afin d'atteindre leurs objectifs ;
- d'une source de paix et de renforcement de la démocratie en Afrique, de l'épanouissement des populations africaines et du développement réel des pays africains ;
- de ne plus voir leur jeunesse mourir ou se faire asservir en méditerranée à la quête d'un emploi, ou d'un revenu ou du bien-être en Occident.

V.1.2. Les aspirations du côté des pays occidentaux

Les pays occidentaux ont besoin :

- Que les industries africaines ne fassent pas concurrence aux leurs.
- De l'approvisionnement des ressources naturelles et des matières premières en abondance et bon marché.
- Que l'industrialisation africaine, sous quelque forme, ne contribue guère à provoquer l'inflation aux économies occidentales, à menacer ou à supprimer un seul emploi d'un seul citoyen dans aucun pays de l'Occident.
- De nouer des partenariats stratégiques.
- De limiter ou de réduire l'immigration clandestine des jeunes africains dont se nourrissent les thèses et la montée de

l'extrême-droite avec toutes ses conséquences néfastes en Occident.

V.1.3. Le modèle d'industrialisation

Le modèle d'industrialisation, dont les caractéristiques à notre sens, pourraient sérieusement tranquilliser les uns et les autres (préserver à la fois les intérêts, et, dissiper les craintes et inquiétudes des uns et des autres), c'est-à-dire correspondre et répondre aux aspirations des parties (des pays africains et des pays occidentaux) que nous proposons ici est : la délocalisation indirecte.

La délocalisation indirecte, de quoi s'agit-il ?

- Ce qu'elle n'est pas : une délocalisation directe de l'Occident vers les pays africains. Ce qui apparaîtrait, actuellement comme une provocation aux yeux des dirigeants occidentaux, en ce sens qu'ils sont confrontés eux-mêmes à de sérieux problèmes de chômage dans leurs propres pays.
- Qu'entendons-nous par délocalisation indirecte : c'est une série d'accords industriels soutenus par la production d'une analyse comparée pour convaincre scientifiquement les grands industriels occidentaux spécialisés en ce moment, dans la délocalisation industrielle en Asie, de délocaliser certaines de leurs usines de l'Asie ou de procéder à l'éclatement des chaînes de valeurs de production d'une partie de leurs usines, de l'Asie vers les pays africains dont les matières premières proviennent de l'Afrique.
- Ce sont ces nouveaux accords industriels que nous appelons : **le New Deal Industriel (Afrique-Occident)**

V.1.3.1. Les caractéristiques, ou encore, les avantages stratégiques, au plan politique et économique, du new deal industriel pour l'occident, les occidentaux et les dirigeants occidentaux

Au niveau de l'Occident, des Occidentaux et des dirigeants occidentaux, quels sont les Avantages stratégiques au plan politique et économique, de la délocalisation indirecte ou le New Deal Industriel ?

V.1.3.1.1. 1er Avantage stratégique ou 1re Caractéristique de la délocalisation indirecte : l'esquive ou le contournement habile de

la première crainte et source d'hésitation des dirigeants occidentaux à l'industrialisation des pays africains

- **La première crainte :**

La délocalisation comme moyen d'industrialisation des pays africains va transférer les emplois de l'Occident vers l'Afrique et créer du chômage dans les pays occidentaux.

- **1re esquive ou 1er contournement habile :**

La voie de contournement choisie à partir de l'Asie ou la délocalisation indirecte vers les pays africains d'une partie des industries occidentales déjà installées en Asie et non en Occident, est une stratégie qui n'entraîne ni la fermeture d'une seule entreprise ni la suppression d'un seul emploi dans aucun pays de l'Occident, mais plutôt, la suppression et le transfert des emplois de l'Asie vers l'Afrique au profit des Africains. Ce contournement habile permet d'anticiper, d'empêcher et d'esquiver politiquement toute critique de l'opinion publique des pays occidentaux qui ne pourrait plus brandir et faire valoir l'argument selon lequel la délocalisation industrielle vers l'Afrique va transférer les emplois de l'Occident vers l'Afrique, et, créer le chômage dans les pays occidentaux. Aussi, c'est un moyen stratégique tel qu'il sera démontré immédiatement dans la suite de cette partie, pour affaiblir la concurrence asiatique dans le contrôle et l'acquisition des matières premières en Afrique.

V.1.3.1.2. 2e Avantage stratégique ou 2e Caractéristique de la délocalisation indirecte : l'esquive ou le contournement habile de la deuxième crainte et source d'hésitation des dirigeants occidentaux à l'industrialisation des pays africains

- **La deuxième crainte :**

  L'industrialisation des pays africains va faire concurrence aux industries occidentales.

- **2e esquive ou 2e contournement habile :**

Cette industrialisation africaine ne va pas faire concurrence aux industries occidentales, puisque non seulement, les industries occidentales délocalisées de l'Asie vers l'Afrique appartiennent aux occidentaux, mais en plus, cette industrialisation va plutôt stratégiquement affaiblir les industries asiatiques qui n'auront plus accès comme par le passé, aux matières premières en Afrique qui seront désormais sollicitées et transformées sur place par les Africains eux-mêmes qui auront à cœur de préserver leurs multiples emplois crées par l'implantation et le fonctionnement des usines occidentales sur leur sol. Grâce aux moyens de dissuasion des Occidentaux aux côtés des Africains, les Asiatiques, devancés par ce nouveau partenariat stratégique industriel, transparent et officiel entre les Occidentaux et les Africains ne pourront pas se servir de la force pour déstabiliser les États et les gouvernements africains afin d'atteindre leurs objectifs (contrôler et acquérir en abondance et bon marché, les ressources naturelles et les matières premières) en Afrique.

V.1.3.1.3. 3e avantage stratégique ou 3e caractéristique de la délocalisation indirecte : l'esquive ou le contournement habile de la troisième crainte et source d'hésitation des dirigeants occidentaux à l'industrialisation des pays africains

- **La troisième crainte :**

L'industrialisation des pays africains va compliquer et diminuer l'approvisionnement voire empêcher ou compromettre le contrôle et l'acquisition des matières premières et des ressources naturelles en provenance d'Afrique pour les pays occidentaux et les industries occidentales basées en Occident. Ce qui va provoquer l'inflation, donc, à terme, la destruction des économies occidentales.

- **3e esquive ou 3e contournement habile :**

Bien au contraire, ce nouveau paradigme ou ce nouveau partenariat stratégique, qui va permettre d'anticiper sur l'avenir, sera créé et mis sur pied en commun par les Africains et les Occidentaux, suivant des accords industriels transparents et officiels qui vont évidemment et logiquement intégrer les mécanismes et les techniques modernes de négociations économiques connus de tous les spécialistes dans le monde, dont la maîtrise offre la possibilité de contrôler et d'acquérir légalement en abondance et en priorité, les ressources naturelles et les matières premières pour les pays occidentaux et les industries occidentales basées en Occident. C'est cela, le New Deal Industriel (Afrique-Occident).

En plus, ce type de partenariat pensé et implémenté aujourd'hui est une anticipation stratégique sur l'avenir, au plan éthique et de la gestion de l'image de l'Occident, des Occidentaux et des dirigeants occidentaux. Puisque, les négociations du New Deal Industriel (des accords transparents et officiels signés) entre les Africains et les Occidentaux vont intégrer le volet, acquisition des matières premières et des autres ressources naturelles par les partenaires occidentaux (les pays occidentaux et les usines occidentales basées en Occident). Dans ce cadre désormais tracé, l'acquisition des matières premières et des autres ressources naturelles va logiquement se dérouler sans que l'Occident n'ait plus, ni de cas de conscience ni à ternir sa réputation, ni à salir son image (à travers le soutien des groupes armés et l'alimentation des conflits et guerres en Afrique qui entraînaient, par le passé, désolations et misères des populations africaines, et, sans que l'Occident ne soit plus contraint de se faire corrompre ou de corrompre, et de soutenir des dictatures et des gouvernements non démocratiques en Afrique pour préserver ses intérêts stratégiques sur le sol africain).

Ce qui va rendre désormais transparents et sains les rapports entre les pays africains et l'Occident qui n'aura plus, objectivement, d'intérêts et de besoins de pêcher en eau trouble en Afrique. L'accès et l'acquisition des matières premières et des ressources naturelles ne dépendant plus, dans ce nouveau contexte ou ce nouveau deal, des soutiens obscurs qu'un pays de l'Occident serait obligé d'apporter à un régime en Afrique pour préserver ses intérêts stratégiques. Mais, cette acquisition dépendra, essentiellement, de la qualité des accords stratégiques et industriels ficelés, dans le cadre du New Deal Industriel, avec et quel que soit, le régime démocratiquement élu dans un pays africain. Toute chose qui va contribuer à renforcer la démocratie en Afrique et à forger une nouvelle image d'un Occident qui œuvre effectivement pour la paix, le renforcement de la démocratie, l'épanouissement des peuples et le développement à travers le monde.

Voici une suggestion des mécanismes et techniques modernes de négociations économiques légales pour garantir l'approvisionnement en matières premières et autres ressources naturelles, en abondance et en priorité aux partenaires occidentaux. Ce sont des techniques de mesure et d'évaluation au plan macroéconomique qui pourraient soutenir les négociations à travers un simple jeu de balance comptable, financière et économique bien évaluée, mesurée et équilibrée par les experts des parties (les statisticiens, les économètres, les experts-comptables, les macro économistes et les prévisionnistes des départements à caractère économique des gouvernements signataires des accords). Sans qu'aucune partie ne débourse au besoin, la moindre devise : c'est le troc à l'ancienne (« rien ne se perd, rien ne se crée, tout n'est que transformation » des idées au cours du temps. Il n'y a rien de plus moderne dans le monde de l'habillement d'aujourd'hui que d'arborer un costume et une chemise à même le corps ou très cintrés. Une mode des années antérieures revenue très à la mode aujourd'hui, très moderne actuellement. Cela est valable pour la mode, ceci l'est également pour l'industrie et les affaires). Par exemple, la contrepartie pour le contrôle et l'acquisition en priorité et en abondance, des matières premières et des autres ressources naturelles par un pays de l'Occident x, serait en plus de la délocalisation de ses usines de l'Asie vers un pays africain y, suivent les transferts de compétences et de technologie (technico-industrielles) et la construction des infrastructures qui participent à l'amélioration des facteurs de production, à l'industrialisation véritable et au développement réel de ce pays africain.

V.1.3.1.4 4e avantage stratégique ou 4e caractéristique de la délocalisation indirecte ou le New Deal Industriel : C'est une solution durable

- **À la principale crainte des Occidentaux :** avec la misère, la pauvreté, le chômage rampants ou sans cesse grandissants en Afrique, et les vagues d'immigration galopantes depuis les côtes et frontières méditerranéennes qui alimentent l'extrême-droite, comment les pays occidentaux, riches peuvent-ils être sûrs de continuer à maintenir dans les années à venir, leur tranquillité et leur niveau de vie élevé ?

Les problèmes d'immigration suscitent depuis un certain temps, de grandes et vives inquiétudes au sein de l'opinion publique des pays occidentaux. Toute chose qui justifie la montée des extrêmes, la sympathie des thèses développées par l'extrême-droite et l'arrivée au pouvoir des partis d'extrême-droite en Occident. Les populations des pays occidentaux craignent de ne plus pouvoir continuer à maintenir leur niveau de vie actuel. Elles craignent de voir leur propre existence commencer à être menacée. Elles n'ont pas tort.

Dans les jours à venir, l'asymétrie entre le revenu et la croissance démographique exponentielle et irréversible en Afrique va accélérer et aggraver la misère dans ce continent. Cependant, la jeunesse, démographiquement majoritaire en Afrique, va davantage et systématiquement se diriger vers l'Occident en quête du bien-être et de survie. C'est une situation dont se nourrit actuellement l'extrême-droite. Or, l'expérience montre que chaque fois que l'extrême-droite et ses thèses prospèrent, comme c'est le cas en ce moment, cela s'est toujours très mal terminé. À cause de cette situation, les dirigeants occidentaux seraient logiquement en quête des solutions. Ils auraient besoin de savoir, en ce moment, comment ils pourraient sédentariser cette jeunesse en Afrique et stopper efficacement à la racine ce flux migratoire vers l'Occident avec toutes ses conséquences néfastes au plan social, économique et politique dans les pays occidentaux.

- **Une solution durable :**

Ce partenariat stratégique pour l'avenir, la délocalisation indirecte ou le New Deal Industriel (Afrique-Occident), tel que nous l'avons ci-dessus exposé, présentent les avantages stratégiques au plan politique et économique pour les pays occidentaux. C'est une chance à saisir pour anticiper et résoudre durablement à la fois cette question d'immigration dont se nourrit l'extrême-droite, et celle du développement véritable de l'Afrique, sans nuire aux intérêts des Occidentaux dans l'intérêt des Africains et des Occidentaux. En plus, sur le plan de la morale, c'est un moyen d'anticipation sur l'avenir et un avantage en termes de l'image de l'Occident et des Occidentaux tel que nous l'avons ci-dessus montré.

Grâce au New Deal Industriel, les dirigeants occidentaux ne seront plus contraints de soutenir des dictatures et des gouvernements non démocratiques, ou de déstabiliser les États et de semer la misère, pour préserver leurs intérêts stratégiques sur le sol africain.

V.2. LES ATOUTS ET LES AVANTAGES COMPARATIFS DU CONTINENT AFRICAIN PAR RAPPORT À L'ASIE (Un avant-goût)

En attendant la production par les différents États africains, d'une Étude comparative entre la délocalisation des industries occidentales manufacturières en Asie et la perspective de la délocalisation d'une partie de ces industries en Afrique, voici un cas pratique. Nous allons juste vous présenter, ici, un avant-goût : les avantages comparatifs d'un pays africain comme le Cameroun par exemple.

V.2.1. La présentation des avantages comparatifs du Cameroun

La mise en évidence des avantages comparatifs d'un pays, comme le Cameroun, que nous avons la prétention de particulièrement connaître, a l'intérêt de montrer que, la délocalisation des industries occidentales manufacturières de l'Asie vers l'Afrique en général et le Cameroun en particulier, devrait permettre d'accroître leurs profits du fait de la diminution des coûts liés à la production et à la commercialisation des produits manufacturés et semi-manufacturés à partir du continent africain en général et du Cameroun en particulier. Nous allons maintenant comprendre pourquoi le continent africain en général et le Cameroun en particulier, est intéressant, lorsqu'il est bien présenté, lorsqu'il est bien vendu.

V.2.1.1. Premier avantage comparatif du Cameroun : ses matières premières

Le sous-sol camerounais a la particularité de regorger presque toutes les matières premières que l'on retrouve en Afrique. N'avons-nous pas coutume d'entendre, en ce qui concerne le Cameroun sans en mesurer toute la pertinence, qu'il est une Afrique en miniature ? En effet, presque toutes les matières premières qui participent à la manufacture des produits et au fonctionnement des usines à travers le monde, aussi bien en Occident qu'en Asie, partent de l'Afrique. Mais, presque toutes ces matières premières sont présentes dans le sous-sol du Cameroun qui est une Afrique en miniature. La présence de presque toutes les matières premières dans le sous-sol camerounais en particulier et le sous-sol africain en général, est l'un des avantages comparatifs majeurs de l'Afrique par rapport à l'Asie.

V.2.1.2. Deuxième avantage comparatif du Cameroun : sa situation géographique

Ici, il s'agit de pouvoir établir de façon irréfutable que la distance qui sépare l'Afrique en général et le Cameroun en particulier des sites de production des matières premières d'une part, et des différents marchés potentiels d'écoulement des produits manufacturiers d'autre part, serait économiquement plus intéressante, ou plus rentable que celle qui sépare l'Asie de ceux-ci. Le Cameroun est un pays situé au cœur de l'Afrique. La distance qui sépare :

- L'Asie des sites de production des matières premières africaines est de 18 000 km, au moins.
- L'Asie des marchés africains est également de 18 000 km au moins. En plus, la démographie du continent africain est sans cesse croissante et n'aurait rien à envier, d'ici peu, au continent asiatique.
- L'Asie des marchés européens est de 12 000 km, au moins.

Tandis que celle qui sépare.

- Le Cameroun de ses propres sites de production des matières premières d'une part, et des autres pays africains, d'autre part, est presque négligeable.
- Le Cameroun des marchés africains est également presque négligeable.
- Le Cameroun en particulier et l'Afrique en général, des marchés européens est seulement à peine de 6 000 km.

V.2.1.3 Troisième avantage comparatif du Cameroun : sur la réduction des coûts de production et de commercialisation

V.2.1.3.1 Au niveau de la production : en ce qui concerne la production pour les usines occidentales délocalisées de l'Asie en Afrique en général et au Cameroun en particulier, les matières premières ne seront plus transportées sur 18 000 km, des pays africains vers les usines occidentales délocalisées en Asie. Avec la conséquence logique de dégager une marge importante de profit sur les coûts de transport des matières premières.

V.2.1.3.2 Au niveau de la commercialisation : en ce qui concerne le volet commercialisation des produits manufacturés et semi-manufacturés par les usines occidentales qui seraient délocalisées, de l'Asie pour l'Afrique, en général, et au Cameroun, en particulier, la distance qui sépare l'Asie des marchés européens est de 12 000 km, au moins. Tandis que celle qui sépare les pays africains en général, et le Cameroun en particulier, des marchés européens est de 6 000 km, à peine. Elle est alors réduite au moins de moitié. Enfin, elle est réduite presque à néant entre le Cameroun et les marchés africains. Puisque, la distance qui sépare l'Asie des marchés africains est de 18.000Km, au moins.

Dans ces conditions, les profits qui en découleraient à l'échelle industrielle seraient alors immenses : les biens occidentaux produits sur le sol africain deviendront donc plus compétitifs sur les différents marchés à travers le monde et les bénéfices forcément plus importants. Comme l'atteste la synthèse des éléments sur les échanges entre trois continents seulement, les avantages comparatifs que présente la délocalisation d'une partie des industries occidentales manufacturières, de l'Asie en Afrique en général, et au Cameroun en particulier, devraient permettre d'accroître considérablement, voire de doubler leurs profits grâce à la diminution des coûts liés à la production et à la commercialisation des produits manufacturés et semi-manufacturés à partir du sol africain en général, et camerounais en particulier.

V.2.2. Quelques recommandations aux États africains

Sur le plan méthodologique, en ce qui concerne individuellement chaque État africain, nous recommandons de commencer dès la lecture de cet ouvrage à faire quatre choses :

1. L'identification de toutes les matières premières que regorge votre sous-sol.
2. L'identification de leur utilité, ou de leur usage industriel à travers le monde.
3. L'identification de toutes les usines occidentales délocalisées en Asie qui transforment lesdites matières premières.
4. Mettez à contribution vos meilleurs géologues et chimistes du pays et de la diaspora, et associez-les aux bureaux d'études étrangers spécialisés et financez, à prix d'or, ces études d'identification, s'il le faut. Demain, ceci vous sera très utile dans le cadre du New deal industriel.

V.3. QUE GAGNENT CONCRÈTEMENT (AUX PLANS STRATÉGIQUE, ÉCONOMIQUE, POLITIQUE ET ÉTHIQUE) LES OCCIDENTAUX DANS CE NEW DEAL INDUSTRIEL ?

1. La réduction des coûts de production et de commercialisation des produits manufacturiers (voir, immédiatement ci-dessus,

l'avant-goût des avantages comparatifs de l'Afrique : les avantages comparatifs du Cameroun).

2. La main-d'œuvre est payée en Francs CFA ou en monnaie locale, généralement faible par rapport à la monnaie des pays asiatiques et vos entreprises exporteront et vendront la plupart de leurs produits sur le marché occidental en devises, très fortes par rapport à la monnaie locale. Ce qui fait que les coûts de production dans les pays africains seront de ce point de vue, également insignifiants et les profits s'accumuleront chaque année pour les entreprises occidentales qui seront délocalisées de l'Asie vers les pays africains.
3. Les gains liés à l'éclatement de la chaîne des valeurs des usines délocalisées de l'Asie pour l'Afrique qui seront, désormais, rapprochées des différents sites de production des matières premières dans les différents pays africains, pas très éloignés les uns des autres.
4. Le contrôle légal des matières premières et des ressources naturelles africaines (voir avantages stratégiques du new-deal industriel).
5. Au-delà des avantages économiques, du soulagement et de la satisfaction morale de l'Occident (voir avantages stratégiques du new-deal industriel).
6. La réduction efficace de l'immigration clandestine qui menace de déstabiliser socialement et politiquement l'Occident (voir avantages stratégiques du new-deal industriel) ;
7. Enfin, l'affaiblissement stratégique de la concurrence industrielle asiatique dans la quête et le contrôle des matières premières en Afrique (voir avantages stratégiques du new-deal industriel).

V.4. QUE GAGNENT CONCRÈTEMENT (AUX PLANS STRATÉGIQUE, ÉCONOMIQUE ET POLITIQUE) LES AFRICAINS DANS CE NEW DEAL INDUSTRIEL

Les usines occidentales délocalisées de l'Asie pour l'Afrique en général, et pour le Cameroun en particulier devraient concrètement :

1. Procurer de l'emploi à la jeunesse africaine et à la majorité des Camerounais à l'âge de travailler.

Sur la base des accords bien ficelés entre les dirigeants des pays africains (les ministres en charge de l'Économie et de l'Industrie) et les industriels occidentaux spécialisés, en ce moment, dans la délocalisation industrielle en Asie.

2. Permettre la participation et l'implication des jeunes ingénieurs africains et camerounais dans la construction et le montage des usines depuis la pose de la 1re pierre jusqu'au montage physique, industriel et technologique de chaque usine dans chaque pays africain. En réalité, la technologie ne se transfère pas, elle s'apprend.
3. Permettre le renforcement des capacités notamment la formation et le recyclage des jeunes techniciens africains et camerounais qui devraient être recrutés 3 mois à l'avance avant le démarrage de la construction de chaque usine. Ce, afin d'éviter d'aller importer les soudeurs d'Amérique latine comme ce fut le cas avec la construction du pipe-line Tchad-Cameroun.
4. Permettre le renforcement des capacités, notamment, la formation et le recyclage des milliers de jeunes africains et camerounais qui devraient être recrutés 2 à 9 mois à l'avance avant le démarrage effectif de la production de chaque usine. Certains, au préalable, devraient être envoyés en stage en Occident. Ce, à l'effet de faciliter leur recrutement dans ces usines, dans tous les différents corps de métiers, des bureaux à la production, spécifiques à chaque type d'industrie.
5. Permettre qu'à moyen et long terme, toutes les pièces de rechange, toutes les machines et tous les équipements techniques de renouvellement de chaque usine, délocalisés de l'Asie pour l'Afrique, soient fabriqués au moins cinq ans plus tard au Cameroun et dans les autres pays africains après l'installation de chaque usine, et soient également commercialisés à l'étranger.
6. Permettre à travers les exportations, de créer de la Valeur ajoutée, d'équilibrer et d'embellir la balance commerciale en particulier et la balance de paiements des pays africains.
7. Permettre d'accompagner les pays africains et le Cameroun dans la création des barrages hydroélectriques en ce qui concerne les

industries semi-manufacturières très gourmandes en énergie, suivant les accords qui devront obéir à un schéma de type : implantation et production d'une grande usine égale implantation d'un barrage hydroélectrique. Nous nous inspirons ici d'une expérience jadis réussie par la France au Cameroun et qu'il faudra mettre en œuvre dans les pays africains dans le cadre du new deal industriel Afrique-Occident. En effet, dans les années 50, pour l'implantation et la production de l'usine Alucam (l'usine de production d'aluminium au Cameroun qui appartenait jadis au groupe français Pechiney) un barrage hydroélectrique avait été créé par les colons français. De passage au Cameroun sur la route principale qui relie la capitale économique (Douala) et la capitale politique (Yaoundé), c'est un barrage que l'on pourrait facilement observer à partir du pont sur la Sanaga, situé à côté du pont allemand dans la ville d'Edéa. Ce barrage, bien que construit pour assurer la production de l'usine Alucam, continue de soutenir en ce moment même, le reste du réseau électrique camerounais et contribue à adoucir le déficit énergétique du Cameroun.

8. Permettre d'accompagner également les pays africains et le Cameroun dans l'amélioration des facteurs de production à travers la construction des routes, chemins de fer et autres. À savoir, les hôpitaux d'entreprises, les salles de cinéma et centres culturels pour soigner et distraire les travailleurs desdites usines, mais aussi, les populations.

   Les salles de cinéma et les centres culturels seraient rétrocédés aux municipalités et seraient gérés par les municipalités qui pourraient y percevoir intégralement les frais des tickets d'entrée selon la nature des accords.

   Tandis que les péages sur les routes construites par les entreprises industrielles seraient cogérés par ces entreprises et les municipalités. Chaque partie pourrait en percevoir 35 % des recettes par exemple. Le reste de 30 % serait alors affecté à l'entretien routier selon les accords.

   Les routes et chemins de fer construits par les entreprises industrielles serviront à l'évacuation des produits des usines vers les sites portuaires (secs ou en eau), et à acheminer les matières premières vers les différents sites de production que les dirigeants politiques des États africains devraient volontairement disséminer dans l'ensemble des régions que compte chaque pays africain afin de permettre le développement harmonieux de toutes les régions du pays et donner la chance d'un emploi à chaque jeune ou personne en âge de travailler, partout où il se trouve dans son pays, quelle que soit son appartenance ethnique, politique ou religieuse.

9. Permettre de renflouer directement les caisses de l'État en achetant et en transformant sur place les matières premières des États africains. Des recettes directes, immédiates et considérables qui pourraient faire disparaître les tensions de trésorerie des États africains et permettre désormais au ministère des Finances de chaque pays africain de payer rapidement, à temps et régulièrement les factures des prestataires de marchés publics. Nous vous faisons l'économie de l'impact que pourraient avoir à l'avenir, ces usines sur l'élargissement de l'assiette fiscale et sur les recettes fiscales qu'elles pourraient directement générer dans les caisses de Chaque État africain producteur des matières premières.
10. Enfin, tout ceci devrait créer un effet multiplicateur sur tous les secteurs économiques des pays africains et du Cameroun et, devrait booster systématiquement à deux chiffres leurs taux de croissance tels que vous l'observez concrètement chaque année en Asie : ce n'est que comme cela que l'on devient émergent (voir chapitre 2 et la partie théorique de cet ouvrage).

V.5. QUE POURRAIT FAIRE L'ASIE DÈS MAINTENANT ?

Pour l'instant, les Occidentaux ont l'avantage de pouvoir mieux pêcher en eau trouble en Afrique. Parce que, ayant colonisé ce continent, créé et installé des réseaux longtemps à l'avance sur le terrain. Ceux-ci leur donnent la possibilité de maintenir, de mettre et de démettre des dictatures et des hommes de paille à la tête de certains États africains au service exclusif de leurs intérêts personnels et des intérêts occidentaux, souvent au détriment de leurs propres populations. Jusqu'à quand ce paradigme pourrait-il tenir ?

Les Asiatiques, particulièrement les Chinois sont conscients de ce que l'Afrique de demain ne sera pas comme l'Afrique d'aujourd'hui. Cependant, tous les grands stratèges chinois sont en train d'œuvrer au quotidien, pour l'imminence de l'avènement de cette nouvelle Afrique afin de parvenir à damer le pion aux Occidentaux le moment venu. Car, ne perdons jamais de vue que les Chinois sont obstinés par une seule question ou un seul objectif et toutes les largesses qu'ils multiplient en direction des pays africains ne sont que des stratagèmes pour atteindre cet objectif : comment parvenir à supplanter les occidentaux dans la conquête et le contrôle des matières premières et des autres ressources naturelles en Afrique indispensables à la survie de l'économie chinoise, donc à la production industrielle des usines en Chine ? Pour y parvenir assez rapidement, ils sont en train d'anticiper lentement mais sûrement, sur l'avenir. Inutile de vous en faire un dessin.

Il n'y a que les Occidentaux qui semblent ne pas voir ce qui est en train de se dessiner sous leurs yeux en Afrique. Ils somnolent encore sur leurs lauriers, notamment, sur les acquis de la conférence de Berlin de 1885, les réseaux et les accords désormais caducs de la décolonisation. Demain, quand ils se réveilleront, ce sera trop tard. Il leur restera seulement deux options :

1. Soit, négocier très difficilement et à prix d'or les ressources naturelles en général et les matières premières en particulier en Afrique.
2. Ou alors, multiplier les théâtres de guerre, de conflits et de déstabilisation dans les pays africains pour essayer de récupérer dans la douleur par la force et dans le sang, les matières premières et les autres ressources naturelles. Ce qui sera instantanément su, très mal vu, voire inacceptable et insupportable, dans le monde à venir que les Occidentaux eux-mêmes sont en train de créer, d'instaurer et d'imposer de façon irréversible à travers internet et le développement de la technologie, c'est-à-dire la vitesse de la communication et de l'information en image et en temps réel ou la mondialisation, l'ouverture d'esprit de la majorité des Africains de demain en particulier et des nouvelles générations du monde en général, grâce au regard et au discours occidental, à travers la planète, sur les Droits de l'Homme.

Pour stratégiquement anticiper sur l'avenir, dans l'intérêt des Occidentaux (ils ont besoin des matières premières et des autres ressources naturelles) et des Africains (ils ont besoin du développement, l'industrialisation et des emplois), nous venons de proposer, ici, une stratégie qui, en plus de préserver les intérêts des uns et des autres, va également contribuer à affaiblir stratégiquement la concurrence industrielle asiatique. Mais, maintenant que nous avons rendu publiques nos idées à travers la publication de cet ouvrage qui décrit en détail notre stratégie, elles ne nous appartiennent plus et échappent désormais à notre propre contrôle. Dès lors, lorsque nous savons comment fonctionnent tous les grands stratèges asiatiques en général et chinois, en particulier, toujours à l'affût de la moindre petite idée pertinente qui mettrait en mal ou développerait leurs intérêts, nous demeurons convaincus que si l'Occident ne met pas immédiatement en pratique ces idées, leurs concurrents s'en saisiront très vite, les adapteront et les implémenteront à leur propre compte en Afrique au détriment des Occidentaux.

Par exemple, nos idées sur l'éclatement des chaînes de valeurs de l'industrie occidentale en Asie et sur la délocalisation d'une partie de leur production en Afrique, dans les années à venir, à travers des accords transparents de partenariats industriels (implantation des usines, transfert de compétences, achat et transformation des matières premières), les asiatiques, en général, et les Chinois, en particulier, ne pourraient-ils pas s'en saisir et les implémenter entre la Chine et les pays africains ?

Bien qu'en réalité, ces usines chinoises pourraient également servir de portes d'entrée des ressources naturelles et des matières premières en Chine, les Africains n'auraient-ils pas à cœur de préserver leurs multiples emplois créés par l'implantation et le fonctionnement des usines chinoises sur leurs sols ? La nouvelle opinion publique africaine n'en serait-elle pas très sensible ? À partir de ce moment, les Chinois ne pourraient-ils pas tenir les Africains en chantage et l'Occident ne serait-il pas stratégiquement sevré des ressources naturelles en général et des matières premières, en particulier, en provenance de l'Afrique ?

Depuis quelques années, Exim Bank China a comme axe de priorité en Afrique, le financement systématique de la construction des barrages hydroélectriques et des infrastructures routières. Est-ce pour les beaux yeux des Africains, même s'il s'agit des prêts ? Cette stratégie d'investissement du gouvernement chinois en Afrique, aurait-elle un lien avec l'anticipation sur l'avenir, ou l'aménagement des facteurs qui détermineraient à l'avenir, son intention de production stratégique sur le sol africain ? Interrogez J.M. Keynes sur le sujet, vous aurez la réponse. À bon entendeur, salut !

TROISIÈME PARTIE

ORIENTATION ET POLITIQUES ÉCONOMIQUES DANS LES AUTRES SECTEURS PORTEURS DE CROISSANCE (PRODUCTIVITÉ ET EMPLOI) :

STRATÉGIES INNOVANTES ET CONCRÈTES

Dans certains secteurs de l'économie, il est possible d'atteindre une production importante sans industrialisation. Hier, en Occident par exemple, les grandes fermes utilisaient des outils rudimentaires de travail et avaient besoin d'employer une main-d'œuvre abondante, des milliers d'ouvriers pour atteindre une production agricole importante. Aujourd'hui, grâce à l'industrialisation (la mécanisation agricole et la révolution technologique), les mêmes grandes exploitations agricoles emploient en Occident, quelques personnes souvent pour un rendement beaucoup plus important : une véritable production industrielle nécessaire pour produire suffisamment de la nourriture pour toute la population.

Malheureusement, beaucoup de chefs de départements en charge de l'Économie dans les gouvernements des pays africains veulent faire croire à leurs différents Chefs d'État que l'importante production qu'ils projettent dans les secteurs tels, l'agriculture, le bois..., sans pour autant démontrer comment ils entendent la financer, fait de leurs projections des Plans de Développement Industriel (des PDI) qui feront respectivement de leurs pays, les plus industrialisés du continent et des États émergents à un horizon qu'ils ont même déjà défini. Ils confondent alors importante production et industrialisation. Encore que l'industrialisation agricole (la mécanisation agricole et la transformation des produits agricoles) n'a jamais fait d'un pays le plus industrialisé de son continent. Même si nous pensons que l'industrialisation du secteur agricole des pays africains est nécessaire. Car, l'importation massive des produits agroalimentaires creuse considérablement leur déficit commercial. En plus, l'industrialisation de l'agriculture en Afrique va libérer la main-d'œuvre pour la production d'autres biens et services dans le cadre du new deal industriel.

Dans cet ouvrage, en effet, nous définissons la croissance économique comme étant l'augmentation de la productivité et l'augmentation de l'emploi. Il est clair qu'à côté de l'industrie manufacturière (la transformation des matières premières en produits finis) conçue et planifiée à travers le New Deal Industriel qui fera des États africains, des pays véritablement industrialisés, les secteurs qui peuvent directement booster leurs points de croissance, et ce, dès la fin des deux prochaines années budgétaires sont les suivants :

- Le secteur des Travaux publics : La construction et le développement des infrastructures publiques suivant le Plan

T. ou le modèle CPFC (modèle de Construction Publique à Faibles Coûts budgétaires pour les pays africains pauvres et sous-développés) que nous avons construit pour préparer l'industrialisation de l'Afrique et que vous allez découvrir dans cette partie de l'ouvrage.

- Le secteur agricole : dans les pays non industrialisés, un secteur agricole bien organisé et mieux structuré, demeure un atout important en matière de production et de création d'emplois pour le bas de la pyramide des chômeurs c'est-à-dire, les chômeurs les plus nombreux et les moins scolarisés du pays.
- Le secteur du bois : La transformation du bois au plan local est un problème complexe que nous devons adresser avec beaucoup de tact. C'est ce que nous allons essayer de faire dans cette partie de l'ouvrage pour permettre au secteur du bois de parvenir à créer beaucoup d'emplois pour la jeunesse des pays africains en zone forestière.
- Le secteur de la santé : La couverture sanitaire universelle est un puissant levier de croissance économique des pays africains. En ce sens qu'elle contribue à multiplier des emplois dans le secteur de la santé et à améliorer la productivité de tout le monde dans tous les autres secteurs de l'activité économique du pays. Le rendement des travailleurs dépend d'abord de leur état de santé.

Enfin, la problématique de financement demeure très préoccupante dans les pays africains. C'est elle qui plombe respectivement le système de santé (la couverture sanitaire universelle dans les pays africains), le secteur agricole (l'agriculture des pays africains), l'évacuation des denrées alimentaires des plantations vers les marchés « farms to roads markets » et le développement des infrastructures publiques dans les pays africains. C'est pour cela que nous avons pensé qu'il était utile dans cet ouvrage de concevoir et de proposer en guise d'orientation et de politiques économiques des stratégies innovantes et à faibles coûts budgétaires (réalistes, concrètes, c'est-à-dire en adéquation avec les ressources budgétaires et naturelles des pays africains) pour la mise en œuvre :

- d'une politique de financement de la couverture sanitaire universelle ;

- d'une politique de transformation du bois, au plan local, qui tient compte des réalités locales et extérieures afin de la rendre concrète et réalisable ;
- d'une véritable politique agricole et d'une ingénierie particulière de financement de l'agriculture adaptée aux réalités du secteur agricole des pays africains ;
- d'un modèle semi-libéral, ou d'une nouvelle politique dans le secteur des travaux publics pour la construction et le développement des infrastructures publiques en grand nombre et en qualité dans les pays africains : Le modèle CPFC ou le Plan T.

CHAPITRE 6

ORIENTATION ET POLITIQUE ÉCONOMIQUES DANS LE SECTEUR DES TRAVAUX PUBLICS EN AFRIQUE : LE MODÈLE CPFC OU LE PLAN T.

Nous avons vu dans le chapitre précédent qu'une véritable industrialisation repose sur la transformation des matières premières qui font partie d'un facteur de production que nous appelons en économie, des ressources naturelles. Nous avons également vu que la transformation des matières premières se fait par des usines. Or, ce qui permet aux usines de fonctionner et d'évacuer leur production, ce sont des Hommes, des machines (des outils de production) et des infrastructures d'évacuation. Ces deux derniers éléments sus cités font partie d'un facteur de production appelé le capital physique. Si l'installation des machines fait partie intégrante de la construction des usines, en revanche, la construction des infrastructures dans un pays pour faciliter la circulation des personnes et des biens (l'évacuation de la production) prend beaucoup plus de temps. D'où l'urgence de s'y prendre à temps avec les moyens qui sont ceux des pays africains pour réduire les rigidités, ou encore, améliorer les facteurs de production afin de préparer une véritable industrialisation du continent africain. Car, dans un continent où l'on a de la peine à évacuer de simples denrées alimentaires, seulement l'implémentation dans un premier temps du volet de la stratégie, ou du volet du Plan T concernant la création, l'entretien et la réhabilitation des routes rurales et urbaines aura un impact immédiat et significatif sur la production agricole, la sécurité et l'ensemble de l'économie de chaque pays africain au sud du Sahara. Tel est l'objet du chapitre que nous allons étudier maintenant.

Ce chapitre aurait pu justement faire l'objet d'un sujet de thèse ou d'un ouvrage entier. Tellement, le sujet est préoccupant en Afrique. Car, lorsque l'on voudrait déterminer le niveau de développement d'un pays ou d'un continent, il suffit d'observer la quantité et la qualité de ses infrastructures. En ce qui concerne le continent africain, nous vous laissons le soin de vous en faire une opinion. Inutile de répéter que les infrastructures publiques (routes, quand il y en a, bâtiments, physionomie des villages et villes) africaines sont dans un état déplorable dont la première vue laisserait couler des larmes à tout être sensible et doté de raison.

Comment se fait-il qu'un continent si riche puisse paraître si pauvre ? L'Afrique serait-elle un continent maudit ? Les politiques que nous appliquons, en ce moment, dans le secteur des travaux publics en Afrique sont-elles en adéquation avec les ressources budgétaires et naturelles des pays africains ? Les gouvernements africains sont-ils obligés de copier aveuglément le modèle néolibéral implémenté dans le secteur des travaux publics de l'Occident d'aujourd'hui ? Hier, est-ce ce modèle que l'Occident avait-il mis en œuvre pour parvenir à la construction et au développement de ses infrastructures publiques en grand nombre et en qualité qui suscitent respect et admiration jusqu'à aujourd'hui ? L'Afrique pourrait-elle concevoir une nouvelle stratégie, ou encore, une nouvelle politique afin d'implémenter un modèle efficace dans le secteur des travaux publics pour la construction et le développement de ses infrastructures publiques en grand nombre et en qualité ?

VI.1. STRATÉGIE CONCRÈTE, EN ADÉQUATION AVEC LES RESSOURCES BUDGÉTAIRES ET NATURELLES DE L'AFRIQUE, POUR LA RECONSTRUCTION DES VILLES, LA CONSTRUCTION ET LE DÉVELOPPEMENT DES INFRASTRUCTURES PUBLIQUES DANS LES PAYS AFRICAINS

Chaque fois que nous nous rendons en Occident et imaginons dans quel état se trouvent les villes et les routes africaines, nous avons des larmes aux yeux pour une raison simple : Haussmann Saint Lazare, Georges Washington et autres, qui ont pensé et bâti des belles villes avec de grands espaces urbains, des routes bitumées et de jolis immeubles, n'avaient pas un cerveau en quatre. Ils en avaient un seul comme celui de chaque Africain.

Les Européens particulièrement étaient même confrontés à deux obstacles naturels majeurs : des superficies très limitées de leurs territoires et la pauvreté de leurs sous-sols en ressources naturelles en général, et en matières premières (des intrants) en particulier, qui participent à la fabrication des matériaux prioritaires de construction et de développement des infrastructures tels, le ciment, le fer à béton et le bitume, etc.

Au niveau du génie civil ou du BTP (Bâtiment et Travaux publics), l'Afrique possède en abondance des cerveaux hautement compétents en la matière. En plus, le sous-sol africain est un scandale géologique. Nous nous gardons, simplement ici de commencer à citer les ressources naturelles (les intrants) qui participent à la fabrication des matériaux prioritaires de BTP ci-dessus mentionnés au risque de transformer ce chapitre en un lexique d'éléments et de composantes chimiques.

Malgré tous ces atouts, dans un domaine qui ne nécessite même pas une technologie de pointe, pourquoi l'Afrique ne parvient-elle pas à construire, en grand nombre et en qualité des routes bitumées, des nouvelles lignes de chemin de fer, de jolis bâtiments à usage d'habitation et professionnel ou administratif, au point de parvenir à transfigurer positivement ses villages et ses villes ? Pourquoi la construction du kilomètre de rail et de route bitumée, et même non bitumée coûte-t-elle très chère en Afrique ?

VI.1.1. Les causes d'une construction publique très onéreuse en Afrique

VI.1.1.1. Au niveau de la fabrication des matériaux, tels : le ciment, la ferraille, le fer à béton et le bitume

- Malgré l'implantation des usines de fabrication du ciment, de la ferraille et du fer à béton dans les pays africains, et la concurrence encouragée par l'Etat dans ce secteur, les coûts de production du ciment et du fer à béton sont très élevés. Ce qui fait que ces matériaux coûtent logiquement toujours chers sur le marché.
- Les coûts de production du ciment et du fer à béton restent très élevés parce que les composantes chimiques qui participent à la fabrication de ces matériaux sont importées bien que leurs matières premières (leurs intrants) proviennent d'Afrique ;
- Le bitume est souvent également importé même dans la plupart des pays africains producteurs du pétrole brut lourd. Le rail y est aussi importé ou alors, les composantes chimiques, qui participent à la fabrication du bitume et du rail, le sont.

VI.1.1.2. Au niveau de l'exploitation des ressources naturelles basiques, telles : le sable et la pierre

- La plupart des États africains sont incapables de penser acheter des machines banales pour extraire du sable de l'eau. En plus, pour dynamiter les pierres, les concasser et les calibrer en gravier, ils se sentent obligés de confier cette activité à des entreprises étrangères ou privées pour que ce même gravier, par tonnage et par camion, revienne dix ou vingt fois plus cher à l'État dans la facturation de l'exécution des travaux publics. Ce qui contribue à rendre davantage chère la construction des édifices publics et des routes bitumées en Afrique ;

- Un modèle aveuglement copié auprès de l'Occident d'aujourd'hui. Or, l'Occident d'hier, dont les ouvrages publics continuent jusqu'à aujourd'hui à susciter notre respect et admiration, conçus et bâtis par Haussmann Saint-Lazare, Georges Washington et autres, ne l'ont pas été avec les chemins de fer, la pierre, du sable, du ciment et de l'acier privatisés.

D'où vient-il que, dans un continent où ses enfants ont de la peine à se nourrir, se soigner, se loger et se vêtir convenablement du fait de la rareté des capitaux, l'on soit obligé d'aller copier aveuglement un modèle néolibéral pour la construction des chemins de fer, des routes, des édifices publics, l'aménagement des espaces ruraux et urbains auprès des personnes qui, non seulement, ont déjà résolu les problèmes liés aux besoins élémentaires de la vie quotidienne de leurs populations, mais qui hier, n'ont pas utilisé ce modèle pour atteindre un niveau acceptable de développement de leurs infrastructures publiques, en quantité et en qualité, dans leurs pays ?

Aujourd'hui, ils peuvent se le permettre. Ce modèle néolibéral contribue juste à fabriquer et à placer la cerise sur le gâteau dans ce secteur actuellement en Occident. En Afrique, nous ne sommes même pas encore à la phase de la fabrication du gâteau. Dans le secteur des travaux publics, l'Afrique est un continent en friche. Tout est à faire, tout est à bâtir. Comment pouvons-nous dans ces conditions, adopter un modèle ultralibéral dans le secteur des travaux publics, alors que ceux chez qui nous le copions aujourd'hui ne l'ont pas appliqué, chez eux, dans les mêmes conditions, hier ?

VI.1.1.3. Au niveau des engins lourds et équipements de BTP

Pour comprendre pourquoi les budgets d'investissement public des gouvernements africains ne parviennent même pas à satisfaire la demande de leurs populations en de simples routes en terre battue en milieu rural et urbain au point que pour se rendre dans la plupart de ses villages en milieu rural et de ses quartiers en milieu urbain, c'est la croix et la bannière avec pour conséquences directes :

- La mort de l'économie rurale du fait des grandes difficultés à évacuer les denrées alimentaires ou les productions agricoles ;
- L'insécurité qui s'installe et les motos-taxis qui envahissent les villes africaines aux risques et périls de leurs conducteurs et de leurs passagers (les populations).

Pour le comprendre, nous allons nous intéresser aux prix journaliers de la location de quatre types d'engins lourds dans la plupart des pays africains lorsque ceux-ci sont réquisitionnés par un particulier, par exemple, pour le terrassement et l'évacuation des terres d'un site de construction personnelle. Nous n'osons pas parler ici du prix journalier facturé à l'État quand il s'agit des travaux publics. Il est généralement revu à la hausse, voire, doublé. À titre d'exemple, nous partageons avec vous, ici, le prix journalier de la location par un particulier, de quatre types d'engins lourds dans un pays comme le Cameroun que nous avons la prétention de particulièrement connaître :

- Un Caterpillar avec grosse pèle chargeuse : entre 350 000 FCFA et 400 000 FCFA, soit environ, 800 dollars US par jour (prix pratiqué sur le marché en 2013) ;
- Un Char avec bras et godé : entre 400 000 FCFA et 600 000 FCFA, soit environ, 1 200 dollars US par jour ;
- Un porte-char (il accompagne toujours le char et est systématiquement loué en aller et retour) : 200 000 FCFA, soit environ, 400 dollars US par jour ;
- Le camion gros porteur, communément appelé camion 10 roues au Cameroun : 150 000 FCFA, soit environ, 300 dollars US par jour.

Ce sont les prix journaliers que vous et moi devions payer sur le marché en 2013 au Cameroun par exemple, pour pouvoir louer ce type d'engins pour nos travaux personnels. Nous sommes convaincus que la situation n'est pas des plus reluisantes dans les autres pays africains au sud du Sahara. Imaginons alors ce que l'on fait payer à l'État pour la location de ces engins dont la liste n'est pas exhaustive ici pour l'exécution des travaux d'entretien et de création d'un seul kilomètre d'une simple route en terre battue dans un quartier urbain ou un village d'un pays africain (dans votre pays, par exemple). Quand nous connaissons les réalités budgétaires des États africains et imaginons le nombre de villes et villages, le nombre de quartiers et localités que compte chacun d'eux, le nombre de kilomètres de routes, seulement en terre battue à entretenir et à créer par village et par quartier, vous n'avez plus besoin d'un dessin, vous comprenez immédiatement que c'est une mission quasiment impossible dans les conditions actuelles. Il faut impérativement changer de modèle, ou encore, de paradigme.

VI.1.1.4. Pourquoi l'Afrique copie-t-elle aveuglement le modèle néolibéral pour la construction publique ?

La réponse réside :

D'une part, en la paresse intellectuelle et au mimétisme de certains d'entre nous, la classe politique et l'intelligentsia africaines, qui copions aveuglement et qui, pour le justifier, avançons, par ailleurs, l'argument du manque de capitaux et de compétences (savoir-faire). Si cela est vrai dans l'industrie manufacturière qui nécessite une haute technologie sophistiquée ou de pointe, cela ne l'est pas dans un domaine comme celui du BTP dans lequel, l'Afrique pourrait réaliser des prouesses avec simplement ses ingénieurs de bâtiments et travaux publics, de ponts et chaussées ; ses géologues, ingénieurs de mines et chimistes domestiques et de la diaspora. Ce, avec un minimum de réflexion, de sens de responsabilité et d'organisation, et l'implémentation d'une autre politique, d'un autre modèle.

D'autre part, en des contraintes imposées aux États africains par ses partenaires au développement (bilatéraux et multilatéraux) qui continuent de penser à tort, que l'État même dans les pays pauvres et sous-développés, doit passer le relais au secteur privé dans tous les secteurs de son économie, quand bien même ses ressources budgétaires ne le lui permettent pas, ou sont en inadéquation avec cette politique, ce modèle ultralibéral.

Dans le même temps, par exemple :

- Les performances économiques d'un pays comme la France ne lui permettent pas en ce moment de passer le relais au secteur privé, en ce qui concerne le système de sécurité sociale dans le secteur de la santé comme c'est le cas aux États-Unis, compte tenu du niveau de performance de l'économie américaine.
- Lorsque General Motors, et l'industrie automobile américaine menacent de s'écrouler, l'État américain ne s'embarrasse pas, il injecte des capitaux publics dans le capital de ces entreprises.
- Lorsque la crise financière frappe le monde et que le système bancaire européen est menacé, les gouvernements européens et la banque centrale européenne ne s'embarrassent pas, ils injectent des capitaux publics dans le capital des banques.

Dans les pays africains pauvres et sous-développés, le secteur des travaux publics, notamment des infrastructures publiques telles que routes, ouvrages et édifices publics, n'est pas menacé de s'écrouler. Il est totalement sinistré et écroulé, ou inexistant dans la plupart des cas. Serait-il alors raisonnable de continuer à imposer une telle politique, un tel modèle ultralibéral dans le secteur des travaux publics dans un tel continent ?

La science économique telle qu'elle est théorisée, l'a-t-elle été en pensant également à l'Afrique ? La main invisible d'Adam Smith et les modèles de type keynésiens ne devraient-ils pas être réajustés pour le secteur des travaux publics en Afrique ? Les économistes africains n'ont-ils pas le devoir de repenser une théorie économique adaptée aux réalités des pays africains ?

Dans ce chapitre, nous allons essayer de montrer qu'avec les capitaux actuels, mobilisés sous forme de recettes propres ou d'endettement, chaque État africain parvient chaque année à consacrer à l'exécution des travaux publics. L'Afrique a la capacité de penser et de mettre sur pied une stratégie (un nouveau modèle, une nouvelle politique dans le secteur des travaux publics pour la construction et le développement de ses infrastructures publiques, en grand nombre et en qualité, en adéquation avec ses ressources budgétaires et naturelles) afin de pouvoir transfigurer positivement ses routes, ses villages et ses villes et matérialiser en dix (10) années, ce que Haussmann Saint-Lazare, Georges Washington et autres ont réalisé, pour leurs pays, il y a longtemps à condition que les partenaires au développement (bilatéraux et multilatéraux des pays africains) acceptent de jouer franc jeu avec les pays africains, c'est-à-dire :

- ✓ N'imposent plus un modèle ultralibéral aux gouvernements africains dans le secteur des travaux publics.
- ✓ Ne prétendent plus à l'avenir que lorsqu'ils arrivent en Afrique, ils sont obligés de demander aux gouvernements africains d'appliquer leurs politiques parce qu'en face, on ne leur propose rien.
- ✓ Enfin, encouragent, demandent aux gouvernements africains, avec la même vigueur que par le passé, c'est-à-dire conditionnent leurs financements à la mise en application de cette nouvelle orientation et politique (stratégie) que nous proposons dans ce chapitre, dans le secteur des travaux publics, pour la construction et le développement des

infrastructures publiques en grand nombre et en qualité dans les pays africains au sud du Sahara.

VI.1.2. Description de la stratégie : le modèle CPFC ou le Plan T

Lorsqu'un État ou un continent a des ressources budgétaires limitées, il ne saurait se comporter comme ceux qui en disposent suffisamment aujourd'hui, ou encore, copier aveuglement les modèles ou les politiques qu'ils ont la possibilité d'implémenter aujourd'hui dans certains de leurs secteurs économiques. Tenez, si la Chine était un pays de l'Occident, Exim Bank China n'aurait jamais existé sous la forme actuelle. Cependant, c'est grâce à ce modèle (une banque d'État à capitaux publics, mais à gestion privée) que l'État chinois parvient à damer le pion aux Occidentaux et à s'imposer dans le monde.

Bien que notre stratégie n'ait que deux points communs à savoir, la nature du capital et la structure de gestion de Exim Bank China, c'est une des excellentes sources d'inspiration à laquelle nous avons puisé pour tenter de proposer un modèle économique pour la réalisation des grands travaux, la construction des routes, des édifices publics à usage d'habitation de masse et professionnel ou administratif, l'aménagement des espaces ruraux et urbains dans les pays africains bref, pour la construction et le développement réel des infrastructures publiques en Afrique.

À côté du modèle néolibéral (des cimenteries privées qui continueront de vendre leurs sacs de ciment à des prix homologués par l'État, comme c'est le cas en ce moment dans la plupart des pays africains ; des entreprises de production et de vente de la ferraille et du fer à béton importés ou non ; des carrières privées de gravier et sable...), un modèle néolibéral qui va continuer de s'appliquer à l'exécution des travaux de construction des maisons et des immeubles appartenant aux particuliers et aux entreprises privées, nous proposons un modèle semi-libéral dans le secteur des travaux publics pour la construction et le développement des infrastructures publiques, en grand nombre et en qualité dans les pays africains.

En réalité, aucun pays, aucun continent au monde, n'a atteint un niveau acceptable de développement de ses infrastructures publiques, ou encore, de son développement tout court avec le rail, la pierre, le sable, le ciment et l'acier privatisés. Le modèle semi-libéral que nous proposons dans cet ouvrage redéfinit le paradigme (repense la politique, ou encore, les rôles de l'État et des partenaires au développement, et du secteur privé) dans le secteur des travaux publics pour la construction et le développement des infrastructures publiques en grand nombre et en qualité dans les pays africains. Nous l'avons intitulé : le modèle CPFC ou le Plan T.

VI.1.2.1. La définition d'un nouveau paradigme (modèle)

Notre stratégie est bâtie sur la qualité de l'organisation du modèle semi-libéral que nous proposons dans le secteur des travaux publics dans les pays africains dans la perspective de parvenir à construire et à développer des infrastructures publiques, à un niveau acceptable (en grand nombre et en qualité), avec les moyens qui sont ceux de l'Afrique d'aujourd'hui.

À l'état actuel, les ressources budgétaires (fonds propres et endettement) des pays africains ne permettent pas la construction et le développement réel de leurs infrastructures publiques sur la base du modèle néolibéral qui est un modèle ultralibéral. Un modèle que l'Occident, de qui nous le tenons ou le copions aveuglément aujourd'hui, n'a guère implémenté par le passé pour la construction et le développement de ses infrastructures publiques, en grand nombre et en qualité, que nous continuons à admirer jusqu'à aujourd'hui. C'est un modèle où l'État ne produit actuellement, ni son ciment, ni son acier, ni son bitume, et achète même ses propres ressources naturelles basiques telles, le sable, la pierre, etc., que la nature lui a gracieusement offertes, qui comptent pourtant parmi les matériaux prioritaires de construction, et dont l'exploitation ne nécessite ni d'importants moyens financiers ni une technologie particulière. Leur exploitation nécessite, juste et simplement, un minimum d'organisation.

Il est alors question pour nous ici, de construire un modèle, où, d'une part, les entreprises publiques et les carrières municipales, mais, à gestion privée, devraient produire à côté des entreprises privées, dans un pays pauvre et sous-développé, des matériaux prioritaires de construction tels, le ciment, l'acier, le bitume, le sable et le gravier destinés à la construction publique. Ensuite, pour leur donner les moyens de s'autofinancer à 70 % au moins, elles devraient vendre une partie de leur production aux particuliers et aux entreprises privées aux prix homologués à ce moment pour tous les concurrents sur le marché intérieur de chaque pays africain par l'État, comme c'est le cas en ce moment dans la plupart des pays africains, tout en livrant gratuitement ces matériaux (l'autre partie de leur production) à l'État afin de lui donner la possibilité de construire et de développer, en grand nombre et en qualité, ses infrastructures publiques.

D'autre part, ce modèle prévoit que dans un pays pauvre et sous-développé, l'État a, avec essentiellement les moyens qui sont à sa portée, la capacité de responsabiliser les municipalités en équipant, chaque département territorial et administratif du pays, d'un pôle d'engins de BTP, qui sera techniquement géré et suivi par la délégation départementale du ministère en charge des travaux publics, et, mis à la disposition des municipalités qui composent le département de façon rotative au cours de chaque année pour l'exécution des travaux de routes urbaines et rurales, et d'aménagement du territoire de chaque département.

Notre objectif en construisant ce modèle est de permettre aux municipalités et aux entreprises privées (les PME nationales, les multinationales et les entreprises étrangères de BTP) de procéder à l'aménagement du territoire (création des grands espaces urbains, embellissement et désengorgement des métropoles, création et aménagement des banlieues, construction des bâtiments publics à usage d'habitation de masse ou non, commercial et administratif, etc.) et de produire à faibles coûts, le plus grand nombre de voies de chemins de fer et de routes qui vont principalement permettre, pour l'instant, l'évacuation des denrées alimentaires des campagnes vers les marchés urbains, la facilitation et la sécurisation du déplacement des biens et des personnes, la fluidité de l'activité économique et à l'avenir, l'évacuation des produits semi-manufacturiers et manufacturiers d'une partie des usines occidentales délocalisées de l'Asie vers les pays africains dans le cadre du new deal industriel Afrique-Occident.

Nous nous sommes inspirés en partie du socle que l'Occident a utilisé comme modèle par le passé pour parvenir à construire et à développer ses infrastructures publiques, à un niveau acceptable (en grand nombre et en qualité), avec les moyens qui étaient les siens à cette époque et qui sont presque identiques à ceux de l'Afrique, aujourd'hui. Pour l'Afrique, c'est un nouveau paradigme c'est-à-dire, une nouvelle organisation, ou une nouvelle politique dans le secteur des travaux publics pour la construction et le développement de ses infrastructures publiques en grand nombre et en qualité.

VI.1.2.2. Organisation et fonctionnement du modèle semi-libéral, ou encore, du modèle CPFC ou le plan T.

Pour décourager les dirigeants africains, nous sommes conscients du fait que certains de leurs conseillers (étrangers et nationaux) mal intentionnés ou bien intentionnés, parce que naïfs, ou encore, moins bien outillés intellectuellement pour les deuxièmes cités, vont tenter d'arguer qu'il n'est à notre époque ni bien vue ni de bon aloi ni du ressort ou du rôle de l'État de se substituer au secteur privé, en procédant par exemple à la fabrication de ses propres matériaux destinés à la construction publique, et, à la vente de ceux-ci auprès des particuliers au risque de faire une concurrence déloyale aux producteurs privés. En guise de réponse, opposez-leur les arguments suivants :

- En ce moment même, la principale, pour ne pas dire la plus importante banque chinoise et la plus importante sur la planète, s'appelle Exim Bank China. C'est une banque d'État à capitaux publics. Est-ce pour autant que l'État chinois devrait en avoir honte ? Pour en avoir une réponse précise et objective, posez cette question aux Occidentaux.
- Les performances économiques d'un pays comme la France ne lui permettent pas en ce moment de passer le relais au secteur privé, en ce qui concerne le financement et la gestion de son système de sécurité sociale dans le secteur de la santé, comme c'est le cas aux États-Unis, compte tenu du niveau de performance de l'économie américaine. Est-ce pour autant que l'État français devrait en avoir honte ? Pour en avoir une réponse objective, posez cette question aux populations françaises.
- Lorsque General Motors et autres menacent de s'écrouler, l'État américain ne s'embarrasse pas, il injecte des capitaux publics dans le capital de ces entreprises privées. Est-ce pour autant que l'État américain devrait en avoir honte ? Pour en avoir une réponse précise, interrogez à ce titre, les travailleurs américains et l'état de santé actuel du secteur de l'automobile américain du fait de cet apport public.

- Lorsque la crise financière frappe le monde et que le système bancaire européen est menacé, les gouvernements européens et la banque centrale européenne ne s'embarrassent pas, ils injectent des capitaux publics dans le capital des banques privées.
- Dans les pays africains pauvres et sous-développés, le secteur des travaux publics, notamment, des infrastructures publiques telles que routes, ouvrages et édifices publics n'est pas menacé de s'écrouler. Il est totalement sinistré et écroulé, ou encore, inexistant dans la plupart des cas.
- Dans le cas d'espèce, les États africains ne vont pas se substituer au secteur privé puisque les producteurs privés vont continuer d'exister à côté des entreprises publiques à gestion privée. Ces dernières ne vont non plus faire une concurrence déloyale aux producteurs privés, du fait qu'elles vont procéder, par exemple, à la fabrication des matériaux destinés à la construction publique et à la vente de ceux-ci (une partie de la production) auprès des particuliers. Aussi, elles vont les leur vendre aux prix homologués sur le marché intérieur par l'État, afin de se donner les moyens de s'autofinancer à 70 % au moins, tout en livrant gratuitement leurs matériaux à l'État afin de lui donner la possibilité de construire et de développer en grand nombre et en qualité, ses infrastructures publiques.

Par ailleurs, nous ne proposons autre chose ici, qu'une inspiration qui émane du socle d'un modèle que l'Occident a longuement implémenté par le passé pour construire et développer la majeure partie de ses infrastructures publiques que nous observons avec respect et admiration, et qui font la grandeur et la beauté des routes et villes des pays occidentaux jusqu'à aujourd'hui. En attendant que l'Afrique ait les moyens de l'Occident d'aujourd'hui, puisqu'elle a les moyens de l'Occident d'hier, elle va s'en inspirer en adaptant cette inspiration à son environnement et à ses réalités, pour essayer de ressembler physiquement, elle aussi, à l'Occident d'aujourd'hui.

Pour ce faire, discutons de la Stratégie de Regroupement des Communes de Création et d'Équipements, des Carrières Municipales à équipements mobiles, du Pôle d'Engins des Travaux publics par département des unités mobiles de grues et d'échafaudages métalliques par province ou région et de la Production et l'Exploitation par l'État, des matériaux prioritaires de construction et de développement des infrastructures publiques telles, le ciment, l'acier, le bitume, le sable et la pierre (gravier).

VI.1.2.2.1. Rôle de l'État et des partenaires au développement

Pour l'efficacité des résultats et la rationalisation des maigres ressources budgétaires des gouvernements des pays africains pauvres et sous-développés, l'organisation que nous proposons dans le secteur des travaux publics pour la construction et le développement des infrastructures publiques en Afrique, est la suivante :

- **Au Niveau des matériaux et équipements pour la construction publique : le rôle Clé de la société nationale d'investissements (SNI) et des communes**

1. **Dans la Production du ciment, fer à béton et bitume pour la construction publique**

Dans chaque pays africain, la Société Nationale d'Investissements devrait désormais jouer un rôle déterminant dans le développement des infrastructures publiques et la reconstruction des villes. Dans les pays où la SNI n'existe pas, il va falloir la créer. Il sera d'ailleurs plus facile de mettre en pratique cette stratégie par une société nationale d'investissement nouvellement créée que par une ancienne. Car, les vieilles habitudes ont parfois la peau dure. Les équipes dirigeantes de la SNI dans chaque pays africain, devraient désormais, être sélectionnées sur appel d'offres national par un cabinet privé spécialisé qui sera sélectionné à son tour par le ministère en charge de l'économie et de l'industrie.

Sous l'impulsion du ministère en charge de l'Économie et de l'Industrie, certaines entreprises nationales seront créées, regroupées, contrôlées et supervisées par la SNI, et les communes seront regroupées autour d'un pôle d'engins des travaux publics par Département, (localité géographique, territoriale et administrative) par le ministère en charge des Travaux publics. À côté des entreprises privées, nationales et étrangères, productrices des matériaux de construction et des BTP déjà installées dans le pays, la SNI devra créer ou avoir, sous son portefeuille, six (06) nouvelles sociétés entre autres des sociétés productrices des matériaux prioritaires de construction et de développement des infrastructures publiques. Il s'agit de :

1. Une société nationale qui produit sur place ou localement, toutes les composantes chimiques qui participent à la fabrication du ciment, du fer à béton et du bitume : faire appel aux chimistes, géologues locaux et de la diaspora de chaque pays africain pour penser et mettre en œuvre ce projet.
2. Une cimenterie nationale avec un grand hangar-dépôt dans chaque département du pays et dans toutes les grandes localités desservies par le chemin de fer ou pas très éloignées de celui-ci.
3. Une société nationale qui produit la ferraille et le fer à béton de haute qualité, aux normes internationales de résistance.
4. Une société nationale qui produit le bitume.
5. Une société nationale des études de génie civil. Un pays comme le Cameroun a une entreprise similaire dans une moindre mesure, le « Labogénie », dont l'action et les missions sont pour le moment très réduites.
6. La société nationale des chemins de fer. Dans sa nouvelle orientation stratégique, elle aura pour mission d'acheminer une bonne partie de ces matériaux des sites de production vers les principaux magasins-hangars du pays.

Ce sont des entreprises d'État à capitaux publics, mais, à gestion privée, c'est-à-dire, qui observent la rigueur et les règles modernes de gestion des entreprises privées, dont les équipes dirigeantes ne doivent jamais être des fonctionnaires et devraient être sélectionnées, par des cabinets spécialisés sur appel d'offres national. Ensuite, assignées à l'atteinte des objectifs précis et auditées régulièrement par la tutelle. Elles doivent être placées sous la tutelle de la Société Nationale des Investissements (SNI) qui devrait en principe les créer, les contrôler et les superviser pour le compte de l'État (le ministère en charge de l'économie et de l'industrie), suivant un dispositif strict et rigoureux de contrôle de gestion et de management des entreprises privées conçu et édicté par la SNI.

2. Dans l'Exploitation du sable et de la pierre pour la construction publique : les carrières municipales à équipements mobiles

En ce qui concerne l'exploitation du sable et la production du gravier, l'État (le ministère en charge de l'économie et de l'industrie) devra financer pour le compte des communes, l'implantation géographique et stratégique des carrières municipales (à équipements mobiles) sur l'ensemble du territoire et équipées en tout type de matériels roulants et ordinaires nécessaires au fonctionnement normal d'une carrière, et en de simples machines banales, appropriées pour l'explosion et le calibrage de la pierre en gravier (5/15, 15/21, etc.) et pour l'extraction du sable de l'eau.

Les municipalités devraient, à leur tour, en confier la gestion à une équipe dirigeante privée dont les membres doivent être sélectionnés par un cabinet spécialisé, sur appel d'offres national. Il reviendra à l'équipe dirigeante de recruter le personnel de la carrière. Bien qu'assurant la tutelle directe de la carrière, les dispositions statutaires et légales qui créent les carrières municipales, à équipements mobiles, devraient être prises pour contraindre les municipalités territorialement compétentes d'un site d'exploitation à ne jamais pouvoir influencer ni la gestion ni interférer dans le recrutement du personnel de la carrière. Toutes les carrières municipales du pays, devraient observer le dispositif strict et rigoureux de contrôle de gestion et de management édicté par la SNI.

La SNI devra contrôler, auditer et superviser pour le compte de l'État (le ministère en charge de l'Économie), les carrières municipales à équipements mobiles. La SNI servira alors de structure technique et de contrôle de gestion, interface entre les communes et l'État pour ce secteur d'activité. Toutes ces structures dont la production principale sera destinée à la construction et au développement des infrastructures publiques devraient s'autofinancer suivant un « business model » que vous allez découvrir à la page suivante. Les responsables de la SNI pourraient l'améliorer ou l'adapter en fonction des réalités de chaque pays. Les modalités et les procédures de mise à disposition des matériaux auprès des communes et des entreprises privées pour l'exécution des travaux sur le terrain sont clairement précisées à la page 87. Elles pourraient également être améliorées ou adaptées par la SNI en fonction des réalités de chaque pays.

Le Business modèle de ces entreprises

Ces six entreprises publiques devraient s'autofinancer à 70 % au moins, sur la base d'un business modèle qui leur offre la possibilité d'être compétitives sur le marché, et y observer les règles de loyauté commerciale.

Pour y parvenir, elles devraient vendre aux particuliers, une partie de leur production aux prix homologués pour tous par le ministère en charge du Commerce dans le pays. Bien que ces entreprises n'aient guère vocation à faire du bénéfice, elles devront fabriquer des produits d'une qualité irréprochable, soigner leur service clientèle, recourir régulièrement aux études ou enquêtes de satisfaction et d'image, faire de la publicité pour soigner l'image de l'entreprise et améliorer les ventes. Les recettes générées par ces ventes devront logiquement couvrir une bonne partie des charges de l'entreprise et les coûts de production des matériaux consacrés à l'exécution des travaux de construction des infrastructures publiques.

Pour cela, le choix des équipes dirigeantes, le contrôle de gestion et la comptabilité, assurés par la SNI et ses bureaux d'études, doivent être stricts. Pas de recrutement fantaisiste. Des effectifs réduits. Aucun fonctionnaire dans la gestion. Les équipes dirigeantes devront être sélectionnées sur appel d'offres national par des cabinets spécialisés et sélectionnés par la SNI. Ces entreprises sont parapubliques pour les principales missions qui leur sont assignées, mais doivent être totalement privées, du point de vue de l'esprit qui doit les caractériser, des règles de gestion financière et comptable, de la rigueur dans le management, des objectifs fixés par la SNI à atteindre obligatoirement.

Il devra être strictement interdit aux dirigeants de la SNI et de ses six sociétés de faire de la politique ou de s'en mêler de prêt ou de loin pour des raisons évidentes. En ce qui concerne particulièrement le financement de la société 1, elle aura pour clients :

- Au plan national, les sociétés 2, 3 et 4 ;
- 1 et 4 auront pour clients, au plan international, sous régional et régional, certains pays africains qui traîneront la patte à mettre cette stratégie en pratique ;
- 5 aura pour clients, la SNI et le MINTP ;
- 6 aura pour clients, 1, 2, 3, 4 et les carrières municipales.

Il est alors fortement et particulièrement recommandé aux entreprises 4 et 1, depuis leur montage technique, d'étudier toutes les possibilités optimales pour pouvoir amenuiser les coûts de production du bitume et de toutes les composantes chimiques dans la perspective de pratiquer des coûts battants toute concurrence sur le marché international (leurs clients étant également des cimenteries, des usines de production de ferraille et de fer à béton, les sociétés des chemins de fer des pays étrangers).

Enfin, il n'est pas exclu que l'État accorde de temps en temps, une petite subvention à ces six sociétés. Puisque, en ce qui concerne un pays comme le Cameroun, l'État accorde une subvention annuelle à une entreprise privée du groupe Bolloré, concessionnaire des chemins de fer camerounais comme CAMRAIL. Ce n'est pas tout, les sociétés privées concessionnaires du secteur d'électricité et d'eau au Cameroun, facturent à l'État camerounais ses consommations à travers ses ministères, ses services publics, ses communautés urbaines et communes, pour l'éclairage public, par exemple, alors que les grands investissements sur le patrimoine sont supportés par l'État à travers la construction des barrages hydroélectriques, des centres de traitement et de pompage des eaux, l'extension du réseau de transport et de distribution. Un business model questionnable ! Bien que nous soyons d'accord qu'il faudrait toujours éviter de privatiser le patrimoine dans un pays.

- **Unités mobiles régionales (grues et échafaudages) et pôles d'engins départementaux**

- La création et l'équipement par l'État (le ministère en charge des Travaux publics) dans chaque province ou région :

D'une unité mobile réservée et appropriée au déménagement des machines d'une carrière municipale, d'un site à un autre en fonction des circonstances et des besoins.

D'une autre unité composée de quelques grues, échafaudages métalliques et filets de protection. Le déménagement de cet équipement d'un site à un autre sera également assuré par l'unité mobile.

Les deux unités seront gérées, contrôlées et supervisées par chaque délégation provinciale ou régionale du ministère en charge des travaux publics du pays. Le nombre de cet équipement sera à géométrie variable, défini en fonction de l'importance des travaux et constructions publics dans chaque province ou région.

- La création et l'équipement par l'État dans chaque département d'un pôle d'engins, au service des communes, composé : d'une grosse pèle chargeuse, de deux chars à chenilles avec bras (gros et petit) et de 02 porte-chars, de 03 niveleuses, de 03 compacteurs (gros, moyen et petit), de 03 gros camions citernes (équipés des motopompes), du moindre petit et moyen matériel nécessaire pour la création, la réhabilitation, le bitumage total et complet d'une route, tels, 03 camions à bétonnière et 03 camions à bitume, etc.

Ce pôle d'engins pourrait être considérablement allégé en ce qui concerne le volet : création, entretien et réhabilitation des routes rurales et urbaines en terre battue. L'équipement de ce volet pourrait être le suivant : une grosse pèle chargeuse, un char à chenilles avec bras et un porte-char, une niveleuse, un compacteur moyen et un gros camion-citerne équipé d'une motopompe. Le pôle d'engins départemental sera techniquement géré et supervisé par chaque délégation départementale du ministère en charge des Travaux publics du pays. Les communes devraient être regroupées dans chaque département autour de ce pôle d'engins départemental. En plus, chaque commune du pays doit être équipée de deux gros camions à benne communément appelés en Afrique, camion dix (10) roues

- Pour l'assistance technique, de façon permanente des communes à la réalisation des études de BTP, à l'exécution des travaux de routes rurales et urbaines, bitumées ou non et des édifices et ouvrages publics, l'affectation d'un ingénieur des Travaux publics dans chaque commune par le ministère en charge des travaux publics est indispensable.

Pour ce qui est des pays qui n'ont pas encore une offre de formation suffisante dans le domaine, la planifier dès à présent. L'affectation des ingénieurs de BTP pourrait s'y faire progressivement. En attendant, les communes devraient directement bénéficier de l'assistance technique des délégations d'arrondissements ou départementales du MINTP territorialement compétentes. Comme mesure conservatoire, l'État devrait en attendant de rattraper le déficit en formation des ingénieurs de BTP, affecter deux ingénieurs supplémentaires dans les délégations départementales du MINTP qui auront pour seule tâche : l'assistance technique permanente des communes du département (de la préparation à l'exécution) des travaux de BTP.

- Pour la maintenance, la gestion et la rotation du pôle d'engins départemental :

D'abord, le pôle d'engins départemental est créé, équipé et entretenu par l'État (le ministère en charge des travaux publics) pour le compte des communes. Il est à ce titre une propriété exclusive de toutes les communes qui occupent, géographiquement ou territorialement le département et qui y sont installées, administrativement. Pour des besoins d'ordre technique et organisationnel tels, le respect de l'équité dans la rotation, le respect des normes techniques dans l'exécution des travaux, les besoins de la maintenance et de suivi permanent du pôle d'engins et de son personnel, les communes doivent en confier la gestion aux délégations départementales du ministère en charge des Travaux publics.

En ce qui concerne la rotation, chaque commune devra recevoir le pôle d'engins départemental chaque année en deux phases. Une première phase consacrée à ses travaux de routes en terre battue et une deuxième réservée à leur bitumage. Ces tâches seront exécutées sans l'intervention d'une PME privée. Elles devraient être exclusivement exécutées par les communes et le personnel du pôle d'engins, assistées de(s) ingénieur(s) de BTP affecté(s) et de quelques ouvriers temporaires suivant un calendrier rotatif annuel arrêté de commun accord entre les maires et la délégation départementale des TP territorialement compétente.

Chaque année, les engins et leur personnel seront mis par la délégation départementale des TP à la disposition de chaque commune pour accomplir ces tâches ; suivant des modalités techniques, un itinéraire et un calendrier d'exécution des travaux, étudiés par la commune et son assistant technique, ensuite, discutés et arrêtés de commun accord avec les services techniques de la délégation d'arrondissement des TP, si elle existe enfin avec ceux de la délégation départementale des TP que l'on devra impérativement créer, au cas où elle n'existerait pas au sein du ministère en charge des Travaux publics, selon une appellation ou une identification convenue dans chaque pays africain. La durée des deux phases : les deux phases devraient s'étaler sur deux périodes allant respectivement de « un mois durant à moins d'un mois » à l'effet de :

- Créer, entretenir ou réhabiliter ses routes en terre battue : une tâche qui doit être exécutée par la commune, son ingénieur de BTP et le personnel permanent du pôle d'engins. Sans intervention, ni des engins de bitumage, ni d'une PME, ni d'une main-d'œuvre supplémentaire.
- Entretenir ou réhabiliter ses routes bitumées : sans intervention d'une PME. Une tâche qui doit être exécutée avec un matériel léger de bitumage, par la commune, son ingénieur de BTP, le personnel permanent du pôle d'engins et une petite main-d'œuvre temporaire supplémentaire (si la réhabilitation de certains tronçons nécessite, par exemple, l'appui des maçons et des manœuvres).
- Créer ou construire ses routes bitumées : avec une main-d'œuvre temporaire supplémentaire et sans intervention d'une PME. Une tâche qui doit être exécutée par la commune avec le regroupement : du deuxième camion et des ingénieurs de BTP de toutes les communes du département, le personnel permanent du pôle d'engins et son matériel lourd de bitumage. Excepté le matériel des routes en terre battue, le deuxième camion et l'ingénieur de la commune concernée à cette période par les travaux de routes en terre battue.

En ce qui concerne la maintenance et le fonctionnement des engins, d'abord, il est nécessaire que dès la lecture de cet ouvrage, chaque État africain sélectionne 3 jeunes titulaires d'un BAC ou d'un CAP en mécanique ou en maintenance automobile, originaires de chaque département du pays à l'effet de les envoyer pendant 6 à 12 mois en stage de formation dans le cadre de la coopération bilatérale chez les fabricants desdits engins.

Ensuite, créer et équiper dans chaque délégation départementale des TP, un garage administratif et un magasin de pièces de rechange, y recruter un personnel technique permanent composé des mécaniciens qualifiés et spécialisés (qui étaient en stage) et des chauffeurs du pôle d'engins pris directement en solde au fichier de l'État, suivis, contrôlés et supervisés par chaque délégation départementale du ministère en charge des Travaux publics du pays. Pour cela, au niveau du ministère en charge des TP (MINTP), une rubrique budgétaire spéciale doit être ouverte composée de deux lignes :

- Une ligne budgétaire spéciale à gestion centrale pour l'achat systématique et le dispatching automatique annuel des pièces de rechange standards (commandées à l'avenir en fonction de l'expérience du terrain) pour tous les garages administratifs départementaux du pays. Un montant estimé entre 50 à 100 millions de FCFA soit environ 100 à 200 mille dollars US par an, pour achat de pièces détachées par département. Pour un pays qui compte 60 départements par exemple, c'est un budget d'à peine 3 à 6 milliards de FCFA soit environ 6 à 12 millions de dollars US par an. Ce qui ne représente presque rien comparativement à ce que chaque gouvernement africain, à travers son MINTP, dépense annuellement pour l'entretien et la création des routes bitumées ou non, dans les départements pour un résultat insignifiant. Encore que ces magasins de pièces de rechange seront régulièrement audités par la SNI qui aura une direction spécialisée. Par conséquent, cette ligne budgétaire pourrait ne pas être totalement consommée certaines années ;
- Une ligne budgétaire spéciale, à délégation automatique dans les communes, destinée à l'achat du carburant pour le fonctionnement des engins départementaux.

Cette deuxième ligne devrait avoir pour cosignataires, le Délégué départemental des TP et chaque maire pour le montant qui concerne sa commune, avec un approvisionnement annuel estimé entre 10 à 40 millions FCFA (20 à 80 mille dollars US) par commune, selon les réalités budgétaires de chaque pays et les particularités de chaque commune. Pour un pays qui compte par exemple, 400 communes, c'est un budget d'à peine 4 à 16 milliards de FCFA soit environ 8 à 32 millions de dollars US par an. Ce qui ne représente presque rien comparativement à ce que chaque gouvernement africain à travers son MINTP, dépense annuellement pour l'entretien et la création des routes bitumées ou non, dans les départements pour un résultat insignifiant.

VI.1.2.2.2. Les Partenaires au développement

Ici, la coopération bilatérale avec les pays occidentaux amis, prend tout son sens et trouve toute son importance. Eux, qui fabriquent ces équipements, engins et pièces de rechange, peuvent alors les procurer aux pays africains et former les jeunes stagiaires africains dans le cadre de la coopération bilatérale sous forme de l'aide (véritable aide au développement) ou de prêt. Les partenaires au développement (bilatéraux et multilatéraux des pays africains) devraient alors jouer franc jeu, en encourageant ou en imposant aux gouvernements africains, avec la même vigueur que par le passé (en conditionnant leurs financements à la mise en application de), cette nouvelle politique dans le secteur des Travaux publics pour la construction et le développement des infrastructures publiques en Afrique. Que les partenaires au développement ne perdent jamais de vue que ces infrastructures vont servir le moment venu, de facteurs de production et bénéficier en premier aux entreprises occidentales délocalisées de l'Asie vers les pays africains dans le cadre du new deal industriel.

VI.1.2.2.3. Les municipalités et l'aménagement du territoire

Les communes vont désormais jouer un rôle déterminant dans ce nouveau dispositif dans l'aménagement du territoire dans les pays africains. Comme vous avez déjà pu le remarquer, notre modèle donne la possibilité et les moyens efficients aux communes de pouvoir aménager et bâtir, réellement, efficacement et à moindre coût, leurs espaces urbains et ruraux, et d'en confier la gestion à des structures spécialisées. Ce qui sera davantage vérifié à la suite de nos développements.

- **Construction des villes modernes : création et aménagement des banlieues modernes, casses et reconstruction des métropoles**

- ***Méthodologie : les préalables***

- **Sur les casses et les déguerpissements dans les métropoles**

L'État à travers les municipalités devrait respecter la méthodologie suivante (les préalables) avant de procéder à la casse de la première maison ou au déguerpissement du premier citoyen :

Dans un premier temps, dans chaque pays africain, dans les chefs-lieux de provinces ou de régions, il est temps et urgent, dès maintenant, que l'État puisse engager des négociations avec les propriétaires terriens des villages et arrondissements voisins ou des zones périphériques sur un rayon allant de 25 à 70 kilomètres, aux alentours des métropoles, dans la perspective de faire créer, par et pour le compte des municipalités, des banlieues et y bâtir des cités multifonctionnelles (des immeubles à usage d'habitation de masse ou HLM, des commerces, une pharmacie, un dispensaire…), et des lotissements, bref, des nouvelles villes modernes.

L'objectif visé étant de permettre aux municipalités de désengorger et d'embellir les métropoles et de loger décemment ses populations à faibles revenus ou à revenus intermédiaires, démunies ou pauvres, soit par voie de location, soit par voie de recasement pour les titulaires ou non d'un titre de propriété des zones urbaines déguerpies, ou par acquisition définitive d'un appartement, d'une maison sur pied ou d'un lopin de terre dans les banlieues aménagées par les communes. Les casses et déguerpissements, les itinéraires des nouvelles routes et la construction de nouveaux ouvrages, devraient ménager, éviter et trouver le moyen de contourner les belles résidences ou de jolis ouvrages, même bâtis dans les quartiers mal famés. Car, le développement ne détruit pas le développement. Il doit détruire le sous-développement.

- En ce qui concerne, les négociations entre les propriétaires terriens des banlieues et l'État, nous proposons l'approche suivante :

Sous la tutelle du ministère en charge de l'Économie et de l'Industrie (la direction de l'aménagement du territoire) et en rapport avec les autorités locales (sous-préfets, responsables des collectivités territoriales décentralisées, c'est-à-dire, les maires ou les responsables des conseils régionaux, les chefs traditionnels et le clergé), les propriétaires pourraient donner accès à leurs terrains, aux communes de quatre façons :

- L'achat direct de certains terrains par l'État et les particuliers, sur fonds propres entièrement et directement versés aux propriétaires terriens et à la municipalité ayant aménagé ou viabilisé la banlieue.
- L'achat indirect des lotissements, par les particuliers, sur endettement auprès de la Banque Nationale de crédit foncier qui versera directement les fonds aux propriétaires terriens et à la municipalité ayant aménagé ou viabilisé la banlieue.
- La mise en location-vente des terrains après négociation, les municipalités aménagent des parcelles et viabilisent les banlieues, elles y bâtissent des immeubles à usage

d'habitation, commercial ou administratif, en confient la gestion locative à la société immobilière nationale qui est obligée de verser chaque année une partie des sommes perçues :

- Aux propriétaires terriens, jusqu'à atteindre le montant total de la vente.
- Aux municipalités « ad vitam aeternam », aussi longtemps que seront loués les appartements.

- L'apport en nature des terrains dans le capital de la société immobilière nationale en contrepartie de titres : la rémunération des nouveaux associés (propriétaires terriens) se fera sous forme de dividendes dont les modalités resteront à la discrétion du pacte d'actionnaires sous tutelle des communes.

Dans un second temps, créer un chemin de fer pour faire circuler les trains, de type tramways entre les métropoles et leurs banlieues. Dès cet instant, commencer à penser aux études de création des voies de métros devient imaginable pour le long terme. Pourquoi pas ? Ce qui est à présent, largement possible avec ce nouveau paradigme : la ferraille, le gravier, le sable, le ciment que l'État n'achète plus dorénavant, puisqu'il les produit lui-même.

Dans un troisième temps, dans les chefs-lieux de provinces ou de régions, ensuite, des départements, enfin, des arrondissements, recenser tous les quartiers aux environs de chaque centre-ville notamment, toutes leurs vieilles maisons et les évaluer au cas par cas. Déguerpir les populations et les loger dans les cités des banlieues. Enfin, procéder à la casse dans tous les quartiers aux environs de chaque centre-ville notamment toutes les vieilles maisons.

Concevoir, sur ces nouveaux espaces déguerpis, un plan cadastral futuriste de lotissement et d'architecture avec de grands espaces libres et aménagés suivant des plans standards commandés par la SNI et élaborés par ses architectes et les cabinets privés pour le compte des municipalités. Les municipalités pourraient vendre une partie de ces lots, du centre-ville, aux particuliers capables de construire suivant un plan d'architecture imposé de hauts standings et le faire respecter. Elles devraient y construire quelques immeubles, un ou deux, pas plus, de haut standing avec des appartements de luxe, dans chacune de ces agglomérations en plein centre-ville et les mettre en location pour les grandes bourses.

L'État (le ministère de l'Économie et de l'Industrie), à travers la direction de l'aménagement du territoire, devrait faciliter en amont, les contacts entre les communes des déguerpis des métropoles et les communes des banlieues aménagées, devant accueillir les déguerpis comme locataires, acheteurs, indemnisés ou recasés d'office par l'État.

- Sur la construction des édifices publics par les communes, par l'État central et par ses services déconcentrés.

Les municipalités et l'État devraient confier cette tâche au secteur privé notamment aux PME de BTP. Elles sont mieux adaptées pour conduire sur le terrain ce type de travaux qui nécessitent le contrôle et le suivi d'une main -d'œuvre à la fois permanente, temporaire et abondante. Les grues et les échafaudages métalliques devront être gracieusement mis par la délégation provinciale ou régionale des TP, territorialement compétente, à la disposition des communes et des administrations concernées de l'État pour l'exécution de ce type de travaux. Ainsi que les matériaux prioritaires de construction et de développement des infrastructures publiques telles, le ciment, le fer à béton, le gravier et le sable, suivant des modalités et procédures édictées par la SNI. Dans ces conditions, les marchés de construction des édifices publics passés aux PME de BTP, la facturation des PME et les factures payées par l'État et les communes porteront uniquement sur la main-d'œuvre.

- Sur la reconstruction (Aération et Embellissement) des métropoles.

Pour pouvoir embellir une ville, nous allons citer à titre d'exemple, les noms des quartiers que les municipalités pourraient déguerpir et reconstruire dans deux villes (une grande et une petite) d'un pays africain que nous estimons mieux connaître. Il s'agit des quartiers situés aux alentours du centre-ville (la poste centrale) de la capitale du Cameroun, Yaoundé, et du chef-lieu du département de la Sanaga maritime, Edéa (petite ville située sur l'axe lourd entre Yaoundé et Douala).

NB. Les dirigeants africains qui voudraient identifier les quartiers à reconstruire dans leurs propres pays dans la perspective d'embellir leurs villes, pourraient envoyer une mission au Cameroun, notamment, dans les villes de Yaoundé et d'Edéa avec sous la main, cette liste des noms de quartiers et se faire accompagner par le premier taximan rencontré dans la ville. Ils auront alors une idée de la manière selon laquelle ils pourraient s'inspirer de la cartographie théorique des casses et des déguerpissements de la ville de Yaoundé et Edéa pour orienter et implémenter les leurs dans les différentes villes de leurs pays respectifs.

Les quartiers des villes de Yaoundé et d'Edéa à déguerpir et à reconstruire seraient les suivants

À Yaoundé :

Mvan (face et derrière Santa Lucia), Carrefour des carreaux (jusqu'à la base du GSO et derrière la direction régionale des brasseries), Dakar, Olezoa, Mvog-Mbi, Mvog Atanga Mballa, Mvog-Ada, Nkoldongo, Etambafia, Elig Essono (fouiller les vieilles maisons à l'intérieur), Etoa Meki, Manguier, Nlongkak, Bastos (derrière la gendarmerie de Bastos et Nylon Bastos), Tsinga (face nouvelle route bastos et fouiller les vieilles maisons à l'intérieur), Briqueterie, Tsinga Elobi, Mokolo, Melen (face polytechnique jusqu'à mini ferme - Camp yeyap – derrière le SED), Ngoa-Ekellé et ses mini-cités U.

À Edéa :

Avant de procéder à l'énumération des quartiers de la ville d'Edéa qui pourraient être détruits et reconstruits, nous tenons à apporter une petite précision. En ce qui concerne les petites villes en Afrique (chefs-lieux des départements ou des provinces reculées du pays), les banlieues et l'ensemble des quartiers de la ville ne sont généralement pas très éloignés du centre-ville et seraient presque tous à détruire. Les habitants de la ville ne sont pas très nombreux. En plus, les quartiers VIP dans de ces petites villes sont les nouveaux quartiers situés et construits dans la périphérie ou la banlieue immédiate de la ville.

Pour cela, nous recommandons : d'abord, que l'on aménage et étende davantage la banlieue immédiate construite ou non, la plus rapprochée de la petite ville (à partir de l'entrée ou de la sortie principale, routière de la ville), que l'on casse le vieux quartier qui est situé juste avant cette banlieue venant de la ville, ensuite, que l'on recase les habitants dudit quartier dans le nouveau site loti et bâti à l'arrière de cette banlieue étendue.

Puis, dans le vieux quartier nouvellement cassé et déguerpi, qu'on l'aménage (lotissements et construction des bâtiments) et y reloge les habitants du quartier suivant, ainsi de suite. Toutes les vieilles maisons qui sont sur l'itinéraire des nouvelles routes à bâtir dans les quartiers, devront être détruites. En fin de compte, l'immédiat du centre-ville des petites villes sera dégagé et inoccupé. Il pourrait alors être réservé à la construction et à l'élargissement à court, à moyen et à long terme, des bâtiments administratifs des services déconcentrés de l'État dans le chef-lieu des départements ou des provinces reculées du pays.

NB. Cette approche pourrait être également implémentée au niveau des grandes métropoles en ce qui concerne le déguerpissement et le recasement progressifs des populations. À la seule différence que dans les grandes métropoles, toutes les populations déguerpies des quartiers environnants du centre-ville seront orientées vers les banlieues. Le mètre carré des quartiers situés aux alentours du centre-ville dans les grandes métropoles, étant très onéreux. Ceci sera une source importante de financement de l'aménagement du territoire pour les municipalités des grandes métropoles. Les quartiers de la ville d'Edéa à déguerpir. Banlieue à aménager (quartier évêché ; arrière à étendre et à bâtir : de Metounga, Nkakazock à Nlep-Nyok)

Quartiers à détruire : Haoussa, Mboué (face et derrière gendarmerie), quartier gare : carrefour kodock jusqu'à l'entrée de saint palmier et jusqu'à Ashidi) ; pongo : de pongo cimetière jusqu'à pongo mission française ; quartier domaine sanaga (derrière les rails), quartier domaine, quartier bonaminkengué, quartier d'amour, quartier des chiens, quartier pongo autour et en face de la maison du regretté chef supérieur Yomba André – derrière le club Sonel).

- **Le business modèle pour la construction des édifices publics (dans les banlieues et métropoles) par les municipalités**

  - De la construction des édifices publics à usage d'habitation ou commercial dans les banlieues

Les municipalités peuvent contracter des prêts de type circulaire auprès de la Banque Nationale de crédit foncier, dont les sommes seront directement versées aux PME (paiement de la main-d'œuvre) qui seront chargées d'exécuter les travaux de construction des immeubles pour le compte des municipalités. Le contrôle et le suivi des travaux seront conjointement assurés par les municipalités et la société immobilière nationale partenaire (dont la gestion locative des appartements sera confiée par les municipalités). Le remboursement des prêts devant être assuré progressivement par la société immobilière nationale, après la mise en location des appartements des immeubles (propriétés de la commune).

  - De la construction des édifices publics à usage d'habitation ou commercial dans les métropoles

La vente directe des lotissements urbains aux personnes nanties, permettra aux municipalités de payer la main-d'œuvre des PME de BTP qui seront chargées d'exécuter les travaux de construction des immeubles pour le compte des municipalités. Les municipalités des grandes métropoles pourraient également contracter des prêts de type circulaire schématisés ci-dessus. Dans le cas où les fonds issus de la vente directe des lotissements urbains et des prêts ne suffisent pas, une petite subvention de l'État ne saurait être exclue. Dans tous les cas, les municipalités devraient toujours confier la gestion locative des appartements de leurs immeubles, en banlieue ou en métropole, à la société immobilière nationale et attendre tranquillement les retombées à la fin de chaque année.

- **Construction des autres infrastructures publiques**

  (Voir, plus bas, Rôle du Secteur Privé)

VI.1.2.2.4. La sécurisation du processus : supervision, études techniques, mise à disposition des matériaux, contrôle d'exécution des travaux et de gestion (audit matériel, financier et comptable)

Dans le contexte des pays africains où sévit la corruption, nous sommes conscients de ce que, après avoir décrit la stratégie ou l'organisation de la production et de l'exploitation des matériaux prioritaires destinés à la construction publique ainsi que celle des équipements qui participent à l'atteinte du même objectif, le lecteur ordinaire, les décideurs africains et les partenaires au développement sont curieux et s'empressent de découvrir nos propositions, ou encore, notre stratégie pour pouvoir sécuriser le processus.

La sécurisation du processus (supervision, contrôle et évaluation) doit s'opérer en trois temps : a priori, en cours d'exécution et a posteriori (ce, même cinq ans plus tard quand c'est fait a posteriori).

Mais avant, ciblons d'abord les points et les moyens à mettre en œuvre dans le processus de contrôle et d'évaluation. Ensuite, discutons de la sécurité et de l'organisation de la mise à disposition des matériaux et équipements. Puis, présentons les moyens par lesquels les matériaux et équipements seront rapprochés de certains sites, ou encore, acheminés vers des magasins-hangars-dépôts départementaux de stockage.

➢ **Points et moyens de contrôle et d'évaluation**

Les évaluations et les contrôles doivent concerner et s'appuyer, respectivement sur les points et moyens suivants :

- Les études de chaque projet (les devis estimatifs en nature et quantité des matériaux, des équipements et engins affectés, des distances et du nombre de tours censés effectuer les engins roulants pour chaque projet, ce qui permet d'évaluer le carburant réellement consommé).

- Les capacités journalières en tonnage de production des entreprises publiques de produits chimiques, ciment, ferraille et fer à béton, bitume et des carrières municipales à équipements mobiles. Tout en tenant compte des rapports d'arrêt de production pour cause de maintenance des machines ou pour une tout autre raison objective.

- Les livres journaux des entrées et sorties des matériaux et des camions dans lesdites entreprises et carrières municipales.
- Les images filmées par les caméras de surveillance postées de jour comme de nuit, dans les points stratégiques de ces entreprises et carrières. Aucun chargement et aucune sortie ou entrée de matériaux ne doivent se faire si les images des caméras, contrôlées 24 h/24 par une personne destinée à cette tâche dans chacune de ces entreprises et carrières, sont éteintes pour une raison ou pour une autre. Auquel cas, une demande d'explication doit être adressée même cinq ans plus tard, aux responsables de l'entreprise ou de la carrière concernée. Afin d'éviter tout risque de modification ou de formatage d'images, le code du serveur d'images enregistrées, des entrées et sorties des matériaux et des camions ne doit être connu, ni par les responsables desdites entreprises ou des carrières, ni par les délégués départementaux du MINTP, ni par les maires. Il doit être tenu secret et connu exclusivement par le directeur général de la SNI. Lorsqu'il est remplacé ou limogé, les informaticiens doivent immédiatement changer les codes. Ces derniers ne doivent pas à leur tour savoir dans quelle structure sera affecté tel ou tel autre serveur. En somme, tout le monde peut consulter les images sans jamais pouvoir les modifier.
- Les GPS doivent être postés sur tous les engins et équipements de l'État, et leur couleur unique (le rouge ou le noir) doit être interdite d'être arborée par les équipements et engins de BTP des particuliers ou des entreprises privées.
- Toutes les voitures sans exception y compris celles du personnel et des responsables doivent être systématiquement fouillées devant caméras à l'entrée et à la sortie des sites de production. Auquel cas, une demande d'explication doit être adressée même cinq ans plus tard, aux responsables de l'entreprise ou de la carrière concernée. Cette procédure devrait aboutir aux poursuites judiciaires si les faits s'avèrent graves et concordants.

➢ **Modalités et Procédures de Mise à Disposition des Matériaux et Équipements**

- Sécurisation et organisation du processus

Lesdites entreprises et carrières municipales, les magasins-hangars-dépôts départementaux de stockage des matériaux équipés de caméras et de magasiniers, doivent uniquement livrer des matériaux devant cameras et sur présentation de l'original du procès-verbal du projet qui précise la période d'exécution, la nature et la quantité des matériaux et équipements, et qui incorpore la fiche unique de décompte, à sa dernière page sur laquelle sera apposée toutes les signatures des cosignataires. Dans le cas où cette fiche est pleine, la suite des décomptes se fera directement sur les autres pages de l'original du procès-verbal du projet. Cet original de procès-verbal doit être cosigné par :

1. Le délégué départemental du MINTP et l'ensemble des maires du département, à l'issue des réunions techniques de rotation du pôle d'engins et de planning d'exécution des travaux de BTP : Pour les travaux municipaux de BTP.

2. Les services compétents du MINTP, la SONEGCI (Société Nationale des Études de Génie Civil), les membres de la commission du marché public concerné et l'ordonnateur principal de ce marché **:** Pour les routes nationales, et les ouvrages et bâtiments publics des administrations centrales et extérieures des ministères.

Sur le procès-verbal original de chaque projet, sera à chaque occasion, marqué : la nature et le décompte de la quantité des matériaux déjà reçus et à enlever ; l'immatriculation du camion à charger ; la date et l'heure à laquelle le camion aura été chargé, le visa et le cachet du magasinier, des services comptables, de sécurité ou compétents de l'entreprise ou de la carrière concernée par ce chargement. En ce qui concerne les unités mobiles d'équipements (grues et échafaudages) supervisées par la délégation provinciale ou régionale du MINTP, une copie dudit procès-verbal de chaque projet doit parvenir au délégué régional avant la fin du mois d'août de chaque année, délai de rigueur afin de lui donner la possibilité d'élaborer le calendrier annuel de dispatching desdits équipements dans la région.

La première version de ce calendrier doit être publiée à la délégation régionale, aux délégations départementales d'arrondissements MINTP et aux mairies, chaque année, le 31 octobre au plus tard, afin de donner la possibilité aux uns et aux autres d'émettre leurs réserves durant le mois de novembre. Ce calendrier prenant définitivement effet après modification, dès le 1er décembre de chaque année. Maintenant que nous avons discuté des conditions ou de la manière selon laquelle les matériaux et équipements seront mis à la disposition des projets de BTP, nous allons chercher à comprendre par quels moyens ceux-ci seront rapprochés de certains sites ou acheminés vers des magasins-hangars-dépôts départementaux de stockage des matériaux et équipements.

- La Société nationale des chemins de fer (SNCF) : Un rôle clé

La Société Nationale des Chemins de fer doit jouer un rôle essentiel dans l'acheminement des matériaux vers les magasins-hangars-dépôts départementaux, et même, dans le rapprochement des matériaux et équipements vers certains sites.

Pour jouer pleinement ce rôle, la Société des Chemins de fer devrait être nationalisée dans tous les pays africains pauvres et sous-développés. C'est un préalable. Dans le cas où la volonté des dirigeants africains et des partenaires au développement (bilatéraux et multilatéraux) est de voir le secteur des travaux publics développer les infrastructures publiques en Afrique, ils devraient œuvrer dans ce sens.

Afin que les travers d'hier ne refassent pas surface et ne plombent la gestion de la Société Nationale des Chemins de fer, elle doit être placée dans le portefeuille et sous la supervision et le contrôle de gestion de la SNI. Ce qui suppose que ce sera une entreprise à capitaux publics, mais à gestion privée dont l'équipe dirigeante sera assignée aux objectifs fixés par la SNI, et sera sélectionnée en amont sur appel d'offres par un cabinet privé spécialisé. Les missions de la SNCF devraient être les suivantes :

- Transport des biens et des personnes.

- Supervision de la construction des voies de chemin de fer réservées à la circulation des tramways dans le pays (entre les banlieues et les métropoles).

- Supervision de la construction des voies de chemin de fer partant des usines de production vers les voies nationales de chemin de fer.

- Supervision de la construction des lignes nationales de chemins de fer.

  L'objectif étant de :

  - Faire rallier les chemins de fer à tous les chefs-lieux de régions ou provinces du pays.
  - Orienter la recherche et les études préliminaires, en ce qui concerne l'itinéraire de ses lignes à l'intérieur des provinces ou régions vers les éventuels sites des carrières municipales afin de permettre le transport direct des quantités importantes de graviers et de sable des carrières vers les métropoles.

Par ailleurs, nous recommandons deux choses aux pays africains qui ont la chance d'avoir des gisements de fer et des sociétés de raffinage du pétrole :

1. L'usine de production de l'acier (la ferraille et le fer à béton) doit être bâtie à proximité du plus grand gisement de fer du pays.
2. L'usine de production du bitume doit être bâtie à proximité de la société nationale de raffinage du pétrole.

- **Le Contrôle a priori et en cours d'exécution**

Les structures internes et locales de supervision ou de contrôle chargées des contrôles et des évaluations a priori et en cours d'exécution sont les suivantes :

- Le service interne (comptable et magasinier) desdites entreprises et carrières municipales et leur team management.
- La délégation départementale du MINTP, du ministère de l'Économie et de l'Industrie, et des services départementaux compétents du ministère des Finances.
- Les administrations publiques bénéficiaires (Services centraux et extérieurs).
- Les mairies.
- La Société Nationale des Études de Génie Civil (SONEGCI).

- **Le Contrôle en cours d'exécution et a posteriori**

Les structures nationales qui sont chargées de la supervision, du contrôle et des évaluations en cours d'exécution et a posteriorité sont les suivantes :

- La Société Nationale des Études de Génie Civil (SONEGCI).
- La Brigade nationale des contrôles inopinés des BTP.
- La Société nationale des normes et de la qualité.
- La Grande direction d'audit et de contrôle de gestion financière et comptable de la SNI.

- ***La Société Nationale des Études de Génie Civil (SONEGCI)***

Créée, contrôlée, évaluée et supervisée par la SNI, la SONEGCI est chargée de :

- Élaborer les études complexes de génie civil telles les tests et études de résistance du sol, les levées topographiques complexes, sous-marines ou aériennes, etc. ; concevoir les plans et les devis estimatifs : la nature, la qualité et la quantité des matériaux, des engins et de la durée des travaux, le coût de la main-d'œuvre et du carburant pour la réalisation des projets d'infrastructures publiques.

- Contrôler et évaluer de façon permanente a priori, en cours d'exécution et a posteriori, la conformité des études et des plans de projets de réalisation d'infrastructures publiques élaborés par les communes et les délégations départementales des TP particulièrement, le volet devis estimatifs. Dans le cas où, les écarts significatifs sont constatés, la SONEGCI devrait avoir le devoir et le droit de solliciter des informations supplémentaires ou de demander des explications aux concernés. En cas de non-satisfaction, elle a le devoir de saisir la SNI afin qu'elle prenne des mesures en conséquence qui devraient aller de la simple suspension de livraison des matériaux prioritaires aux poursuites judiciaires.
- Contrôler techniquement sur le terrain, pour le compte de la Société nationale des Normes et de la Qualité et de la SNI, pendant l'exécution des travaux, le respect des normes techniques contenues dans le cahier des charges de chaque projet de réalisation d'infrastructures publiques.
- Contrôler *a priori*, en cours d'exécution ou *a posteriori* (même cinq années après exécution) toutes les études, plans et devis estimatifs de la plus petite infrastructure publique (route ou bâtiment publics, chemins de fer) réalisée dans la plus petite commune du pays. Un contrôle suivi obligatoirement d'un rapport adressé à la SNI.
- Bien que les carrières soient supervisées par les communes, elles devront être matériellement auditées, de façon permanente, par la SONEGCI. Un audit matériel suivi d'un rapport adressé à la grande direction d'audit et de contrôle de gestion financière et comptable de la SNI pour soutenir et faciliter l'audit et le contrôle de gestion des carrières. Les carrières municipales devront être également contrôlées de manière inopinée par la Brigade Nationale des Contrôles Inopinés des TP et les mairies.
- Auditer matériellement les unités régionales d'équipements, les pôles d'engins et garages administratifs départementaux, les entreprises de production des matériaux prioritaires de construction publique et les carrières municipales.

NB. Une société nationale des études de génie civil. Un pays comme le Cameroun a une entreprise similaire, dans une moindre mesure, dénommée le « Labogénie », dont l'action et les missions sont pour le moment, à la lumière de ce qui précède, très réduites.

- ***La Brigade Nationale des Contrôles Inopinés des Travaux de BTP (BNCI)***

Créée par le ministère en charge des Travaux publics et évaluée par la grande direction d'audit et de contrôle de gestion financière et comptable de la SNI, la BNCI est chargée du respect des cahiers de charge et des itinéraires, des travaux et des constructions publics de chaque projet de BTP qui bénéficie des matériaux et équipements publics sur l'ensemble du territoire national. Par conséquent, La BNCI est chargée du suivi et de l'audit matériel solide et liquide (le carburant) des unités régionales d'équipements, des pôles d'engins et garages administratifs départementaux sur l'ensemble du territoire.

Pour jouer pleinement ce rôle pour le compte de la SNI et du MINTP, elle pourra s'appuyer sur une couleur unique des équipements de BTP et des engins de l'État, leur immatriculation et la feuille de route. Cette dernière est une copie du procès-verbal dressé et signé par le délégué départemental des TP et par tous les maires, au cours des réunions préparatoires de la rotation du pôle d'engins départemental et du déroulement des travaux, que chaque conducteur d'engins de l'État, en travaux ou en circulation, devra obligatoirement porter par-devers lui. La couleur unique des équipements (grues, échafaudages, etc.) et des engins de l'Etat pourrait être le rouge ou le noir.

Il doit être interdit aux équipements et engins privés de BTP d'arborer la même couleur. C'est des mesures qui pourraient considérablement réduire les cas de fraude, de corruption et de détournements d'engins de l'État à des fins et intérêts personnels. La BNCI est également chargée pour le compte de la SNI, parallèlement à la SONEGCI, de l'audit matériel des unités régionales d'équipements, des pôles d'engins et garages administratifs départementaux, des carrières municipales et des entreprises de production des matériaux prioritaires de construction publique.

- ***La Grande Direction d'Audit et de Contrôle de Gestion Financière et Comptable de la SNI & la SNNQ***

En réalité, toutes ces structures de contrôle doivent travailler en amont, pour le compte de la grande direction d'audit et de contrôle de gestion financière et comptable de la SNI qui devra solliciter en permanence, l'assistance de plusieurs cabinets d'expertise comptable du pays.

Ces structures de contrôle doivent avoir l'obligation de lui adresser directement leurs rapports annuels et conjoncturels sur tous les projets de BTP du pays, les unités régionales d'équipements, les pôles d'engins et garages administratifs départementaux, les entreprises de production des matériaux prioritaires de construction publique et les carrières municipales. La Société Nationale des Normes et Qualité (SNNQ) après avoir été servie par la SONEGCI (de façon spontanée et automatique, ou, après sollicitation de la SNNQ), ou après avoir été alertée (de façon spontanée et automatique) par la Brigade Nationale des Contrôles Inopinés de BTP, devrait avoir le réflexe et le devoir d'alerter à son tour la grande direction d'audit et de contrôle de gestion financière et comptable de la SNI, par un rapport écrit sur les écarts observés dans l'exécution d'un projet de BTP donné.

Enfin, cette grande direction, avec l'aide et l'expertise des cabinets privés, contrôle la gestion et audite directement toutes unités régionales d'équipements, tous les pôles d'engins et garages administratifs départementaux, toutes les carrières municipales et toutes les sociétés du portefeuille de la SNI. Les résultats de son contrôle pourraient aboutir, même cinq ans plus tard, sur des sanctions allant de la suspension de la livraison des matériaux, en passant par la révocation des responsables indexés, jusqu'aux poursuites judiciaires. L'État devrait en donner les pleins pouvoirs à la SNI. En somme, la SNI devient dans le nouveau dispositif de construction et de développement des infrastructures publiques en Afrique : le superviseur, l'auditeur et le contrôleur de gestion pour le compte de chaque État africain (le ministère de l'Économie et de l'Industrie).

VI.1.2.2.5. Le rôle du secteur privé

Sous la conduite des entreprises étrangères, des multinationales et des PME nationales de BTP, le secteur privé s'occupera de :

1. La réalisation des études techniques à travers les bureaux d'études nationaux, étrangers et internationaux selon leur complexité.

2. L'exécution des travaux sur le terrain :

- Les Entreprises étrangères et les multinationales des BTP, avec leurs propres engins, seront chargées de la création et la construction :
  - Des routes nationales.
  - Des voies nationales et rurales de chemins de fer.
- Les PME nationales de BTP seront chargées de la création et la construction :

Avec leurs propres engins :

- Des routes nationales et des voies urbaines de chemins de fer pour tramways (entre les banlieues et les métropoles) ;

Avec ou sans leurs équipements (grues et échafaudages) :

- Des édifices publics des services centraux et extérieurs des ministères.
- Des immeubles municipaux de luxe à usage d'habitation, commercial ou administratif dans les métropoles et les espaces urbains aménagés par les municipalités.
- Des immeubles municipaux à usage d'habitation, commercial ou administratif dans les banlieues et des espaces ruraux aménagés par les municipalités.

3. Recrutement, gestion, suivi et facturation de la main-d'œuvre pour l'exécution des projets publics, ci-dessus cités, suivant les quotas et la mercuriale des prix (la qualité et la quantité du personnel, des horaires et de la durée du travail, selon les métiers et les catégories) définis et arrêtés par les études réalisées par les bureaux d'études privées, par les délégations départementales MINTP et les communes et réalisées, évaluées ou validées par la SONEGCI (Société Nationale des Études de Génie Civil) et la grande direction de l'audit, contrôle de gestion et comptable de la SNI, a priori en cours ou a posteriori.

4. La facturation du carburant pour l'exécution d'un projet précis suivant les quotas et la mercuriale des prix (selon les distances ou les trajets et le nombre de tours à effectuer par engin) définis et arrêtés par les études réalisées par les

bureaux d'études privées, par les délégations départementales MINTP et les communes, et, réalisées, évaluées ou validées par la SONEGCI et la grande direction de l'audit, contrôle de gestion et comptable de la SNI, a priori en cours ou a posteriori.

5. Le retrait progressif des quantités de matériaux pour l'exécution d'un projet précis suivant les quotas définis et arrêtés par les études réalisées par les bureaux d'études privées, la commune (avec l'aide de son assistant technique, l'ingénieur des TP qui y est affecté de façon permanente) et la délégation départementale des TP et, réalisées, évaluées ou validées par la SONEGCI et la grande direction de l'audit, contrôle de gestion et comptable de la SNI, a priori, en cours ou a posteriori.

Tout retrait de matériaux est fait sur présentation de l'original du Procès-verbal et sous décharge (voir les conditions : mises à disposition des matériaux) et suivant un calendrier rigoureux déposé et retenu auprès :

- Des carrières municipales.
- Des hangars-dépôts départementaux des matériaux publics.
- Des entreprises de production des matériaux publics : un transfert de matériaux qui pourrait se faire directement par la SNCF ou par un autre moyen de transport, des usines vers les sites d'exécution, en ce qui concerne des projets qui se déroulent par exemple, à proximité d'un chemin de fer ou des usines de production des matériaux publics.

NB. Chaque délégué départemental du MINTP, président en exercice annuel des maires du département, et chaque représentant de chaque administration bénéficiaire des matériaux publics, doivent pouvoir représenter respectivement le département et les administrations bénéficiaires à toutes les réunions de concertation tenues avec les responsables des entreprises productrices des matériaux publics.

VI.1.2.2.6. Planification de la stratégie ou de la politique

➢ **Méthodologie de planification de la formation**

Planification de la formation des ingénieurs de génie civil, des techniciens de BTP, des ingénieurs, des maintenanciers et conducteurs d'engins lourds, des contrôleurs et auditeurs de gestion avec quelques petites notions en BTP, de tous les corps de métiers des usines de production du ciment, de l'acier, du bitume, des produits chimiques et des carrières. Pour la méthodologie :

1. Compter toutes les communes, tous les départements et les régions du pays.
2. Identifier et étudier les sites stratégiques des carrières municipales susceptibles d'être crée à travers le pays.
3. Identifier et recenser tous les engins et équipements roulants, et les disciplines techniques que pourraient que pourraient nécessiter le fonctionnement et la maintenance d'un pôle d'engins départemental, des carrières municipales et des unités d'équipements ;
4. un pôle d'engins départemental, les carrières municipales, les unités d'équipements.
5. Sur cette base, calculer le nombre d'ingénieurs, de conducteurs et de maintenanciers d'engins lourds et d'équipements qu'il faut pour votre pays.
6. Étudier le nombre de corps de métiers possibles susceptibles d'être sollicités dans la gestion et la production des usines : des produits chimiques, de ciment, de l'acier, du bitume et des carrières municipales.
7. Sur cette base, mettre ces besoins à la disposition des écoles d'ingénieurs et des instituts de formation publics ou privés existants dans votre pays, les appuyer financièrement et matériellement (techniques et didactiques), et les aider dans la planification des recrutements d'étudiants.
8. Planifier et renforcer la formation des formateurs en envoyant rapidement certains ingénieurs, techniciens supérieurs, brillants bacheliers techniques ou scientifiques dans les pays occidentaux fabricant de certains engins, machines et équipements pour des stages ou une formation accélérée en maintenance et ingénierie. À la suite de quoi, faire ouvrir des centres de formation en maintenance et conduite d'engins

lourds, machines et équipements dans les chefs-lieux de provinces ou de régions.

9. Multiplier la création des SAR (Section Artisanale et Rurale) y compris dans les différentes prisons du pays afin de former surtout sur le plan pratique, en 1 ou 2 années, le maximum de : maçons-ferrailleurs-carreleurs ; coffreurs-charpentiers ; menuisiers-machinistes ; plombiers domestiques ; électriciens domestiques ; peintres d'habitations, etc.
10. Imposer cette formation gratuite à tous les prisonniers contre une remise des peines et à tous les enfants de la rue.

11. Aménager des horaires allégés de formation, soit, exclusivement en matinée ou en après-midi, afin d'attirer les conducteurs de mototaxis et des personnes diplômées ou non, en chômage ou qui exercent des petits métiers de la débrouillardise dans le pays. Faire particulièrement de la communication voire, de la publicité autour ; le pays en aura sérieusement besoin. Le Plan T. est un modèle gourmand en main -d'œuvre pour la construction d'un pays.

➢ **L'ordonnancement de la stratégie**

Déroulement par ordre de priorité :

1. Équipement des pôles d'engins départementaux pour la création, la réhabilitation et l'entretien des routes urbaines et rurales en terre battue. Ce volet pourrait être entamé dès la prochaine année budgétaire sur fonds propre d'un État pauvre, ou avec l'appui des partenaires au développement (uniquement bilatéraux) dont les pays fabriquent ces engins et pièces de rechange. Ils pourraient en approvisionner les États africains, sous forme de véritable aide au développement ou alors, de prêt en nature équivalent à quelques millions de dollars US (nous vous recommandons vivement la lecture du texte réservé à la conclusion de ce chapitre).
2. Repenser la SNI ou la créer dans l'esprit de cette nouvelle politique.
3. Création, équipement des carrières municipales et Construction des Usines de Production des matériaux prioritaires de

construction publique : 1) L'usine chimique ; 2) du ciment ; 3) du bitume et 4) de l'acier.

4. Pendant ce temps, commencer les négociations nécessaires pour les futures banlieues, les études préliminaires d'identification des itinéraires des tramways, le recensement des quartiers et maisons à casser dans les métropoles au même moment, entamer la construction des hangars de stockage de matériaux départementaux (avec une priorité aux départements situés à proximité de la capitale politique et économique du pays) et démarrer en même temps la construction des chemins de fer dans l'ordre suivant : 1) De l'usine de production nationale de l'acier vers la ligne nationale de chemins de fer, la plus proche de l'usine ; 2) La suite, à la guise de la SNI, en fonction des réalités de chaque pays.
5. Une fois la construction des usines de production des matériaux prioritaires de construction publique achevée, lancer immédiatement l'aménagement des banlieues des deux principales métropoles (la capitale politique et économique) du pays.
6. Une fois l'aménagement des espaces et la construction des édifices desdites banlieues sont achevés, procéder à la casse et aux déguerpissements sur l'itinéraire des tramways dans les deux principales métropoles, suivies immédiatement du recasement des populations dans les premiers immeubles bâtis dans les banlieues aménagées.
7. Poursuivre la construction dans les banlieues, procéder à la casse et aux déguerpissements dans les deux principales métropoles du pays suivant la même méthodologie de déguerpissement (déjà étudiée plus haut) ;
8. Une fois, cette nouvelle construction dans les banlieues achevée, la faire suivre immédiatement du recasement des populations, ainsi de suite.
9. Cette première expérience de reconstruction d'une ville pourrait exclusivement concerner dans un premier temps, la capitale politique afin qu'elle serve de phase pilote au processus.

VI.2. CONCLUSION

Pour ceux qui ne connaissent pas les réalités des pays africains et pour les esprits idéalistes ou peu réalistes, il leur paraîtra superfétatoire et même rétrograde en plein 21e siècle, de s'évertuer à pouvoir encore créer, réhabiliter et entretenir des routes rurales et urbaines en terre battue en Afrique. Alors qu'il est temps de passer à la vitesse supérieure : le bitumage de toutes les routes urbaines et rurales des pays africains. Comme vous avez pu le remarquer tout au long de ce chapitre qui s'achève, telle est notre vision.

Mais, en Afrique, entre une vision bien construite et sa mise en œuvre, il y a parfois un fossé. Notamment, les lenteurs à mettre en pratique dans les pays africains, des idées et politiques concrètes issues des stratégies dont la conception et l'élaboration auront coûté des nuits entières de sommeil ou encore des nuits blanches de réflexion à des personnes originaires du continent qui rêvent et s'investissent au quotidien à voir un jour l'avènement du développement de l'Afrique.

Est-ce une malédiction de l'Afrique ? Est-ce une auto flagellation de l'Afrique par ceux qui sont en charge de la gestion des affaires publiques dans les pays africains ? Est-ce un complot contre les États africains qui vise à les maintenir dans le sous-développement ? Est-ce une manière de vouloir convaincre le reste du monde à l'idée selon laquelle, les Africains ne parviennent pas à penser leurs politiques de développement en adéquation avec leurs ressources budgétaires et naturelles ? Est-ce une façon de faire croire que l'on impose les politiques de développement aux pays africains parce qu'ils ne proposent rien de concret et de réaliste ? Avec la publication de cet ouvrage, pourront-ils encore le clamer à travers le monde sans laisser transparaître quelques signes de mauvaise foi qui frisent le ridicule ?

Dans les pays africains pauvres et sous-développés, une grande partie des ressources budgétaires, issues de la dette extérieure et du budget d'investissement public est chaque année, consacrée au bitumage des routes. Le budget d'investissement du ministère des Travaux publics (BIP MINTP) est généralement le plus important du pays pour des réalisations presque insignifiantes. Les causes ou les raisons, nous vous les avons exposées plus haut dans ce chapitre. Par souci d'objectivité et d'honnêteté intellectuelle, nous suggérons simplement aux gouvernements africains et aux partenaires au développement des pays africains, que les mêmes ressources budgétaires annuelles actuelles, c'est-à-dire, de l'année 2017 ou 2018, consacrées au secteur des Travaux publics dans ces pays, soient allouées à la mise en œuvre de la stratégie ou de la nouvelle politique pour la construction et le développement des infrastructures publiques, en grand nombre et en qualité dans chaque pays africain, que nous venons de décrire dans ce chapitre de l'ouvrage.

Cinq ans plus tard, nous procéderons tous, y compris les populations bénéficiaires des pays africains, à l'évaluation et à la comparaison :

Des résultats obtenus par la politique imposée et implémentée jusqu'à aujourd'hui dans le secteur des travaux publics dans les pays africains, et de ceux obtenus seulement cinq ans après la mise en œuvre de celle que nous proposons dans ce chapitre de l'ouvrage.

Par ailleurs, dans les pays africains, une importante enveloppe du BIP MINTP est chaque année, consacrée à la réhabilitation et à l'entretien des routes rurales et urbaines en terre battue. Cependant, la grande partie de cette catégorie du réseau routier est dans un état le plus déplorable pour ce qui est des routes qui existent déjà dans la plupart des pays africains même dans cette catégorie ! Les conséquences au plan économique sécuritaire et sanitaire qui en découlent sont aussi douloureuses que catastrophiques.

Au plan économique :

Dans les villages et campagnes, l'économie rurale est morte. Les paysans ne parviennent pas à évacuer les denrées alimentaires et leur production agricole des plantations vers les marchés. Dans certaines localités villageoises des paysans à partir de leurs plantations, parcourent souvent entre 2 à 10 kilomètres avec un régime de plantain sur la tête, avant de pouvoir atteindre une piste capable de permettre la circulation d'un pousse-pousse (un porte-tout) ou d'une brouette à cause de l'enclavement de leurs zones ou de leurs localités.

Après ce premier parcours, ils ne sont pas encore à la fin de leur calvaire. L'étape suivante est souvent économiquement plus cruelle. Les routes qui relient les villages aux axes principaux qui conduisent vers les marchés urbains sont généralement, en très mauvais état. Les voitures de transport les désertent et les motos- taxis les plus courageux proposent un tarif de transport dont le coût est largement supérieur au prix des denrées alimentaires qu'une moto serait capable de transporter. Conséquence, la production agricole des pauvres paysans, après ce dur labeur, pourrit sur place au village pour celle qui a la chance d'arriver au moins à la case du paysan.

Dans la plupart des villes africaines, en nous appuyant sur notre propre expérience, lorsque nous étions petits, dans les années 80, nos mamans se faisaient déposer, presque à l'entrée de notre maison d'habitation par des voitures- taxis, dans notre quartier d'enfance (par exemple, mon quartier d'enfance, le quartier Pongo mission française dans la ville -lumière du Cameroun, Edéa). Aujourd'hui, toutes les voies d'accès de notre quartier sont inexistantes, délabrées et impraticables par les voitures pour celles des voies qui existent encore. Seules, les motos- taxis y ont droit au chapitre avec les risques que vous pouvez aisément deviner que courent les populations en saisons pluvieuses, mais également, en saisons ordinaires. Cette situation est identique dans la plupart des pays africains au sud du Sahara.

Au plan sécuritaire :

Lorsque l'on est sur une moto qui est obligée de ralentir à tous les 10 mètres pour essayer d'esquiver soit un trou, une crevasse ou une marre d'eau sur une « route » en terre, dans la nuit, tout pourrait vous arriver. Dans cette situation, les chutes, les agressions sont faciles et se multiplient dans les différents quartiers des villes africaines. Les bandits et les agresseurs en profitent pour agresser au quotidien les usagers et les conducteurs des motos taxis. Les moins chanceux (conducteurs et passagers) y perdent leurs motos, leurs vies ou l'usage de leurs membres.

Au plan sanitaire :

Au Cameroun, par exemple, la première ville économique de ce pays Douala dans son plus grand centre hospitalier populaire, hôpital Laquintini, il existe tout un pavillon réservé aux accidentés et agressés des motos- taxis. Nous conseillons aux âmes sensibles de s'abstenir de s'y rendre… Au quotidien, c'est un pavillon qui enregistre le plus grand nombre de cas souvent les plus graves. Cette situation est identique dans la plupart des pays africains qui ont adopté les motos-taxis comme principal moyen de locomotion, du fait de la dégradation de leur réseau routier.

En somme, la problématique de la création, de la réhabilitation et de l'entretien des routes en terre battue en Afrique est, donc, une préoccupation majeure pour tout économiste africain sérieux. En attendant que ceux qui ont le pouvoir de décision dans les pays africains (les dirigeants africains, et, les partenaires au développement bilatéraux et multilatéraux) soient déterminés à mettre en œuvre la stratégie (le modèle CPFC ou le Plan T[10]), ou la nouvelle politique dans le secteur des Travaux publics pour la construction et le développement des infrastructures publiques, en grand nombre et en qualité des pays africains que nous venons de présenter dans ce chapitre de l'ouvrage, nous exhortons les dirigeants ou les gouvernements africains, notamment, chaque chef de l'État qui a un minimum d'empathie pour ses populations et de conscience et le ministre en charge des Travaux publics de chaque pays africain, dès la prochaine année budgétaire à commencer au moins, par :

L'équipement des pôles d'engins départementaux pour la création, la réhabilitation et l'entretien des routes urbaines et rurales en terre battue. Ce volet (voir Page 76, gestion du pôle d'engins départemental) pourrait être entamé dès la prochaine année budgétaire, sur fonds propres ou avec l'appui des partenaires au développement (uniquement bilatéraux, c'est-à-dire, dans le cadre de la coopération bilatérale) dont les pays fabriquent ces engins et pièces de rechange. Ils pourraient en approvisionner les pays africains, sous forme de véritable aide au développement ou alors de prêt (voir l'illustration dans cet ouvrage au point XII.1 du chapitre 12) en nature à peine équivalent à quelques millions de dollars US par pays africain, pour l'allègement des souffrances et le bonheur des populations africaines qui tient à très peu de choses tellement elles sont habituées à la souffrance.

---

[10] *Le Plan TONYE*

CHAPITRE 7

ORIENTATION ET POLITIQUE ÉCONOMIQUES DANS LE SECTEUR AGRICOLE EN AFRIQUE :

FORMULATION D'UNE VÉRITABLE POLITIQUE AGRICOLE ET D'UNE INGÉNIERIE PARTICULIÈRE DE FINANCEMENT DE L'AGRICULTURE ADAPTÉES AUX RÉALITÉS DU SECTEUR AGRICOLE DES PAYS AFRICAINS

Pour des pays qui ne fabriquent ni d'avions ni de voitures ni d'autres multiples produits manufacturiers ; pour les pays qui ne sont pas encore industrialisés comme c'est le cas des pays africains, l'agriculture demeure un secteur économique prioritaire et porteur de croissance. En ce sens que, c'est un secteur qui a la particularité de pouvoir employer massivement des jeunes non diplômés et sans qualification. Des jeunes qui composent le bas de la pyramide des chômeurs, c'est-à-dire, ceux qui représentent le plus grand nombre de chômeurs dans les pays. Ils sont issus pour la plupart des cas de déperdition scolaire. C'est cette catégorie de jeunes, faudrait-il le rappeler qui alimente l'exode rural et la délinquance dans nos villes ensuite, qui est prompte à prendre des embarcations de fortune sur la méditerranée à destination de l'Occident. Aussi, ils sont faciles à recruter et forment l'essentiel des troupes des différentes rébellions qui déstabilisent les États en Afrique.

Seul, un secteur agricole mieux pensé, mieux structuré et plus dynamique a la capacité de donner considérablement de l'emploi à cette catégorie de jeunes qui pourraient rajeunir notre main-d'œuvre paysanne et booster notre production agricole (la croissance). Ainsi, ils pourraient cesser d'être une potentielle menace pour la stabilité des institutions des États africains, la tranquillité des Occidentaux à travers le gonflement des rangs de l'immigration clandestine. Désœuvrés comme c'est le cas en ce moment, ils représentent une véritable bombe à retardement tant pour l'Afrique que pour l'Occident. Cependant, l'agriculture des pays africains au sud du Sahara est handicapée par deux problèmes majeurs :

1) Le manque criard de financements dû à l'absence d'une ingénierie financière adaptée aux réalités du secteur agricole africain.

2) Le manque de structuration d'une véritable politique agricole adaptée aux réalités du secteur agricole africain.

Si ces deux problèmes majeurs sont résolus, leur solution va permettre automatiquement de résoudre la problématique globale de l'agriculture des pays africains au sud du Sahara, qui porte sur trois questions fondamentales :

1. Comment permettre à l'agriculture de chaque pays africain de nourrir à bas prix toute sa population essentiellement pauvre ?

2. Comment permettre à l'agriculture de chaque pays africain de procurer massivement de l'emploi à sa jeunesse ?
3. Comment permettre à l'agriculture de réduire le déficit commercial et de tirer vers le haut l'économie du pays dont le secteur occupe la majorité de la population active, contribue de façon significative au PIB et génère d'importantes ressources budgétaires de chaque pays africain ?

Tels sont les questions et les problèmes auxquels nous allons tenter d'apporter quelques éléments de réponses, ou des solutions concrètes dans ce chapitre.

VII.1. STRATÉGIE DE LA MISE EN ŒUVRE D'UNE VÉRITABLE POLITIQUE AGRICOLE ET D'UNE INGÉNIERIE PARTICULIÈRE DE FINANCEMENT DE NOTRE AGRICULTURE ADAPTÉE AUX RÉALITÉS DU SECTEUR AGRICOLE DES PAYS AFRICAINS

VII.1.1. Stratégie de la mise en œuvre d'une véritable politique agricole

VII.1.1.1. La vision

D'abord, il n'y a pas de politique agricole sans vision. La problématique de l'agriculture en Afrique que nous venons de formuler dans la partie réservée à l'introduction de ce chapitre est presque identique dans tous les pays africains au sud du Sahara. Un problème bien posé étant à moitié résolu, cette problématique va nous permettre de définir clairement une vision.

En effet, dans chaque pays africain au sud du Sahara, une vision de l'agriculture axée sur une véritable politique des filières serait à même d'apporter une réponse durable à toutes les questions soulevées à travers cette problématique.

Car, la mise en œuvre d'une véritable politique des filières devrait logiquement imposer au gouvernement de chaque pays africain, à travers son ministère en charge de l'Agriculture :

1. le regroupement, l'organisation, le soutien des petits producteurs et l'appui technique par filière et par localité, à la création des exploitations agricoles ou grandes plantations qui

sont en réalité des points de départ des petites entreprises agricoles gourmandes en main-d'œuvre, susceptibles d'employer des milliers de jeunes dans chaque pays africain. Ce qui va imposer le rajeunissement de la main-d'œuvre paysanne.

2. L'appui technique à la création, à la restructuration et à la réhabilitation des grandes entreprises agricoles, agroalimentaires, agroindustrielles et brassicoles dans chaque pays africain et le renforcement du suivi et de la concertation entre l'État et ces dernières.

Auquel cas, l'on pourrait formuler probablement autre chose pour l'agriculture d'un pays pauvre sauf une véritable politique agricole.

VII.1.1.2. Schéma (nomenclature) d'une véritable politique des filières

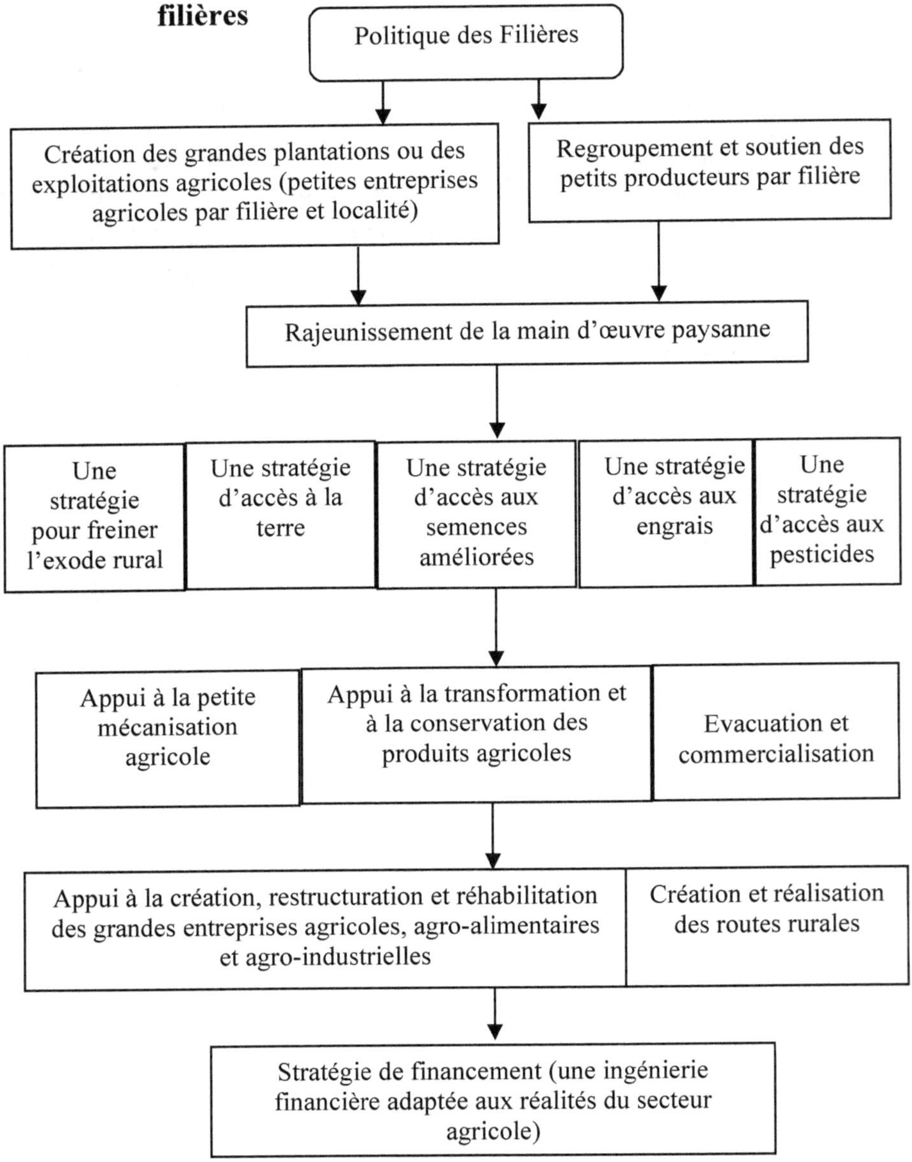

Légende : ↓ Implique ou Impose

VII.1.1.3. Description de la Stratégie

Les pays africains bénéficient d'un concours de circonstances assez exceptionnel en ce moment, en ce sens que, ce qui était une faiblesse hier, est une force aujourd'hui. Plusieurs jeunes ingénieurs agronomes en chômage issus de toutes les régions dans la plupart des pays africains au sud du Sahara, formés dans nos écoles et en dehors, ne sont plus intégrés dans la fonction publique à cause des contraintes imposées à plusieurs pays africains, il y a quelques années par les programmes d'ajustement structurel du FMI et la crise économique qui les avait frappés.

Ces jeunes ingénieurs agronomes possèdent presque tous dans leurs sacs, faute de financement[11], des projets agricoles et des Groupes d'Initiatives Communes (GIC) qui matérialisés, regroupés et bien organisés, pourraient servir de points de départ de nos petites entreprises agricoles privées, à côté des regroupements par filière et par région, de nos petits producteurs qui exercent déjà et qui devraient être regroupés, mieux structurés, mieux organisés et soutenus. Ce, par la mise sur pied d'un incubateur de projets agricoles, au sein de chaque ministère en charge de l'agriculture dans chaque pays africain au sud du Sahara. Cet incubateur devrait solliciter toutes les compétences et collaborer avec tous les projets et programmes déjà existants et toutes les directions du ministère en charge de l'Agriculture, pour assurer les missions suivantes :

1. l'assistance technique au montage des projets agricoles portés par les ingénieurs agronomes en chômage ou retraités, leur installation encadrement (regroupement, formation ou recyclage, structuration et organisation), suivi et évaluation des petits producteurs qui exercent déjà et qui ont des projets en gestation, des exploitations agricoles ou petites entreprises agricoles en création ou qui ont des idées de projets.
2. L'appui technique à la recherche des financements et des créneaux de commercialisation à l'intérieur du pays et à l'extérieur.
3. L'appui matériel et financier.

[11] *Résultat d'une enquête menée en 2006 et 2016 par l'ACATED-PCDE (Programme de Croissance et de Développement Economique au Cameroun)*

Ainsi, les jeunes recrutés par ces petites entreprises privées agricoles suivies par cet incubateur seront alors formés sur le terrain, par ces ingénieurs agronomes en chômage ou retraités, patrons desdites petites entreprises privées agricoles (porteurs et conducteurs de projets) qui auront à cœur de voir leurs entreprises agricoles devenir de plus en plus performantes.

VII.1.1.3.1. Le regroupement, le soutien des petits producteurs et l'appui à la création des exploitations privées agricoles ou petites entreprises agricoles, par filière et par localité

La main-d'œuvre paysanne actuelle étant vieillissante dans la plupart des pays africains, l'implémentation d'une telle politique vous impose en elle-même la recherche d'une nouvelle main-d'œuvre abondante qui ne peut provenir que de la jeunesse démographiquement majoritaire dans chaque pays africain et qui possède encore naturellement la force de travail. La jeunesse africaine actuelle, bien que débordante d'énergie, redoute les travaux champêtres à cause des outils rudimentaires de travail (machette, houe, daba, etc.) qui ont détruit à petit feu et sous leurs yeux, leurs parents.

L'amélioration de l'outil de travail est alors un des facteurs déterminants pour attirer la jeunesse vers le métier d'agriculteur à l'effet d'accroître significativement la production agricole des pays africains. Cependant, si rien n'est fait dans ce sens, dans une dizaine d'années, l'insécurité alimentaire ira grandissante dans les pays africains, du fait du non-renouvellement de la main-d'œuvre paysanne. Car, les bouches à nourrir, vont se multiplier année après année. C'est pour cela que le regroupement, le soutien des petits producteurs et l'appui à la création des exploitations agricoles ou petites entreprises agricoles par filière et par localité permettent et favorisent, nous dirions même, imposent le rajeunissement de la main-d'œuvre paysanne qui impose à son tour, l'élaboration d'autres sous-stratégies qui sont les suivantes :

VII.1.1.3.1.1 L'élaboration d'une stratégie pour freiner l'exode rural et sédentariser les jeunes dans nos villages et campagnes

Pour freiner l'exode rural et sédentariser les jeunes dans nos campagnes, il ne suffit pas seulement de les embaucher dans une exploitation agricole ou de bien les organiser, par filière agricole et par localité villageoise. Tout ceci serait voué à l'échec si nous perdons de vue que les jeunes ont des besoins liés à leur âge qui les attirent en milieu urbain et qui concourent à favoriser l'exode rural, quel que soit l'emploi que vous leur offrez dans leurs villages et campagnes. Pour cela, d'abord, procédons à l'identification de ces besoins, ensuite, proposons de bonnes solutions qui permettront de stabiliser ou de sédentariser ces jeunes dans nos villages et de freiner l'exode rural dans l'intérêt de l'agriculture de chaque pays africain.

Identification des besoins (liés à leur âge) qui attirent la jeunesse en ville

En un mot, les jeunes ont besoin de joindre l'utile (avoir un boulot) à l'agréable (avoir des loisirs et des distractions pour se divertir) après le boulot. Il pourrait s'agir :

Des lieux de danse et divertissement comme des bars dancing clubs, des salles de concerts de musiques, de théâtres, de projections télévisées des grands événements sportifs, musicaux, nationaux (par exemple, la grande parade ou le grand défilé à l'occasion de la fête nationale du pays, la ligue européenne des champions, la finale nationale de football, les rencontres de la sélection nationale, de la coupe d'Afrique et de la coupe du monde de football, les concerts enregistrés de Michael Jackson, des Kassav, etc.), des salles et terrasses assises d'écoute de musique, de restauration, de retrouvailles, etc.

Ébauche d'une solution réaliste et concrète pour freiner l'exode rural (à faible coût budgétaire) :

Lorsque l'on pose le problème de l'exode rural de la jeunesse dans les pays africains à beaucoup d'ingénieurs agronomes ; comme solution, ils récitent leurs cours d'économie rurale reçus en faculté d'agronomie, en préconisant l'aménagement des espaces ruraux de production. Avec le modèle libéral implémenté pour la construction publique en Afrique, c'est une solution qui nécessite l'allocation d'importantes ressources budgétaires. Toutefois, ils n'indiquent pas comment l'on pourrait concrètement mobiliser ces importantes ressources. À l'état actuel, le financement des éléments ou des aspects qui constituent l'aménagement de l'espace d'un seul village est de l'ordre de plusieurs milliards de FCFA, soit plusieurs millions de dollars US par village. Lorsque l'on multiplie cette somme par des centaines de villages que compte chaque pays africain, les gouvernements de ces pays, généralement pauvres, reculent. Pendant ce temps, l'exode rural se poursuit.

Les États africains ne disposant même pas d'assez de ressources pour pouvoir soigner les populations et financer les projets agricoles proprement dits pour améliorer la production agricole du pays. C'est l'une des raisons qui nous a amenés à concevoir dans le chapitre précédent, le modèle CPFC (modèle économique de construction publique à Faibles Coûts budgétaires dans les pays africains pauvres et sous-développés). Pour le chapitre présent, notre stratégie pour freiner l'exode rural consiste à donner aux jeunes, bien qu'en milieu rural, les mêmes possibilités de distraction et de divertissement sur place au village. Surtout, de pouvoir leur en donner accès gratuitement ou à très moindre tarif par rapport à la ville, pour qu'ils n'éprouvent aucune envie d'aller se distraire ou se divertir en milieu urbain et y demeurer. Une demeure qui accroît significativement nos bidonvilles et se transforme au contact des dures réalités de la vie en ville, en un terreau fertile d'insécurité, de banditisme de nos grandes métropoles africaines et de multiplication des stratégies pour l'immigration clandestine vers l'Occident.

Pour cela, nous proposons aux gouvernements des pays africains, notamment, au département en charge de l'Agriculture, une stratégie concrète, c'est-à-dire, à moindre coût budgétaire, réalisable (concrète et réaliste), efficace pour former et surtout distraire et divertir les jeunes dans nos villages et campagnes après le dur labeur dans les plantations, dans le but de freiner l'exode rural et de rajeunir notre main-d'œuvre paysanne. C'est une stratégie bâtie sur le projet de construction (30 millions FCFA) et d'équipement (5 millions FCFA), soit un total d'environ 70 mille dollars US, d'une case communautaire à double fonction (éducative, en journée et récréative, en soirée) dans chaque principal village du pays. Généralement, en Afrique, ce type de village accueille les marchés périodiques et regroupe plusieurs petits villages aux alentours.

Qu'est-ce qu'une case communautaire ? C'est une conception qui tire ses origines dans la culture anglo-saxonne qui conçoit le développement local à travers le développement communautaire. Une case communautaire est alors une maison collective et d'animation du développement communautaire d'une localité paysanne qui est réservée à la formation collective, à l'encadrement, au regroupement des paysans et à l'exposition et à la protection de leurs semences et récoltes. Tel est l'esprit originel d'une case communautaire. À côté de cette essence, nous y avons greffé une dimension récréative afin que la case communautaire puisse, jouer un rôle supplémentaire et déterminant dans le loisir et la distraction de la jeunesse africaine dans les villages et campagnes, afin de les y sédentariser à l'effet de contribuer à freiner l'exode rural avec ses conséquences négatives et dans l'intérêt du secteur agricole de chaque pays africain.

Gestion des cases communautaires : elles devraient être conjointement gérées par un chef de poste agricole et un conseiller de jeunesse et d'animation. Nous recommandons au ministre en charge de l'Agriculture de prendre attache avec celui en charge de la jeunesse afin d'y affecter les conseillers de jeunesse et d'animation qui y joueront un rôle déterminant. Disposition et Équipement des cases communautaires : au niveau de sa grande salle qui devrait mesurer au moins 300 m2, une estrade ou un podium en matériaux définitifs de 3m50 x 8 avec une hauteur de 1 m, un groupe électrogène diesel moyen, des petits jeux de lumière, plusieurs ventilateurs de plafonniers, une bonne chaîne musicale équipée de 04 grands baffles avec une bonne sonorisation et 04 micros FM, un grand écran de télévision, un lecteur DVD, 200 chaises et 50 tables en plastique, un pupitre et un tableau noir amovibles ; une petite bibliothèque logée dans une pièce de $40m^2$ équipée de livres ; une pièce de 25 m^2 servant de vestiaire, équipé de lits pour artistes, adjoint de 2 toilettes de 2 x 3m et de 2 coins de rechange pour femmes et hommes ; une petite pièce de 16m^2 servant de cuisine ; une pièce de 25m^2 servant de magasin ; 2 toilettes visiteurs de 2 x 3m pour hommes et femmes ; une pièce de 16m^2 devant abriter les bureaux du chef de poste agricole et du conseiller de jeunesse et d'animation ; une grande véranda avant (une terrasse).

Fonctionnement des cases communautaires :

- En soirée, après les plantations, de lundi à jeudi, les projections cinématographiques d'émissions télévisées d'animation et de variétés musicales, la diffusion des grands concerts enregistrés de musique, tels, concerts enregistrés de Michael Jackson et des Kassav,..., de grands événements sportifs en direct ou enregistrés par exemple, la coupe du monde et la coupe d'Afrique de football, les Jeux olympiques, la ligue des champions européenne, etc.

Le week-end, toujours en soirée, transformation de la grande salle en :

1. Salle de représentations musicales en play-back, de théâtres et sketches des troupes composées de jeunes du village, formés et encadrés par le conseiller de jeunesse et d'animation ;
2. Salle de spectacles (entrée libre et non payante) des artistes de renom que l'on voit régulièrement à la télévision, par exemple, des musiciens-chanteurs, comédiens, magiciens prestidigitateurs, etc., dont le choix, le calendrier de prestation, de rotation et de passage dans les différents villages, les contrats et les cachets sont négociés et subventionnés par le ministère en charge de l'Agriculture au niveau de l'incubateur des projets agricoles (cellule des loisirs et de lutte contre l'exode rural).

Choix, cachet et déplacement des artistes :

Le ministère en charge de l'Agriculture devra être stratégiquement présent chaque année à la cérémonie télévisée des « awards » de musique nationale pour annoncer publiquement et solennellement, sa récompense aux meilleurs artistes de l'année sélectionnés parmi les nommés des différentes catégories. Évidemment, cette récompense ne sera autre qu'un contrat que le ministère offre à chacun de ces artistes en vue d'une tournée annuelle de prestation artistique dans les cases communautaires des différents villages du pays. Ceci rendra objectif le choix des artistes pour l'immense bonheur des jeunes dans les villages et campagnes.

Les montants des contrats devront être officiellement annoncés à la même occasion, à la télévision. Nous recommandons que le montant de chaque artiste récompensé soit reparti en douze mensualités et versé directement sur son compte bancaire à la fin de chaque mois après respect de ses obligations contractuelles. Ce compte bancaire devra être ouvert dans les livres d'une antenne de la CECA (voir financement agricole) dans le chef-lieu de département territorialement compétent. Ce, pour permettre le roulement des fonds agricoles à la CECA, pour éviter la corruption, et obliger légalement les artistes à effectivement prester et à ne pas jouer aux malins.

Le déplacement de l'artiste de sa ville de résidence vers la campagne – lieu de sa prestation sera assuré par la voiture de la délégation régionale du ministère en charge de l'Agriculture jusqu'à la délégation départementale territorialement compétente, dont la voiture prendra ensuite le relais jusqu'au lieu de la prestation de l'artiste. Le chauffeur reprendra le chemin inverse, ou alors, se rendra vers un autre village du même département le lendemain pour une autre prestation. Le schéma identique sera observé au retour jusqu'à la ville de résidence de l'artiste. L'artiste et sa suite seront logés dans les vestiaires de la case communautaire équipés de lits, de moustiquaires imprégnées, d'une literie irréprochable et de deux ventilateurs de plafonniers.

3. Un bar-dancing club à entrée libre et non payante.

La commercialisation des boissons et de la nourriture :

Nous recommandons la privatisation de la vente des boissons et de la nourriture dans le bar-dancing club. Pour le rafraîchissement, l'achat d'un réfrigérateur ou d'un congélateur sera financé par le promoteur privé suivant un contrat annuel dûment signé entre le chef de poste agricole et le promoteur privé. Le chef de poste devra homologuer les prix des boissons et des plats de nourriture, en fonction des réalités de chaque localité villageoise. Ce contrat annuel fixe les droits et obligations des parties comme, la gratuité de la mise à disposition de la salle au profit du promoteur privé qui est nécessaire et doit être scrupuleusement respectée pour le succès de la stratégie (garantir un divertissement gratuit et de qualité au village).

Les charges secondaires :

En revanche, les charges secondaires liées à l'achat du carburant et à l'entretien du groupe électrogène, à l'entretien de la chaîne musicale, du téléviseur et du lecteur DVD ainsi que la propreté des locaux devraient être à la charge du promoteur privé de la vente permanente des boissons et de la nourriture. Tant et si bien qu'en principe, cette activité devrait avoir lieu et se poursuivre au quotidien sur la grande véranda avant (la terrasse), de la case communautaire qui devrait tenir lieu de mini café-restaurant du village.

La location de la case communautaire :

La location de la case communautaire devra être exclusivement réservée à la célébration des fêtes de mariages dans le village. Elle pourrait être une petite source financière dont les revenus devront être orientés à l'entretien général du bâtiment et au renouvellement des équipements. Par conséquent, nous recommandons vivement l'ouverture d'un compte bancaire pour chaque case communautaire dans un Établissement de micro finance ou une antenne de la CECA (voir financement agricole) dans le chef-lieu de département territorialement compétent. Les mariés seront tenus de verser directement et exclusivement, dans celui-ci, les frais de location de la salle homologués par une note circulaire du ministre en charge de l'Agriculture.

Dans la même note circulaire, il devra être formellement proscrit, la gratuité de l'organisation ou de la célébration des fêtes de mariages dans les cases communautaires. Le contraire servirait d'ouverture d'une brèche pour la corruption dont les fruits iraient dans les poches des responsables de la case communautaire. Toute entrave à cette instruction devant automatiquement entraîner de lourdes sanctions. Toute autorisation du chef de poste agricole devra alors être uniquement soumise au reçu bancaire de versement des frais de location. La date de la célébration étant arrêtée, au préalable, avant tout versement de commun accord par le chef de poste agricole et les mariés, en tenant compte du calendrier annuel des manifestations de la case communautaire.

- En journée, la grande salle de la case communautaire va servir d'une part, de salle de formation et d'encadrement des agriculteurs, des paysans et des jeunes agriculteurs ou non à travers les séminaires et ateliers sur les techniques modernes de production agricoles, de suivi et de conduite des exploitations agricoles individuelles, familiales et collectives, d'autre part, de salle de répétions des représentations artistiques et théâtrales des jeunes du village.

La petite bibliothèque de la case communautaire sera également ouverte, opérationnelle et disponible au même moment pour les jeunes du village. Exclusivement pour les jeunes filles scolarisées ou non du village, grâce aux dames retraitées retournées jouir de leur repos dans leurs villages, aux dames expérimentées du village, aux professeurs de sciences naturelles, de puériculture du collège du coin ou à la responsable du service social de l'arrondissement à titre bénévole et sur invitation ou à l'initiative des deux responsables de la case communautaire ; il devra être régulièrement organisé des séances de formation et d'apprentissage sur la tenue de son cycle ovarien, les méthodes de protection contre le VIH et les MST, les méthodes contraceptives, les petites techniques de couture, de broderie, de cuisine moderne et traditionnelle, de dressage des tables et des lits, d'accueil des étrangers, de la prise de soins de son homme ou de son époux, de la bonne tenue en dame responsable, d'un séjour et de l'ensemble d'une maison.

VII.1.1.3.1.2 L'élaboration d'une stratégie d'accès à la terre

En Afrique, la terre est un bien sociologique qui se transmet de père en fils. Très peu en disposent et beaucoup en ont besoin pour sa mise en valeur. C'est alors une question hautement sensible qui mérite d'être abordée avec beaucoup de tact.

Nous proposons l'approche suivante :

Sous la tutelle du ministère en charge de l'Agriculture (l'incubateur des projets agricoles) et en rapport avec les autorités locales (sous-préfets, responsables des collectivités territoriales décentralisées, c'est-à-dire, les maires ou les responsables des conseils régionaux, les chefs traditionnels et le clergé), les propriétaires pourraient permettre aux petits producteurs et aux jeunes promoteurs des exploitations agricoles ou petites entreprises agricoles d'accéder à leurs terres de deux façons :

- La mise en location des terres : le montant des loyers pourra être déterminé par un indice dynamique réévalué chaque année. Les deux premières années de location étant prises en charge par le ministère ou par la CECA (voir financement agricole).

- L'apport en nature des terres dans le capital des exploitations agricoles, en contrepartie de titres : la rémunération des nouveaux associés (propriétaires terriens) se fera sous forme de dividendes dont les modalités resteront à la discrétion du pacte d'actionnaires sous tutelle du ministère en charge de l'Agriculture (l'incubateur des projets agricoles).

VII.1.1.3.1.3 L'élaboration d'une stratégie d'accès aux semences améliorées

La production et la multiplication des semences relèvent d'un domaine très scientifique. Malheureusement dans la plupart des pays africains, les paysans se débrouillent, tant bien que mal à travers les champs semenciers. Ils n'en ont guère les compétences. Nous proposons, aux gouvernements des pays africains de créer, à côté des instituts de recherche comme l'IRAD (Institut de Recherche Agronomique et de Développement), une structure nationale spécialisée dont la mission sera de produire et de multiplier à grande échelle les semences améliorées pour :

- Satisfaire dorénavant à l'importante demande des petits producteurs structurés et des jeunes agriculteurs, organisés et déployés à travers les petites entreprises agricoles privées.
- Permettre à cette jeunesse d'être flattée et intéressée par la qualité et l'abondance des récoltes à l'hectare. Ce, du fait de la qualité des semences mises à leur disposition.

En attendant la mise en place de cette structure dans chaque pays africain, le ministère en charge de l'Agriculture et celui de l'Enseignement supérieur et de la recherche devraient travailler en synergie pour appuyer la Recherche scientifique dans ce domaine, le financement et la multiplication des champs semenciers.

VII.1.1.3.1.4 L'élaboration d'une stratégie d'accès aux engrais et pesticides

Le ministère en charge de l'Agriculture devrait contribuer à la vulgarisation et l'appropriation par les jeunes agriculteurs et les paysans, des techniques de production d'un engrais biologique comme le compost. La mise sur pied d'un partenariat entre le ministère de l'Agriculture et les municipalités ou les entreprises en charge de la collecte des ordures ménagères est nécessaire. Il convient d'imaginer des voies et moyens pour :

- L'instauration d'un système de tri d'ordures et de livraison de cette matière première aux petites entreprises agricoles et aux petits producteurs pour la fabrication du compost.

- L'assistance technique du ministère en charge de l'Agriculture à la formation des jeunes agriculteurs et paysans à la production du compost.

Le compost est un engrais biologique dont la production est moins coûteuse et accessible. En plus, son utilisation est bénéfique pour l'environnement. Toutefois, le ministre de l'Agriculture et celui de l'Économie et de l'Industrie en poste dans chaque pays africain, devraient apporter leur contribution dynamique et mettre leur entregent personnel à la recherche active des partenaires et des financements, à travers le monde pour la construction d'une usine de production à grande échelle des engrais et des pesticides dans leurs pays respectifs à l'effet de :

- Satisfaire dorénavant à l'importante demande des petits producteurs structurés et des jeunes agriculteurs, organisés et déployés à travers les petites entreprises agricoles privées ;

- Permettre à cette jeunesse d'être flattée et intéressée par la qualité et l'abondance des récoltes. Ce, du fait de la qualité des engrais et des pesticides mis à leur disposition.

VII.1.1.3.1.5 L'élaboration d'une stratégie d'appui à la petite mécanisation agricole, à la conservation et à la transformation des produits agricoles

Tout ministre en charge de l'Agriculture en poste dans chaque pays africain, devrait faire du renforcement du soutien à la petite mécanisation agricole, à la conservation et à la transformation des produits agricoles, un point d'honneur de son action. Car, le rajeunissement de la main - d'œuvre paysanne et l'autosuffisance alimentaire des pays africains en dépendent. Par ailleurs, en matière de production agricole, la rentabilité est intéressante lorsque le producteur a la possibilité de conserver et de transformer une partie de ce qu'il a produit. Ensuite, de pouvoir l'évacuer vers les marchés. À côté de chaque case communautaire, l'État devrait construire un gros hangar ou un grand magasin de quatre murs pour le stockage et la conservation des produits agricoles. D'où l'intérêt et l'urgence de la mise en œuvre le plus tôt possible du modèle CPFC dans chaque pays africain.

Aussi, le ministre de l'Économie et de l'Industrie devrait repenser la nature et la qualité de la dette extérieure et des importations de chaque État africain. Il devrait à l'avenir, avoir la capacité d'orienter des importations de l'État et une bonne partie de la dette extérieure vers la petite mécanisation agricole devant servir à la production et à la transformation des produits agricoles de chaque pays africain. Dans le cadre de la coopération bilatérale, ce volet de la dette ou d'aide au développement pourrait être transformé en nature. Les pays industrialisés amis étant fabricants de la petite mécanisation agricole. Ces outils modernes de travail devront être commandés, repartis et mis à la disposition des petites entreprises agricoles privées et des petits producteurs en fonction de la géographie et des zones écologiques du pays.

Mais, l'idéal serait que impérativement et dans un avenir très proche, dans le cadre de la coopération économique et financière sous régionale, à l'initiative des ministres de l'Économie et de l'Industrie, les ministres des Finances des pays africains participent au rapprochement des banques centrales de développement sous régional en Afrique pour un financement commun des États à la construction d'une grande usine ou de quelques usines de production à grande échelle, de la petite mécanisation agricole localisées dans un ou trois pays africains choisis de commun-accord par les États africains au cours des réunions de l'Union africaine. La main-d'œuvre (techniciens et ingénieurs) pourrait également y être panafricaine en fonction des compétences dont dispose chaque pays africain.

Les gouvernements africains à travers leurs ministères en charge de l'Agriculture, seront alors les principaux clients de cette ou ces usines pour le bonheur des petites entreprises agricoles privées, des petits producteurs et des paysans des pays africains. La combinaison de ces deux facteurs, l'amélioration de l'outil de production agricole et la transformation des produits agricoles sont un puissant levier de création d'emplois pour la jeunesse et d'augmentation de la production dans le secteur de l'agriculture en Afrique. Ce qui permettra une production suffisante et à bas prix pour toutes les populations des pays africains.

Enfin, la croissance économique (augmentation de l'emploi et augmentation de la production) dans le secteur agricole va forcément impacter positivement le PIB des pays africains.

VII.1.1.3.1.6 L'élaboration d'une stratégie d'appui à l'évacuation et à la commercialisation des produits agricoles

Une autre grande difficulté de l'agriculture des pays africains qui décourage les jeunes et les amène à penser que ce serait peine perdue de s'y lancer, est celle liée à l'évacuation des denrées alimentaires, à l'évacuation de la production agricole des plantations vers les marchés. Ce, à cause de l'absence et de l'état déplorable des routes rurales « farms to roads markets » quand elles existent. Dans les pays africains au sud du Sahara, elles sont généralement non bitumées, ou en terre battue. La production n'ayant aucun sens sans possibilité de son évacuation et de son écoulement, l'importance pour l'économiste africain de ce sujet (création, entretien et réhabilitation des routes rurales et urbaines en terre battue) dans les pays africains est telle que comme vous avez pu le remarquer, nous avons jugé utile d'y consacrer une attention particulière au point de proposer que la mise en œuvre de ce volet soit positionnée en premier dans l'implémentation du modèle CPFC ou dans l'ordre de priorité ou l'ordonnancement du Plan T, ou encore, de notre stratégie consacrée à l'orientation et à la politique économiques dans le secteur des travaux publics en Afrique traitées dans le chapitre 6 de cet ouvrage.

En ce qui concerne la commercialisation proprement dite des produits agricoles par filière, la stratégie de rajeunissement de la main-d'œuvre paysanne dans les pays africains sera davantage un succès, si les jeunes ont le sentiment que le métier d'agriculteur en tant que petit producteur à son propre compte, ou ouvrier dans une exploitation agricole, ou encore, dans une petite entreprise agricole privée dans un village, nourrit son homme. Or, un métier ne peut nourrir son homme qu'à travers le fruit de la commercialisation de sa propre production ou de la production de l'entreprise qui vous emploie.

C'est pour cela que nous avons recommandé l'implication, en amont du ministère en charge de l'Agriculture, à travers son incubateur de projets agricoles et ses experts, au montage des projets agricoles qui sont portés par des ingénieurs agronomes en chômage ou retraités. Des projets devant servir de points de départ des petites entreprises agricoles privées très gourmandes en main -d'œuvre et susceptibles d'employer beaucoup de jeunes. Une des missions principales de cet incubateur de projets est d'apporter une assistance technique à la réalisation des études de marché (intérieur, frontalier et international) dans le montage des projets agricoles.

Ainsi, la politique des filières dans les pays africains à travers l'appui à la création des exploitations agricoles, ou encore, des petites entreprises agricoles privées et le regroupement, l'organisation et la structuration des petits producteurs par filière et par localité, devient un instrument technique fiable et stratégique de politique agricole pour garantir sur le long terme et en temps réel, un approvisionnement régulier, en quantité et en qualité de la matière première agricole aux grandes entreprises *(agricoles, agroindustrielles, agroalimentaires, brassicoles, savonneries du pays, etc.)*. Elle pourrait concerner : l'amidon de manioc, le maïs, le blé, les noix et l'huile de palme, etc., produits par les exploitations agricoles privées et les petits producteurs bien organisés. Cette matière première pourrait alors être vendue aux grandes entreprises agricoles, agroindustrielles, agroalimentaires, brassicoles, savonneries du pays, etc.

Le problème de la régularité et de la disponibilité en quantité et en qualité de la production que décrient les industries agroalimentaires installées dans les pays africains, trouvera alors une solution dans la structuration de la politique des filières que nous sommes en train de penser dans cet ouvrage. Nous proposons donc, sur le plan opérationnel, la nécessité de la mise en place d'une plate-forme permanente, de dialogue et de concertation entre les représentants des producteurs par filière, l'État (l'incubateur des projets agricoles) et les industriels du secteur, supervisés personnellement par le ministre en charge de l'Agriculture dans chaque pays africain. Cette plate-forme par souci de cohérence et d'efficacité doit avoir un secrétariat permanent qui devrait être assuré par le responsable ou un responsable de l'incubateur des projets agricoles dont la structure devrait également assurer le suivi-évaluation des projets des petits producteurs et des petites entreprises agricoles du pays (de la production à la commercialisation).

VII.1.1.3.1.7 L'élaboration d'une stratégie d'appui à la création, à la réhabilitation, à la restructuration et au renforcement des grandes entreprises agricoles

Il n'y a pas de politique agricole bâtie sur une véritable politique des filières, c'est-à-dire la structuration, l'organisation, le regroupement et le soutien de petits producteurs par filière, sans de grandes entreprises agricoles. En ce sens que, la capacité de production et le nombre d'emplois jeunes générés, directement ou indirectement par une seule grande entreprise agricole dans une filière, sont impressionnants. Parfois de loin supérieurs à plusieurs petites entreprises agricoles et petits producteurs regroupés et bien organisés qui ne doivent souvent leur existence qu'à la présence et à la viabilité d'une seule grande entreprise agricole dans leur localité ou région. Car, une partie de leur production est souvent et devrait être écoulée auprès des grandes entreprises agricoles du pays.

À titre d'exemple, nous allons nous appuyer sur le cas de la SEMRY, une entreprise camerounaise de production de riz. Il y a plus d'une vingtaine d'années, cette grande entreprise agricole employait plus de quatre mille jeunes camerounais. Combien faudrait-il de petites entreprises agricoles et de petits producteurs, surtout structurés et bien organisés dans un pays pour espérer employer et égaler ce nombre de travailleurs directement ou indirectement rémunérés dans une seule filière ?

Aujourd'hui, cette entreprise est l'ombre d'elle-même. Cependant, la solution que les uns et les autres préconisent, pour réhabiliter cette entreprise et relancer cette filière au Cameroun, est de fixer des quotas d'entrée de riz étranger sur le sol camerounais afin de protéger les agriculteurs locaux et les emplois de ce secteur de l'économie camerounaise. Ce, à l'image de la décision prise par le gouvernement des USA sur son marché de coton.

Mais, le gouvernement camerounais ne parvient pas à prendre cette décision pour des raisons que nous imaginons et que nous comprenons. En effet, du fait des économies d'échelle pratiquées par les Asiatiques, des tonnes de riz dont les prix battent toute concurrence, inondent le marché camerounais et même africain. Prendre une telle décision suppose deux choses :

- Soit, le gouvernement camerounais dispose d'importants moyens financiers pour pouvoir suffisamment subventionner cette filière afin de combler le manque à gagner des producteurs locaux dont la taille du marché local ne saurait permettre de couvrir les coûts de production locale de riz.
- Ou alors, le gouvernement pourrait s'exposer à la grogne de ses populations du fait de la flambée du prix du kilogramme de riz sur le marché dû aux coûts de production locale très élevés.

Toutefois, ce problème a une solution. Celle que nous proposons ici est une fois de plus panafricaine. Elle consiste à actionner la coopération politique et économique sous régionale et régionale. En Afrique, le riz est une denrée que nous appelons en économie un produit de consommation de masse. Le marché du riz représente, à ce jour à peu près, un milliard de consommateurs en Afrique. C'est alors une masse suffisamment critique pour pouvoir pratiquer les économies d'échelle afin d'amenuiser les coûts de production dans cette filière. Par conséquent, il serait économiquement irrationnel de la part des Africains que chaque pays africain, fut-il de plus de cinquante millions d'habitants, se mette à produire du riz dans son coin et espérer pouvoir résister à la concurrence du riz asiatique. En revanche, nous proposons la solution suivante :

À l'initiative des ministres de l'Économie et de l'Industrie des pays africains et sur la base d'une étude et d'un dossier technique convaincant qui pourrait être conçu et proposé par un seul ministre de l'Économie et de l'Industrie de n'importe quel pays africain, les Chefs d'États africains, à l'occasion du sommet de l'union africaine, pourraient décider de commun accord de financer à travers les banques africaines sous régionales de développement, la construction de quatre grandes usines de production de riz au maximum dans quatre pays africains qui auront été retenus par l'étude technique.

Le capital de ces usines panafricaines sera donc constitué à capitaux publics régionaux, mais, à gestion privée et avec un business modèle qui permet à ces entreprises de s'autofinancer. L'objectif ne sera pas de faire du bénéfice, mais celui de nourrir à bas prix toutes les populations africaines et de permettre aux économies africaines de résister mieux, de renverser la concurrence étrangère et de combler leur déficit commercial dans ce secteur économique. Dans ces conditions, en produisant du vrai riz à la fois bio et non de la brisure que les Asiatiques envoient sur les marchés avec un minimum de publicité et de stratégie commerciale, le riz en provenance d'Afrique pourrait inonder le marché mondial dans les années à venir.

VII.1.2. Stratégie de financement du secteur agricole africain

VII.1.2.1. Montage financier particulier dans le cadre d'une caisse d'épargne et de Crédit Agricole (CECA)

Les grandes entreprises et multinationales agricoles implantées dans chaque pays africain qui tirent leurs profits du secteur agricole du pays pourront à l'avenir, sans dépenser le moindre kopeck, contribuer à financer le secteur agricole national. Cependant, en gagnant davantage de l'argent à l'aide d'un montage financier particulier que nous avons spécialement conçu dans cette partie de l'ouvrage. C'est un dispositif très simple à mettre en place :

À l'initiative de chaque gouvernement africain représenté par les ministres en charge de l'Économie et de l'Industrie, de l'Agriculture, et des Finances, les dirigeants des grandes entreprises agricoles du pays devraient se réunir. Réunion au cours de laquelle, le gouvernement va leur présenter un business modèle d'une structure de financement du secteur agricole du pays. Cette structure est à l'image d'une tontine à l'africaine au sein de laquelle ses membres (les grandes entreprises et multinationales agricoles qui exercent dans chaque pays africain) créent une caisse d'épargne et de crédit, l'alimentent et y empruntent (se prêtent entre elles).

Cette structure pourrait également grâce à la volonté de ses membres, leur servir de fonds d'investissement de type occidental qui permet aux petits épargnants nationaux (du secteur agricole et d'ailleurs) qui disposent de peu d'argent de fructifier leurs épargnes et de diversifier leurs placements en achetant les actions et obligations émises par les grandes entreprises et multinationales agricoles regroupées dans le portefeuille de cette structure.

À travers cette initiative, l'État doit pouvoir susciter l'adhésion des grandes entreprises et multinationales agricoles à l'idée de mettre sur pied ladite structure, une Caisse d'Épargne et de Crédit Agricole (CECA) dont elles vont en désigner les gestionnaires et en contrôler, totalement la gestion. Les grandes entreprises et multinationales agricoles vont alors pouvoir y mobiliser une partie de leurs trésoreries, surtout, leur épargne et obligatoirement se prêter entre elles, sans risque, presque aux mêmes taux d'intérêts créditeurs et débiteurs que ceux pratiqués par les banques classiques dans le pays.

Seuls, les fonds qui émanent des écarts des intérêts générés entre les emprunts et les épargnes des grandes entreprises et multinationales agricoles qui tirent leurs profits du secteur agricole de chaque pays africain seront destinés sous forme de subventions ou de crédits à taux d'intérêt nuls, au financement de nos petits producteurs, des exploitations agricoles ou des petites entreprises agricoles généralement sans garanties bancaires qui représentent le secteur agricole national de chaque pays africain au sud du Sahara. La CECA n'ayant pas vocation à faire du profit et son business model clairement décrit à la suite de nos développements permettant son autofinancement. Ainsi, les grandes entreprises et multinationales agricoles pourront contribuer à résoudre durablement l'épineux problème de financement de notre secteur agricole national sans dépenser ni risquer le moindre kopeck. Mais, en gagnant même davantage de l'argent.

VII.1.2.1.1. Le pré dispositif institutionnel et opérationnel

La Caisse d'Épargne et de Crédit Agricole (CECA) est une émanation du regroupement à l'initiative de l'État des grandes entreprises et multinationales agricoles qui exercent dans le pays.

Elles sont représentées dans son conseil d'administration par leurs DAF respectifs ou toute autre personne désignée par elles. L'Etat, pourvoyeur d'une contribution (une épargne à vue ou sans maturité) et d'une subvention de démarrage de la CECA, fera partie de son conseil d'administration, seulement à titre consultatif et comme simple régulateur à travers un représentant du ministère en charge de l'Agriculture (le responsable de l'incubateur des projets agricoles assisté d'un cabinet d'expertise comptable retenu sur appel d'offres). En tant que régulateur (observateur et contrôleur), la mission de l'État (de son représentant dans ce conseil d'administration) est de s'assurer seulement du respect :

1. De la clé de répartition des intérêts générés par l'épargne de l'État.
2. Des quotas et de la mobilisation effective, à la CECA, d'une partie de la trésorerie surtout l'épargne des grandes entreprises et multinationales agricoles.

3. De la clé de répartition des intérêts qui en seront générés.
4. De la priorité de l'initiative d'emprunt, des grandes entreprises et multinationales agricoles qui devrait être réservée à la CECA. Le recours aux banques classiques étant relégué au plan B. Pour éviter toute situation de jonglerie et prouver la bonne foi de la grande entreprise agricole, du portefeuille de la CECA, sollicitant un crédit d'investissement et dont le dossier n'aura pas été retenu ou aura été rejeté par le conseil de crédit de la CECA, la constitution du dossier à soumettre à une banque classique après satisfaction à toutes les exigences et après épuisement de toutes les voies de recours auprès du Conseil de Crédit de la CECA, doit être identique. Il reviendra à la CECA de transmettre ce dossier à une banque classique du pays choisie par la grande entreprise agricole concernée. Les dispositions statutaires de la CECA devraient prévoir des moyens appropriés pour le respect et le contrôle de ce type de mécanismes.
5. De la priorité de l'initiative d'emprunt, des grandes entreprises et multinationales agricoles qui devrait être réservée à la CECA, quand bien même dans certains cas, elle aura la capacité de pouvoir financer seulement une partie du montant du crédit sollicité. Elle financera cette partie si le dossier répond aux normes. L'autre partie pourrait alors être financée par les banques classiques.
6. Des exigences d'accès aux crédits et de recouvrement des créances imposées d'ordinaire aux grandes entreprises et multinationales agricoles pour les mêmes besoins auprès des banques classiques. Les mêmes exigences devraient leur être imposées par le Conseil de Crédit de la CECA.

Nous proposons que le Conseil d'Administration de la CECA soit présidé par l'un des directeurs généraux des grandes entreprises et multinationales agricoles suivant une présidence rotative dont les modalités de sélection (par élection ou par consentement) et la durée du mandat seront définies à leur convenance. Cependant, le Conseil de Crédit de la CECA devra être composé exclusivement des membres de l'équipe dirigeante de la CECA. La gestion quotidienne de la CECA étant assurée par une équipe dirigeante dont les membres sont sélectionnés et choisis sur appel d'offres organisé exclusivement par les grandes entreprises et multinationales agricoles à travers leurs représentants au Conseil d'Administration de la CECA ou un cabinet privé spécialisé retenu sur appel d'offres à leur convenance.

Toutes les grandes entreprises et multinationales agricoles qui exercent dans le pays ont l'obligation d'être membres de la caisse d'épargne et de Crédit Agricole. Par une clause statutaire de la CECA juridiquement rigide, l'État n'a le pouvoir ni d'influencer le conseil d'administration ni la gestion ni le choix des membres de l'équipe dirigeante de la caisse d'épargne et de Crédit Agricole. Par la même clause, il lui est interdit en tant que régulateur (observateur et contrôleur du respect des règles convenues), d'emprunter auprès de la CECA.

Cette clause, tout comme les autres de la CECA, doit être statutaire. Conformément à la loi, clauses signées par-devant notaire et statuts déposés auprès de ce dernier.

VII.1.2.1.2. Rôle et mission de l'État auprès du conseil de crédit de la CECA

Au-delà de ses missions régaliennes de régulateur, d'observateur et de contrôleur du strict respect des règles de jeu, l'État à travers le ministère de l'Agriculture (l'incubateur des projets agricoles) joue un rôle essentiellement technique, celui d'un bureau d'études auprès du Conseil de Crédit de la CECA qui est le suivant :

Mettre à la disposition du conseil de crédit de la CECA, des projets et non des idées de projets. Des projets agricoles portés par les petits producteurs et les exploitations agricoles privées ou petites entreprises agricoles, organisés, structurés et suivis par l'incubateur des projets agricoles du ministère en charge de l'Agriculture.

VII.1.2.1.3. La Mobilisation de l'épargne

VII.1.2.1.3.1 À travers la subvention de l'État : montant et rôle

Au cours de la première réunion entre l'État et les grandes entreprises et multinationales agricoles, le gouvernement doit pouvoir présenter et remettre un document qui atteste de ce qu'il a déjà décaissé et déposé dans un compte spécial dont les fonds seront affectés à la CECA, une somme de onze (11) milliards de FCFA, soit 22 millions de dollars US, répartie ainsi qui suit :

1. Un (1) milliard, soit 2 millions de dollars US affectés à la CECA comme subvention de démarrage pour assurer son budget de fonctionnement pendant les trois premières années (frais de location des locaux, mobiliers de bureaux, salaires et autres).
2. Dix (10) milliards, soit 20 millions de dollars US comme contribution de l'État affectée à la constitution de l'épargne de la caisse d'épargne et de Crédit Agricole. Cette épargne de l'État sera logée dans un compte d'épargne à vue, une épargne perpétuelle qui n'a pas de maturité, ouvert au nom de l'incubateur des projets agricoles dans les livres de la CECA.

Ladite épargne a pour vocation d'être exclusivement empruntée à 90 % par les grandes entreprises et multinationales agricoles dont les demandes de crédits d'investissement auront été retenues par le Conseil de Crédit de la CECA. Le Conseil de Crédit de la CECA a l'obligation d'appliquer aux grandes entreprises et multinationales agricoles, les mêmes exigences et les mêmes taux d'intérêt débiteurs auxquels elles étaient soumises, par le passé auprès des banques classiques. C'est une disposition statutaire. En revanche, l'État doit s'engager à ne jamais percevoir les intérêts qui seront générés par son épargne. C'est une disposition statutaire. Ces intérêts seront systématiquement reconvertis et repartis de la manière suivante :

3. 70 % en financement direct des petits producteurs, des exploitations agricoles ou petites entreprises agricoles.
4. 20 % en soutien du budget de fonctionnement de la CECA.
5. 10 % en soutien des coûts de transaction des crédits accordés aux petits producteurs, exploitations agricoles ou petites entreprises agricoles, à travers les établissements de micro finance de relais sélectionnés, sur appel d'offres national par la caisse d'épargne et de Crédit Agricole.

Ces pourcentages pourraient subir des petites modifications de la part du team management de la CECA en fonction des coûts de transaction des crédits et des réalités de chaque pays.

VII.1.2.1.3.2 À travers la sécurisation des recettes agricoles des ministères en charge de l'Agriculture en Afrique (importante source indépendante de mobilisation de l'épargne de la CECA et de financement du secteur agricole)

Chaque fois que vous voyagerez par avion en Afrique, nous vous invitons à faire une petite observation autour de vous. Dans la plupart des aéroports des pays africains, vous remarquerez que toutes les personnes qui voyagent avec un sac contenant des denrées alimentaires sont astreintes au paiement d'une taxe phytosanitaire.

Cela est aussi valable pour tous les produits alimentaires importés (riz, conserves…) qui entrent par les ports maritimes dans les mêmes pays. Bien que certaines de ces taxes avaient été réduites ou supprimées à la suite des émeutes « de la faim » de la jeunesse attribuées à la vie chère qui avaient secoué plusieurs pays africains, il y a une dizaine d'années. Les différentes taxes phytosanitaires et autres, collectées dans nos aéroports et ports, génèrent d'importantes recettes. Malheureusement, une bonne partie n'est logée dans aucun compte d'affection spécial de l'État. Toutefois, c'est une source inestimable et indépendante de financement de l'agriculture des pays africains.

En guise d'illustration, les fonds générés par une partie des taxes annuelles collectés et sécurisés par le ministère en charge de l'Élevage au Cameroun par exemple, se comptent en milliards de FCFA chaque année. Le secteur de l'élevage représente à peine 25 à 30 % du secteur rural du Cameroun tandis que pour l'agriculture qui représente à elle seule 70 % du secteur rural de ce pays, ses taxes ne sont pas sécurisées. Faites-en les estimations. L'État, à travers le ministère en charge de l'Agriculture, dans chaque pays africain doit pouvoir instaurer cette taxe dans les pays où elle n'existe pas encore et sécuriser ces recettes là où elles sont déjà collectées dans nos aéroports et ports et les loger dans un compte d'affection spécial (différent du compte d'épargne).

Ce compte d'affectation devrait être domicilié à la CECA et 50 % des sommes collectées et déposées dans celui-ci, devraient être réparties suivant une clé qui restera à définir par chaque ministère en charge de l'Agriculture selon les réalités de chaque pays. 50 % desdites sommes étant automatiquement ou d'office, transférées dans le compte d'épargne de l'État à la CECA. En principe, un rapprochement urgent entre le ministère de l'Agriculture et celui des Finances (la direction des impôts) serait idéal pour pouvoir légiférer sur la nature, les tarifs et la codification de la taxe phytosanitaire dans chaque pays africain.

VII.1.2.1.3.3 À travers la Trésorerie et l'Épargne des grandes entreprises et multinationales agricoles, et, l'épargne des particuliers (le petit capital national)

Les grandes entreprises agricoles au lieu de déposer la totalité de leurs avoirs dans les différentes banques classiques du pays, devront dorénavant et obligatoirement déposer et faire tourner une partie au moins 50 %, de leur trésorerie et surtout leur épargne longue, à la caisse d'épargne et de Crédit Agricole. Ce pourcentage restant à définir clairement entre l'État et les grandes entreprises agricoles selon les réalités de chaque pays. Leurs salariés devraient également être encouragés à ouvrir un compte à la CECA. Aussi, la CECA en sa qualité entre autres de fonds d'investissement pour les grandes entreprises et multinationales qui exercent dans le pays, devrait être présente sur le marché financier du pays ou sous régional afin de donner la possibilité à l'épargne des particuliers, surtout celle des petits épargnants y compris celle des agriculteurs (le petit capital national ou sous régional) de financer l'investissement de son secteur agricole et de tirer les dividendes de celui-ci. La CECA devrait également donner la possibilité aux particuliers et à d'autres secteurs d'activités économiques du pays d'ouvrir des comptes d'épargne et de souscrire des bons de caisse à moyen et long termes dans ses livres.

VII.1.2.1.4. Les mécanismes de crédit

VII.1.2.1.4.1 Le crédit aux grandes entreprises et multinationales agricoles

Les fonds qui alimentent l'emprunt des grandes entreprises et multinationales agricoles auprès de la CECA, émanent de trois sources :

1. De l'épargne, des grandes entreprises et multinationales agricoles, à la CECA (100 % de celle qui aura été déposée à la CECA).
2. 90 % de l'épargne initiale de l'État à travers son compte d'épargne à la CECA. Ce taux devrait diminuer à certains

moments au profit des bénéficiaires du crédit à court terme destiné aux activités non agricoles dont les promoteurs nationaux sont discriminés par les banques classiques et sont pour la plupart obligés de faire recours dans les quartiers à l'usure qui les étrangle.

3. L'épargne des particuliers mobilisée à la CECA. Celle qui est concernée ici représente les actions et obligations souscrites. Les bons de caisse et l'épargne classique des particuliers n'étant pas concernés ici.

Les grandes entreprises et multinationales agricoles regroupées dans le portefeuille de la CECA devront obligatoirement et prioritairement emprunter à la CECA. Ce, aux mêmes exigences et taux d'intérêts débiteurs que ceux qui leur sont habituellement pratiqués par les banques classiques. C'est une disposition statutaire de la CECA. Les conditions d'éligibilité et d'accès aux crédits seront davantage définies par le Conseil de Crédit de la CECA. Les dossiers de crédits des grandes entreprises et multinationales agricoles seront analysés, sélectionnés et retenus directement par le Conseil de Crédit de la CECA.

VII.1.2.1.4.2 Le crédit à court terme aux activités non agricoles

Le crédit aux activités non agricoles émane de trois sources :

1) 10 % de l'épargne initiale de l'État à travers son compte d'épargne ouvert dans les livres de la CECA. Ce pourcentage devrait évoluer avec le temps.

2) 100 % de l'épargne classique mobilisée dans les comptes d'épargne des particuliers (parce qu'elle est, généralement, très courte en Afrique) et 100 % des bons de caisse souscrits à la CECA.

3) 30 % des recettes transférées de la taxe phytosanitaire dans le compte d'épargne de l'État (à bien distinguer du compte spécial d'affectation, également domicilié à la CECA à partir duquel l'on ampute 50 % des recettes collectées de la taxe phytosanitaire et les transfère vers le compte d'épargne de l'État à la CECA).

Les crédits faisant les dépôts, la CECA aura par ailleurs la vocation d'octroyer à des particuliers et à des PME nationales des crédits à court terme aux mêmes taux d'intérêt débiteurs pratiqués par les banques classiques dans le pays. Cette catégorie de bénéficiaires sera sélectionnée, retenue et suivie par les établissements de micro finance de relais sélectionnés sur appel d'offres national par le Conseil de Crédit de la caisse d'épargne et de Crédit Agricole. Leurs créances seront également recouvrées par les établissements de micro finance. Les conditions d'éligibilité et d'accès aux crédits à court terme pour cette catégorie de bénéficiaires seront fixées de commun accord par le conseil de crédit de la CECA et les établissements de micro finance de relais sélectionnés.

Toutefois, c'est des crédits qui devront être prioritairement octroyés à des PME nationales (les établissements de sous-traitance ou prestataires de services des grandes entreprises privées, parapubliques ou publiques et des marchés de petite et moyenne taille de l'État dont la garantie de paiement n'excédera pas trois mois). Le remboursement de cette catégorie de créances étant intégral et unique pour chaque marché financé par la CECA. Cette catégorie de bénéficiaires a très peu accès aux crédits auprès des banques classiques. Ces dernières préférant accorder leurs financements aux grandes entreprises et multinationales souvent étrangères. Dans ces conditions, les PME africaines sont obligées de se tourner vers un circuit informel de financement qui les étrangle : le recours à l'usure à travers les prêts auprès des particuliers et des tontines dans les quartiers qui pratiquent des taux d'intérêt très élevés et de type « rouleau compresseur ». Nous recommandons alors que :

Les taux d'intérêt débiteurs retenus ici, soient les mêmes que ceux pratiqués habituellement par les banques classiques dans le pays. Encore une fois, c'est des taux indicatifs que le team management de la CECA et les établissements de micro finance de relais pourront affiner en fonction des réalités de chaque pays.

VII.1.2.1.4.3 Le crédit au secteur agricole national : petits producteurs et exploitations agricoles ou petites entreprises agricoles (PEA)

En effet, tout ce dispositif qui précède, nous l'avons conçu pour atteindre un seul et unique objectif : financer le secteur agricole national (les petits producteurs et les exploitations agricoles ou petites entreprises agricoles sans garanties bancaires) dont l'accès au crédit est très difficile ou presque impossible pour eux dans les pays africains au sud du Sahara.

Le taux d'intérêt débiteur devrait être nul pour cette catégorie de bénéficiaires. Le crédit aux petits producteurs, des exploitations agricoles ou petites entreprises agricoles, émane de six (06) sources :

1) 70 % des écarts des intérêts (créditeurs et débiteurs) générés entre l'épargne et les emprunts des grandes entreprises et multinationales agricoles sur leurs propres fonds déposés à la CECA.

2) 70 % des intérêts débiteurs générés par les emprunts des grandes entreprises et multinationales agricoles sur l'épargne initiale de l'Etat à la CECA.

3) 50 % des intérêts débiteurs générés par les emprunts des particuliers et des PME nationales (des sous-traitants ou des prestataires de services, de marchés de taille moyenne, publics et privés) sur l'épargne initiale de l'État à la CECA. Ces prestataires de services ont droit à 10 % d'emprunts sur l'épargne initiale de l'État.

4) 50 % des écarts des intérêts (créditeurs et débiteurs) générés entre les dépôts et les emprunts sur l'épargne des particuliers (le capital national à travers l'épargne classique, les bons de caisse souscrits à la CECA).

5) 25 % des dividendes des actions et intérêts des obligations souscrites (50 % étant reversés aux souscripteurs et 25 % au fonds d'investissement de la CECA).

6) 50 % des recettes transférées de la taxe phytosanitaire dans le compte d'épargne de l'État (à bien distinguer du compte spécial d'affectation, également logé à la CECA à partir duquel l'on ampute 50 % des recettes collectées de la taxe phytosanitaire et les transfère vers le compte d'épargne de l'État à la CECA).

Les délais de remboursement des crédits accordés au secteur agricole national doivent s'étaler sur le moyen terme et non sur le court terme. Ce, en tenant compte des cycles de production et des récoltes par filière dans chaque pays africain. Tout ceci devra être davantage affiné le moment venu par le team management de la CECA et les établissements de micro finance de relais sélectionnés.

VII.1.2.1.4.4 Rôle et missions des établissements de micro finance de relais

En Afrique, les établissements de micro finance ont l'avantage de travailler sur le terrain avec les petits épargnants qui sont exclus du système bancaire classique. En plus, les établissements de micro finance ont en général des ramifications et des représentations dans les arrondissements et villages de l'arrière-pays. Les établissements de micro finance auront alors un rôle central à jouer entre le Conseil de Crédit de la CECA et les bénéficiaires de crédits réservés :

- Aux Activités du secteur agricole national représenté par les petits producteurs, les exploitations agricoles ou petites entreprises agricoles qui n'ont généralement pas de véritables garanties bancaires.
- Aux Activités économiques du secteur non agricole.

En effet, le Conseil de Crédit de la CECA sur appel d'offres national va sélectionner certains établissements de micro finance du pays qui auront pour missions :

Élire les petits bénéficiaires, les suivre, et évaluer en permanence les projets sur le terrain parallèlement et indépendamment de l'action menée par le ministère en charge de l'Agriculture à travers l'incubateur des projets agricoles. Ce, pour s'assurer du déroulement effectif et de l'exécution des projets agricoles sur le terrain, de la solvabilité ou de la capacité de remboursement des projets. Les établissements de microfinance retenus auront également la charge de recouvrer les créances auprès de cette catégorie de bénéficiaires. Par ailleurs, ils seront chargés de remplir exactement les mêmes missions en ce qui concerne les bénéficiaires de crédits des activités économiques du secteur non agricole (des PME nationales et des particuliers). Cependant, les intérêts générés par les crédits accordés aux activités non agricoles vont davantage servir et contribuer tel que nous l'avons vu au financement du secteur agricole national (des petits producteurs, des exploitations agricoles ou petites entreprises agricoles sans garanties bancaires) du pays.

VII.1.2.1.4.5 Droits et obligations des établissements de micro finance de relais

Les obligations

1. Présenter un fonds de garantie actualisé de façon permanente, dont le montant sera défini au prorata de l'enveloppe globale des crédits suivis par chaque établissement de micro finance de relais. Cette modalité sera davantage étudiée et affinée par l'équipe dirigeante de la CECA en fonction des réalités de chaque pays.
2. La CECA après avis au cas par cas de son conseil de crédit, émettra directement au profit des bénéficiaires, des virements de crédits dans les comptes bancaires ouverts respectivement par ceux-ci dans les livres des établissements de micro finance de relais concernés qui devront régulièrement rendre compte au cas par cas, par un rapport adressé au conseil de crédit de la CECA.
3. Les tranches de virement et le rythme de décaissement devront être arrêtés de commun accord entre le conseil de crédit de la CECA et les établissements de micro crédits de relais pour chaque dossier (au cas par cas).
4. Le réseau informatique des établissements de micro crédits de relais sera directement relié au conseil de crédit de la CECA qui devra en avoir accès afin d'avoir uniquement la possibilité de consulter en temps réel, à toute heure et au quotidien, tous les mouvements de comptes ouverts dans les livres de chaque établissement de micro crédit de relais. Toute possibilité de modification de quoi que ce soit sur lesdits comptes devant être, sur le plan informatique, techniquement impossible pour la CECA.

LES DROITS : RÉMUNÉRATION (TAUX D'INTÉRÊT DÉBITEUR) DES ÉTABLISSEMENTS DE MICROFINANCE DE RELAIS

1. Sur le crédit au secteur agricole national représenté par les petits producteurs et les exploitations agricoles ou petites entreprises agricoles dont le taux d'intérêt devrait être nul :

Le conseil de crédit de la CECA doit prendre le soin de retenir en amont, un pourcentage des fonds collectés et destinés au financement de cette catégorie de bénéficiaires. Ce pourcentage devra correspondre au taux d'intérêt débiteur pratiqué par les établissements de micro finance dans le pays. Car, tout crédit comporte des coûts de transaction surtout ceux concernant le secteur agricole étant particulièrement élevés, puisqu'ils doivent intégrer les déplacements de l'évaluateur souvent à l'arrière-pays sur des distances importantes. À l'issue du suivi-évaluation des projets agricoles sur le terrain et du recouvrement des créances effectué par les établissements de micro finance, La CECA devra leur reverser l'équivalent du taux d'intérêt pratiqué par ces derniers dans le pays et qui aura été pré cautionnement retenu à la source par le conseil de crédit de la CECA.

2. Sur le crédit à court terme non agricole (entre 03 à 06 mois, au plus, de maturité) :

- Issu du capital national à travers l'épargne classique et les bons de caisse des particuliers souscrits à la CECA :

Le conseil de crédit de la CECA devrait seulement reverser 50 % des écarts des intérêts (débiteurs et créditeurs) générés entre les dépôts et les emprunts sur l'épargne des particuliers (le capital national à travers l'épargne classique et les bons de caisse souscrits à la CECA). Car, les coûts de transaction de ce type de crédits sont moins onéreux. Puisque son suivi a généralement lieu en milieu urbain, souvent dans la même ville. En plus, l'écart entre les taux d'intérêt n'est pas très grand.

- Issu de 10 % de l'épargne initiale de l'État à travers son compte d'épargne ouvert dans les livres de la CECA : Taux de rémunération de crédit à définir le moment venu par le conseil de crédit de la CECA pour le compte des établissements de micro finance de relais, en fonction des réalités du terrain et de chaque pays.
- Issu de 30 % des recettes transférées de la taxe phytosanitaire dans le compte d'épargne de l'État (à bien distinguer du compte spécial d'affectation, également domicilié à la CECA, à partir duquel l'on ampute 50 % des recettes collectées de la taxe phytosanitaire et les transfère vers le compte d'épargne de l'État à la CECA) : Taux de rémunération de crédit à définir par le conseil de crédit de la CECA, le moment venu pour le compte

des établissements de micro finance de relais, en fonction des réalités du terrain et de chaque pays.

VII.1.2.1.5. Rémunération (taux d'intérêt créditeur) de l'épargne par la CECA

IV.1.2.1.5.1 L'Épargne de l'État à la CECA

1. Taux d'intérêt créditeur : 0 %.
2. Périodicité : à vue (une épargne perpétuelle, sans maturité).

VII.1.2.1.5.2 L'épargne des particuliers (le capital national à travers l'épargne classique, les bons de caisse souscrits à la CECA, et les actions et obligations souscrites)

1) Taux d'intérêt créditeur : à définir par la CECA et les Ets de micro finance de relais.
2) 50 % des dividendes des actions et intérêts des obligations souscrites (25 % étant reversés au fonds d'investissement de la CECA et 25 % affectés au financement du secteur agricole national).
3) Périodicité : Ici, nous suggérons que la périodicité puisse être annuelle afin d'encourager les particuliers à acheter les actions et obligations du fonds d'investissement de la CECA, et à ouvrir des comptes d'épargne à la CECA et à y souscrire des bons de caisse.
4) Surtout que cette catégorie d'épargne sera placée exclusivement sous forme de crédits non agricoles à court terme et d'achat des actions et obligations émises par les grandes entreprises agricoles, gérées et regroupées dans le portefeuille du fonds d'investissement de la CECA.

VII.1.2.1.5.3 L'épargne des grandes entreprises agricoles à la CECA

1) Taux d'intérêt créditeur : celui pratiqué dans les banques classiques du pays, moins 1 % (affecté au budget de fonctionnement de la CECA).
2) Périodicité : équivalente à la durée de remboursement des créances empruntées par des grandes entreprises et

multinationales agricoles. Ce, à compter de la fin de la cinquième (5e) année de fonctionnement de la CECA.

3) La 1re année étant réservée aux procédures législatives, statutaires, administratives et à l'installation de la CECA ; la 2e à la sélection des établissements de micro finance de relais et aux concertations directes sur le déroulement de la collaboration, les procédures et modalités pratiques ; la 3e : à l'octroi des premiers crédits ; de la 4e à la 5e : aux premiers remboursements.

VII.1.2.1.6. Financement du budget de fonctionnement de la CECA

En somme, le business modèle de la CECA que nous venons de développer permet à cette structure de s'autofinancer à travers une source ponctuelle et trois sources permanentes qui sont les suivantes :

Sources permanentes :

1) 30 % des écarts des intérêts générés entre l'épargne et les emprunts des grandes entreprises et multinationales agricoles sur leurs propres fonds.

2) 20 % des intérêts générés par les emprunts, des grandes entreprises et multinationales agricoles sur l'épargne de l'Etat : les emprunts des grandes entreprises et multinationales agricoles doivent porter sur 90 % de l'épargne initiale de l'Etat à la CECA. Parce que c'est un crédit sans risque et bien rémunéré aux mêmes taux d'intérêt débiteurs que ceux pratiqués par les banques classiques.

3) 50 % des intérêts débiteurs générés par les emprunts (des sous-traitants ou des prestataires de services, de marchés de taille moyenne, publics et privés) sur l'épargne de l'État à la CECA. Ici, elle concerne 10 % de l'épargne initiale de l'État et 30 % des recettes transférées de la taxe phytosanitaire sur le compte d'épargne de l'État à la CECA.

4) 25 % des écarts des intérêts (débiteurs et créditeurs) générés entre les dépôts et les emprunts sur l'épargne des particuliers (le capital national à travers l'épargne classique, les bons de caisse souscrits à la CECA.

5) 25 % des dividendes des actions et intérêts des obligations souscrites.

6) 20 % des recettes transférées de la taxe phytosanitaire dans le compte d'épargne de l'État.

Sources ponctuelles :

Les sources ponctuelles de financement concernent les trois premières années de fonctionnement de la CECA. Il s'agit de :

7) Une subvention de l'État d'un Milliard de francs CFA (affecté les trois premières années au budget de fonctionnement de la CECA.

8) 50 % des recettes transférées de la taxe phytosanitaire dans le compte d'épargne de l'État (à bien distinguer du compte spécial d'affectation, également logé à la CECA, à partir duquel l'on ampute 50 % des recettes collectées et les transfère vers le compte d'épargne de l'État à la CECA). À affecter les trois premières années au budget de fonctionnement de la CECA. La CECA devrait pouvoir s'en passer par la suite et reverser ces fonds au financement du secteur agricole national.

CHAPITRE 8

ORIENTATION ET POLITIQUE ÉCONOMIQUES DANS LE SECTEUR DE LA SANTÉ EN AFRIQUE :

STRATÉGIE DE FINANCEMENT DE LA COUVERTURE SANITAIRE UNIVERSELLE ADAPTÉE AUX RÉALITÉS DES PAYS AFRICAINS

La santé est le secteur qui tient tous les autres secteurs économiques d'un pays. En ce sens que le rendement du travailleur dépend d'abord de son état de santé. Malheureusement, en Afrique, un continent pauvre et sous-développé, où le revenu par habitant est le plus bas de la planète, tomber malade pour le citoyen lambda serait signer son arrêt de mort. Avec quel revenu se soignerait-il ? Tout économiste africain sérieux ne saurait alors penser des politiques de développement en Afrique sans poser et tenter de résoudre la problématique de financement de la couverture sanitaire universelle des pays africains. Avant de poursuivre avec les développements davantage intéressants, pour ne pas paraître excessif, nous allons essayer d'illustrer ce point de vue en appuyant notre analyse sur une histoire personnelle vécue, authentique et vérifiable.

En effet, le samedi 26 mai 2018, ma fille âgée de sept (7) ans, Kenza, a été victime d'un accident aux environs de 18 h 30 min à mon domicile situé au quartier bastos à Yaoundé. Bastos est un quartier résidentiel de la capitale du Cameroun et nous allons comprendrons pourquoi cette précision. Kenza a chuté de mon vélo de sport domestique après avoir essayé de s'installer sur le guidon de celui-ci, haut de plus d'un mètre du sol. Résultat des courses, une double fracture grave au coude et à l'avant-bras gauche que les professionnels de la santé appellent ''fracture supra condylienne de type 4''. Elle a subi une opération chirurgicale le lundi 28 mai au CURY, entendez, Centre des Urgences de Yaoundé. De samedi 26 mai, aux environs de 19 h date et heure à laquelle elle a été admise dans cet hôpital public jusqu'à sa sortie, au mercredi 30 mai dans l'après-midi, en quatre jours seulement, j'ai dépensé environ mille euros, soit, environ mille trois cents dollars US (frais d'ordonnances de médicaments et d'opération chirurgicale compris). Ensuite, au début du mois d'août, j'ai encore dépensé 350 dollars US supplémentaires pour seulement enlever les points de fixation en fer.

Pour une personnalité de mon niveau, qui a les ressources lui permettant de vivre à bastos, cela a été possible. Mais, objectivement, combien d'Africains sont-ils capables de mobiliser une telle somme d'argent pour se faire soigner, ou alors, soigner leur progéniture ?

Cependant, le problème n'est pas seulement celui de la rareté des ressources financières pour pouvoir se soigner en Afrique. Il y a également celui de l'insuffisance des infrastructures sanitaires. Heureusement, du moins, au niveau de la pensée, nous venons d'élaborer, au niveau du chapitre 6 de cet ouvrage, une stratégie concrète en adéquation avec les ressources budgétaires et naturelles de l'Afrique, ou encore, le plan T. pour la construction et le développement des infrastructures publiques, en grand nombre et en qualité, dans les pays africains. Aussi, les problèmes supplémentaires, et non des moindres, qui se posent dans le secteur de la santé dans les pays africains sont les suivants :

- Le sous-équipement des plateaux techniques ;
- L'insuffisance des médecins en rapport avec les recommandations de l'OMS (Organisation Mondiale de la Santé) ;
- Le manque de médecins spécialistes ;
- La corruption qui mine les hôpitaux en Afrique.

Tout ceci a un dénominateur commun, l'insuffisance du nerf de la guerre (des ressources budgétaires) qui pourrait résoudre tous les maux du secteur de la santé en Afrique que nous venons de citer, sauf, la situation de la corruption qui pourrait même s'y aggraver, si nous parvenons, par exemple, à développer des mécanismes de financement de la santé pour tous, sans, en même temps, en préconiser leur sécurisation. Auquel cas, quel que soit le système mis en place, il s'écroulera de lui-même, quelques années après. Raison pour laquelle, dans ce chapitre consacré à l'orientation et politique économiques dans le secteur de la santé en Afrique, nous avons borné nos développements à la formulation d'une politique de financement de la couverture sanitaire universelle adaptée aux réalités des pays africains.

VIII.1. LES DIFFÉRENTES FACETTES POSSIBLES DE LA CORRUPTION DANS LES HÔPITAUX DANS LES PAYS AFRICAINS

VIII.1.1. Au niveau des crédits alloués aux hôpitaux publics

Dans les pays africains, généralement, les hôpitaux publics reçoivent, chaque année, à travers le ministère en charge de la Santé publique, des petites allocations budgétaires. De ce fait, ils reçoivent, du ministère en charge des Finances, des bons de confirmation de crédits budgétaires. En ce qui concerne un pays comme le Cameroun dont nous avons la prétention de connaître parfaitement le mode de fonctionnement administratif et budgétaire, même les petits hôpitaux de district en bénéficient pour leur fonctionnement. Dans ce pays, ces bons sont de couleur jaune et sont communément appelés, là-bas, « le carton ». Dans le processus de la gestion budgétaire, il s'agit d'un système de délégations automatiques de crédits à gestion décentralisée. Ce qui veut dire, en d'autres termes, que l'engagement budgétaire et la gestion desdits crédits de fonctionnement sont assurés par chaque directeur du centre de santé publique, ou alors, par son supérieur hiérarchique local. Du point de vue des pratiques budgétaires, c'est une bonne idée.

Malheureusement, la plupart de ces responsables d'hôpitaux placent ces cartons auprès des ''hommes d'affaires'', qui se baladent avec leurs entreprises domiciliées uniquement dans leurs mallettes, contre d'importantes sommes d'argent au détriment des lignes de fonctionnement, déjà assez maigres, des hôpitaux dont ils ont la charge. Cependant, la plupart de leurs malades sont indigents ou démunis. Ils sont contraints d'acheter jusqu'aux simples alcool et coton de nettoyage dans les hôpitaux.

VIII.1.2. Au niveau de la prescription médicale : des ordonnances et des médicaments

Pour appréhender les pratiques de la corruption dans ce cadre, nous allons, une fois de plus, revenir sur l'expérience personnelle récemment vécue au CURY. La veille de l'intervention chirurgicale de ma fille Kenza qui avait effectivement eu lieu le lundi matin, nous sommes un dimanche, pendant que j'essaye de satisfaire à la demande des deux longues listes d'ordonnances de matériels et médicaments dressées par l'anesthésiste et le chirurgien orthopédiste, dont les dépenses dans les pharmacies étaient équivalentes à trois cents euros (400 dollars US) pour l'anesthésiste, et un peu moins pour le chirurgien, une autre liste survient. Pour information, ce dimanche, j'ai acheté une bonne partie de ces médicaments à la pharmacie du CURY.

En effet, c'est à travers la troisième liste qui survient que je commence à comprendre ce qui se passe, en réalité, autour des longues listes d'ordonnances dressées dans les hôpitaux dans les pays africains. Surtout que, par le passé, à chaque fois que naissait un de mes enfants dans les hôpitaux, j'étais confronté aux mêmes pratiques, mais, le montant des médicaments concernés n'étant pas très important, je les minimisais, à tort. Je compris enfin pourquoi les femmes et les époux, dont la taille de la bourse est généralement réduite chez nous, étaient victimes de ces pratiques, grinçaient les dents et le chuchotaient à la sortie de la maternité. De quoi s'agit-il ? Il se passe que, en ce qui concerne la troisième liste d'un montant avoisinant, également, environ 400 dollars US, elle comportait :

- Les frais du chirurgien : 50 000 FCFA (100 dollars US). Une sorte de gratification. Ce qui est normal ;
- 03 casaques (habillement de ma fille au bloc opératoire, m'a-t-on dit) : 12 000 FCFA ;
- 01 implant : 125 000 FCFA (environ 200 euros et exactement 250 dollars US). C'est à ce poste de dépense que je commence à comprendre.

Après minuit, tard dans la nuit de dimanche à lundi 28 mai, j'arrive à la caisse du CURY, une fois de plus, pour payer ces frais supplémentaires de la troisième liste afin que ma fille soit opérée tôt le matin. Après avoir remis, dans un premier temps, 137 000 FCFA, soit un peu plus de 200 euros ou 270 dollars US pour 03 casaques et 01 implant, j'attends naturellement que la caissière me remette le reçu qui me donne la possibilité d'aller procéder au retrait dudit matériel ou médicament à la pharmacie du CURY et de les mettre à la disposition du bloc opératoire ou du personnel soignant, comme de coutume. La caissière m'apprend que le système informatique est momentanément en dérangement. Par conséquent, la machine ne saurait éditer un reçu. Je lui demande alors de m'établir un reçu rédigé au stylo et qu'une fois le retour à la normale de l'informatique, elle en fera le report. Elle a opposé une fin de non-recevoir et précisé que, dans les mêmes conditions, pour ce type de cas, ils ont l'habitude de ne pas donner de reçu parce que, le médecin achète lui-même les implants au quartier. Elle a ajouté que je n'ai à nourrir aucune inquiétude, cela s'est toujours passé comme cela et tout s'est toujours bien passé. Je lui ai dit que madame, le haut responsable et gestionnaire que je suis, par principe, ne saurait remettre une telle somme d'argent sans en retour, recevoir un papier qui atteste de ce que je l'ai fait. Quand elle a une nouvelle fois refusé de le faire, j'ai dû hausser le ton. Elle a été obligée d'appeler au téléphone le chef du bloc afin de lui présenter la situation et de solliciter la conduite à tenir. À l'issue de quoi, elle m'a dressé ce récapitulatif de dépenses, casaques et implants, N° 0504 du 28/05/2018 (voir photo 1 - page suivante).

En réalité et de toute évidence, ce matériel est celui d'un autre patient passé avant moi. Dès lors, je compris alors pourquoi dans les maternités, lorsque l'on vous dresse une longue liste d'ordonnance de médicaments à acheter en pharmacie pour votre conjointe en travail, dans le cas où vous ne les avez pas achetés bien avant, à chaque fois, une infirmière vous approche, devant ses collègues, à l'effet de vous proposer d'acheter certains de ces matériels ou médicaments chez elle. Avec le même langage, elle se ravitaille au quartier. En somme, il s'agit d'un mécanisme de revolving. Les médicaments ou matériels supplémentaires, que l'on vous prescrit dans le cadre d'un accouchement ou d'une opération chirurgicale, sont revendus au prochain patient. Ainsi de suite…

Avec la couverture sanitaire universelle, ne verront-ils pas le jour, des complicités éventuelles entre médecins, malades, pseudo-malades et pharmaciens, pour revendre, à des coûts battant toute concurrence, du matériel ou des médicaments auprès des pharmacies, ou alors, récupérer les commissions, auprès des pharmaciens, au prorata de la taille des ordonnances ?

Photo 1

REPUBLIQUE DU CAMEROUN
PAIX-TRAVAIL-PATRIE

MINISTERE DE LA SANTE PUBLIQUE

SECRETARIAT GENERAL

CENTRE DES URGENCES DE YAOUNDE

CURY
Centre des Urgences de Yaoundé

REPUBLIC OF CAMEROON
PEACE-WORK-FATHERLAND

MINISTRY OF PUBLIC HEALTH

SECRETARIAT GENERAL

YAOUNDÉ EMERGENCY CENTER

BP : 3911
E-mail : cury_minsante@yahoo.fr
Tél : 222.22.25.25
222.22.25.24
222.22.25.22

Yaoundé, le 28/05/2018

RÉCAPITULATIF DÉPENSES N° 0504

DOIT : BABILLON MARIE KENZA

MOTIF : INTERVENTION CHIRURGICALE

N°	DÉSIGNATION	QTÉ	P.U	P.T
01	CASAQUES	03	4 000	12 000
02	IMPLANTS	01	125000	125000
TOTAL 137000 FCFA				

ARRÊTER LE PRÉSENT RÉCAPITULATIF À LA SOMME DE : CENT TRENTE SEPT MILLE FRANCS CFA

27 MAY 2018

SERVICE DE CAISSE
LE CHEF DE CAISSE

P.o chef de caisse

VIII.1.3. Au niveau de la prescription des examens, la facturation des soins et du service hospitalier

Il y a une pratique courante chez nos médecins dans nos hôpitaux. Ils vous prescrivent des examens et vous conseillent, mieux, vous orientent vers certains laboratoires. Cette orientation n'est pas neutre. Ils y ont un intérêt. Ils perçoivent des commissions, auprès desdits labos, au prorata des examens prescrits. Les médecins étant sous ou très mal payés chez nous, l'État ferme les yeux sur cette pratique dangereuse dans un environnement, où, le revenu moyen du patient est le plus bas du monde. Nous sommes en Afrique.

À vrai dire, nous nous demandons comment mettre un terme à cette pratique. Surtout, ne pourrait-elle pas s'aggraver avec l'avènement de la couverture sanitaire universelle, au point de la plomber, quand l'on imagine le coût des examens ? Les médecins et les laboratoires ne pourraient-ils pas davantage s'attendre à l'avenir (avec l'arrivée des fonds de la sécurité sociale) pour prescrire le maximum d'examens dont une partie des sommes seront directement rétrocédées aux médecins par les laboratoires complices ? Le problème est très complexe à résoudre. Voilà, paradoxalement, nos réalités dans les pays africains.

Aussi, avec la couverture sanitaire universelle, la facturation des soins et du nombre des jours d'hospitalisation ne serait-elle pas multipliée par deux ou par quatre, avec la complicité des patients et des pseudo-patients qui iraient, en arrière, percevoir des commissions dans nos hôpitaux ? Telles sont globalement les réalités auxquelles l'on devrait faire face et en tenir compte en essayant de mettre sur pied un système de sécurité sociale dans le secteur de la santé dans les pays africains, appelé couverture sanitaire universelle.

VIII.2. STRATÉGIES DE FINANCEMENT DE LA COUVERTURE SANITAIRE UNIVERSELLE DANS LES PAYS AFRICAINS

VIII.2.1. La sécurisation du processus

Nous devons avouer que c'est en rédigeant la partie qui concerne les différentes facettes possibles de la corruption dans les hôpitaux dans les pays africains, que nous avons réalisé que le plus dur n'est pas de proposer des mécanismes de financement de la sécurité sociale dans le secteur de la santé en Afrique. Le plus difficile est d'imaginer comment sécuriser le processus pour parvenir à son utilité réelle et à sa pérennité, tellement, la corruption est rampante, tentaculaire et multidimensionnelle. C'est une tâche herculéenne. Cet exercice, ô combien laborieux, est comparable à celui qui consiste à chercher à couper la tête d'une hydre. C'est une réflexion que nous avons entamée. Considérez-là comme un pavé que nous avons jeté à la marre, que chacun de nous prenne le relais, à son niveau, pour proposer une thérapie, tellement, le mal est complexe et profond. Nous allons, ici, juste tenter d'émettre quelques suggestions :

1) Rehausser le salaire des médecins dans chaque pays africain. Il n'est pas normal de donner l'équivalent de 300 euros, soit environ, 400 dollars US par mois à une personne qui a un BAC + sept années d'études d'enseignement supérieur. De surcroît, qui est censée sauver nos vies ;
2) Sensibiliser, encore, sensibiliser en exposant davantage ces maux, sans langue de bois aucune et les dangers du retour à la case de départ, à la situation antérieure, celle d'avant la prise en charge annuelle de nos soins de santé (avant la couverture sanitaire universelle) ;
3) Sensibiliser, encore, sensibiliser à travers des Spots Radio et TV, les affiches publicitaires, le clergé (Un arrêt – entretien sur la question pendant l'homélie et la prêche des prêtres, pasteurs et imams dans les églises et mosquées), et, à travers les leaders d'opinion et associatifs ;
4) Prendre des mesures fortes. Comme, par exemple :
5) Interdire aux médecins de conseiller ou de recommander des labos à leurs patients ;
6) Homologuer la liste des examens suivant les maladies et les cas répertoriés, et la rendre publique ;
7) Obliger les pharmacies à systématiquement estampiller les médicaments vendus dans le cadre de la sécurité sociale : cachet de la pharmacie et date du jour de la vente sur l'étui du médicament ;

8) Obliger les patients ou leurs parents (en ce qui concerne les enfants) à conserver pendant une année, dans un lieu sûr ou par-devers eux, les étuis de tous les médicaments qui leur seront remis dans les pharmacies, financés par la sécurité sociale ;

9) Obliger les médecins, les laboratoires et les pharmacies à porter le numéro de téléphone, du patient ou de son parent, sur chaque ordonnance, ticket de caisse de pharmacie et de labo, et à conserver obligatoirement la souche dans le dossier du patient à l'hôpital. Pour les labos et les pharmacies, les doubles de ticket de caisse font foi et sont suffisants. Le patient pourrait être choisi et appelé au hasard, approché et contrôlé de façon inopinée, à tout moment, durant l'année en cours de la prescription médicale par la structure privée en charge de l'audit et du contrôle de gestion de la sécu ;

10) Homologuer les durées d'hospitalisation suivant les maladies et les cas répertoriés. Pour proroger les délais, bénéficier, d'une autorisation spéciale de la structure privée en charge de la gestion de la sécu dont la constitution est à définir à la suite de ce chapitre ;

11) Informatiser le système et le mettre en réseau afin de permettre à la structure privée en charge de la gestion de la sécu de tracer les bénéficiaires de médicaments dans les pharmacies et d'examens dans les laboratoires dans le cadre de la sécu pour faciliter l'audit et le contrôle de la sécurité sociale. Pour cela, obliger chaque pharmacie et chaque labo à créer un site web et à le mettre systématiquement à jour, en postant instantanément les médicaments ou examens servis dans le cadre de la sécu et leurs montants, le numéro de la carte sécu ou celui de l'acte de naissance du bénéficiaire, et le nom du médecin prescripteur ainsi que celui de l'hôpital. Auquel cas, ils ne seront pas remboursés à la fin du mois par la sécu ;

12) Mettre sur pied au sein de la structure privée en charge de la gestion de la sécu, une Unité Mobile Nationale de Contrôle Inopiné du Système de Sécurité Sociale dans les hôpitaux, les pharmacies et les laboratoires ;

13) Placer cette unité sous la supervision d'une structure privée d'audit et de contrôle de la sécurité sociale ayant le pouvoir de

sanctionner et de poursuivre les personnes indélicates devant les tribunaux du pays ;

14) Ces mesures et d'autres seront davantage détaillées à la partie réservée dans ce chapitre :

- Aux bénéficiaires et conditions d'éligibilité ;
- À la structure privée en charge de la gestion de la caisse nationale de sécurité sociale dans le secteur de la santé et à sa direction d'audit et contrôle de gestion de la sécu.

VIII.2.2. Financement de la couverture sanitaire universelle

De manière générale, il est important de savoir qu'une une caisse de sécurité sociale a pour vocation première de financer les besoins de base ou élémentaires de ceux, parmi-nous dans la société, qui n'ont pas les moyens de les satisfaire. C'est alors une caisse de solidarité nationale dans laquelle ceux qui disposent au moins du minimum, cotisent pour tout le monde y compris pour leur propre prise en charge. En fait, c'est une caisse nationale de péréquation sociale. Ce qui veut dire, comme toute caisse de péréquation, que tout le monde ne cotise pas. Comme ce n'est qu'une partie qui cotise pour satisfaire les besoins de tout le monde, il faudrait pouvoir parvenir à résoudre l'équation qui consiste à définir :

1) Le profil des cotisants ;
2) La nature des activités et transactions à prélever ;
3) Le ratio de la population qui devrait cotiser pour tout le monde ;
4) Le montant minimal à cotiser par chacun ou à prélever pour chaque activité ou transaction ;
5) Les mécanismes de cotisation, de recouvrement et des recommandations utiles ;
6) Les possibilités de multiplication des sources de financement et du montant cotisé ;
7) Le montant annuel global à atteindre pour pouvoir couvrir les dépenses ;
8) Les Bénéficiaires de la sécurité sociale & les Conditions d'Éligibilité : Les bénéficiaires et les mécanismes ;

9) Les Droits et Obligations des Laboratoires, des Pharmacies, des Hôpitaux et des Médecins ;

10) La Structure en Charge de la Gestion de la Caisse Nationale de Sécurité Sociale dans le Secteur de la Santé.

VIII.2.2.1. Le profil des cotisants

Nous sommes conscients que dans les pays plus avancés, les études ont longtemps été faites sur la question pour pouvoir définir le profil des cotisants de la sécu. Bien que la plupart des caisses de sécurité sociale dans ces pays soient déficitaires, si nous nous en tenons aux chiffres régulièrement publiés par exemple par l'État français dont le pays est une référence en la matière. Sauf qu'en Afrique, notamment dans les pays au sud du Sahara, la situation est encore beaucoup plus complexe. Généralement, la misère est rampante au point qu'il y a plus de nécessiteux au mètre carré. Nous sommes dans les pays pauvres et sous-développés où le revenu par habitant est le plus bas de la planète donc, un environnement dans lequel presque tout le monde est nécessiteux, la classe moyenne est presque inexistante ou insignifiante et ceux qui sont nantis sont très peu nombreux. L'État, lui-même, a des moyens très limités. Du coup, dans un tel contexte ou un tel environnement, le profilage des personnes susceptibles d'alimenter une caisse de péréquation sociale n'est pas une mince affaire. Puisque tout le monde est presque nécessiteux.

Nous entendons par nécessiteux : une personne qui ne parvient pas à satisfaire convenablement les besoins élémentaires de la vie tels que se loger et se vêtir correctement, se nourrir à sa faim ou s'alimenter de façon équilibrée, pouvoir se soigner ou couvrir intégralement ses soins de santé. Ce, sans nécessiter un appui financier ou une assistance particulière. Pour faire simple, c'est une personne qui dispose à peine du minimum pour pouvoir survivre et non vivre. En revanche, dans les pays occidentaux, la classe moyenne est très large. En plus, chez eux, l'État a les moyens de couvrir ou alors de soutenir les déficits de la caisse nationale de sécurité sociale.

Nous ne pouvons donc pas calquer notre modèle économique de profilage des cotisants de la sécu dans le secteur de la santé, en Afrique, sur celui des pays occidentaux. Nous devons alors inventer un modèle économique de profilage des cotisants de la caisse nationale de la sécurité sociale dans les pays africains qui permet de ratisser le plus large possible, c'est-à-dire, parmi toutes les personnes qui sont aptes à pouvoir travailler et qui disposent de ce temps dont l'âge est compris entre celui de la majorité prévu dans le pays et 55 ans et tous les retraités jouissant d'une pension retraite.

- **Première catégorie : Les travailleurs salariés**

Par rapport à la démographie globale de chaque pays africain au sud du Sahara, ils sont très peu nombreux et la plupart d'entre eux ont un revenu bas. Cependant, ils représentent la couche de population la plus sûre susceptible de cotiser dans une caisse de péréquation sociale ;

➢ **Deuxième catégorie : Les hommes d'affaires**

Nous entendons par hommes d'affaires, les personnes ayant des entreprises qui n'échappent pas à la comptabilité nationale, donc, qui jouissent d'un registre de commerce et d'une fiscalité dont la patente, est au moins inscrite au régime de base. C'est-à-dire, les acteurs du secteur formel.

➢ **Troisième catégorie : Les acteurs du secteur informel**

Ce sont tous ceux qui fonctionnent avec un impôt libératoire ou non, et tous ceux qui exercent les petits métiers de la débrouillardise ou la sauvette.

➢ **Quatrième catégorie : Les salariés retraités**

Il s'agit de toutes les personnes bénéficiant d'une pension retraite.

➢ **Cinquième catégorie : Les cotisants spontanés**

Il s'agit de tous les citoyens y compris les personnes sans emploi, ou encore, en situation de chômage dont l'âge est compris entre celui de la majorité prévu dans votre pays et 55 ans (âge de la retraite), qui sont aptes à pouvoir travailler et qui disposent de ce temps, et qui aimeraient bénéficier d'une prise en charge annuelle de leurs soins de santé.

VIII.2.2.2. Activités et transactions à prélever : mécanismes, cotisations & recommandations

La liste, les pourcentages et les montants que nous produisons ici sont indicatifs. Chaque État africain est libre de choisir, sur cette liste ou en dehors, les activités et transactions susceptibles d'être taxées aux taux et montants décidés en fonction des réalités et spécificités de chaque pays pour pouvoir financer sa sécurité sociale. À titre indicatif, il s'agit de :

- Le bois à la douane : à l'export, par exemple imposer une taxe de sécurité sociale à y prélever.
- Tous les produits de luxe : à l'import, imposer une taxe de sécurité sociale à prélever sur tous les produits de luxe y compris sur les champagnes et whiskys.
- Toutes les transactions financières effectuées par-devant notaire.

- Faire passer par exemple la TVA de 19,25 % à 20 %. Affecter les 0,75 % à la caisse de sécurité sociale (mesure à étudier).
- Le ticket passager des agences VIP de transport routier entre les différentes villes du pays : ajouter sur la tarification actuelle environ 1,5 euro, soit 2 dollars US par ticket et les verser à la caisse de sécurité sociale.
- Le billet d'avion : ajouter sur la tarification actuelle, environ 15 euros, soit 20 dollars US par billet vendu et acheté dans chaque pays africain. Les verser à la caisse de sécurité sociale. Légiférer sur la question au niveau de chaque pays africain.
- La patente des hommes d'affaires : greffer la cotisation annuelle de la sécurité sociale des hommes d'affaires sur le prix actuel de la patente, environ 18 euros, soit 24 dollars US par an, ou *02 dollars US par mois* à déposer au service des impôts le plus proche. Ce service ayant une obligation légale de les reverser, à la fin de chaque semaine, dans le compte bancaire de la caisse nationale de sécurité sociale. L'homme d'affaires quant à lui, devrait être libre tout au long de l'année, de payer sa cotisation à son rythme. Sauf que, le dépôt mensuel est obligatoire pour ceux qui choisissent de payer à leur rythme. Aussi, le montant obligatoire de chaque dépôt mensuel de sa cotisation aux impôts devra être fixé au moins à environ 1,5 euro ou 2 dollars US, soit 1 000 FCFA par mois et d'un trait. Toutefois, la délivrance de la patente, l'année suivante doit être conditionnée par la présentation de la quittance de fin de paiement intégral de sa cotisation annuelle de la sécurité sociale qui s'élève à 12 000 FCFA, soit environ 18 euros ou 24 dollars US par an. Cette quittance deviendra alors une pièce indispensable constitutive du dossier de la délivrance de la patente, dès l'année d'entrée en jouissance de la sécurité sociale dans le secteur de la santé dans chaque pays africain. La carte de sécurité sociale en Afrique pourrait avoir la même forme que celle d'une patente. Pour les hommes d'affaires, elle devrait être délivrée par les centres des impôts. Le retrait de la carte de sécurité sociale devrait avoir lieu au mois de décembre de chaque année, à la fin du paiement de sa cotisation annuelle, et son entrée en jouissance devrait prendre effet dès le 1er du mois de janvier suivant. Ce qui obéit au principe du payer avant de consommer.

➢ Le secteur informel :

- Les activités commerciales qui se déroulent sans impôt libératoire : sont concernés, ceux et celles qui vendent dans les marchés municipaux sans impôt libératoire, mais, qui achètent obligatoirement leurs tickets journaliers auprès du régisseur municipal du marché qui y fait systématiquement et quotidiennement la ronde. Chaque commune par le même mécanisme pourrait prélever 50 FCFA supplémentaires, soit 0,1 dollar US, par jour, de mardi à samedi, soit 0,5 dollar US par semaine et par commerçant(e), environ 1,5 euro ou 2 dollars US, soit 1 000 FCFA par mois et par commerçant(e), afin d'atteindre une cotisation annuelle de 24 dollars en 12 mois, de janvier à décembre.
- Les activités commerciales qui bénéficient d'un impôt libératoire : sont concernés, ici, ceux qui ont la capacité d'acheter l'impôt libératoire, ou encore ceux dont les activités sont éligibles à l'impôt libératoire. Le paiement de leurs cotisations devrait obéir à la même logique concernant l'homme d'affaires, libre de payer à son rythme, et avec les mêmes conséquences : Cotisation mensuelle obligatoire ; jamais de dépôt d'une cotisation de moins de 2 dollars US ou 1 000 FCFA par mois ; la délivrance de l'impôt libératoire, dès l'entrée en jouissance de la sécu, est conditionnée par la présentation de la quittance de paiement intégral de sa cotisation annuelle à la mairie.

Les fonds ainsi collectés par la commune ou son régisseur de marché doivent être versés au quotidien et le même jour à 16heures au plus tard, dans un compte bancaire, ou alors dans le compte monnaie téléphonique mobile de la caisse nationale de sécurité sociale. Chaque pays devrait faire passer un projet de loi à l'Assemblée nationale qui permet de poursuivre au pénal, pour tentative de détournement de fonds publics, tout retardataire, d'un seul et unique jour, du versement des sommes collectées. Ici, les cartes de sécurité sociale toujours sous la forme d'une patente, doivent être émises par la structure privée chargée de la gestion de la caisse sécu dans le pays. Toutes les communes doivent procéder au retrait desdites cartes à la fin du mois de novembre au plus tard, et, par le biais d'un agent communal ou du régisseur du marché, procéder à leur répartition à la mairie et dans les marchés au mois de décembre, auprès des bénéficiaires ayant totalement soldé leur cotisation annuelle. L'entrée en jouissance devant prendre effet dès le 1er du mois de janvier suivant. Ce qui obéit au principe du payer avant de consommer.

- Les dons : Solliciter chaque année dans chaque pays africain, des donateurs libres et indépendants, à l'effet de renflouer la caisse nationale de sécurité sociale. Ce, à l'image de la grande cérémonie de dons organisée en France pour les restos du cœur. Avec comme slogan, par exemple, « un kopeck donné est égal à une vie sauvée » ou « un kopeck donné, c'est une vie sauvée ».

VIII.2.2.3. Quelques recommandations supplémentaires utiles

- Petites Consignes Pratiques : en ce qui concerne l'enregistrement des cotisants de la sécu, tout au long de l'année, dans la pratique, au niveau de chaque centre des impôts, du receveur municipal et du régisseur municipal de marché, l'on pourrait procéder de la manière suivante :

- L'achat de simples cahiers de 300 à 900 pages, pas plus. Marquer la couverture du premier cahier par exemple, par « 1C » qui correspond à cahier numéro 1, ainsi de suite. Puis, numéroter chaque feuille de chaque cahier, de la première à la dernière (juste au recto), en suivant machinalement l'ordre naturel de la disposition des feuilles dans le cahier, de 1 à n feuilles. Enfin, attribuer simplement chaque numéro de feuille à chaque cotisant selon l'ordre d'arrivée de chacun lors du premier enregistrement de sa cotisation. À chaque dépôt du cotisant, lui remettre un papillon reçu portant, en plus des décharges usuelles, son numéro d'enregistrement qui va correspondre exactement au numéro du cahier et de sa feuille d'enregistrement, où figureront, désormais, toutes ses cotisations de l'année en cours. Par exemple, N° 1C281 ou N° 3C09 qui correspondent respectivement à cotisant numéro 281 dans le cahier 1 et cotisant numéro 09 dans le cahier 3. Toute chose qui va faciliter en une seconde l'enregistrement des cotisants, l'encaissement et le contrôle des dépôts. Chaque cotisant ayant l'obligation de verser ses cotisations de la sécu, de l'année en cours, à un seul endroit, dans un centre des impôts, un centre local de la sécu, une mairie (chez le receveur municipal) ou un marché (chez le régisseur municipal) le plus proche. Chaque cotisant ayant l'obligation de conserver jalousement ses reçus dans une enveloppe et de se présenter à chaque versement avec un seul reçu pour faciliter, en une seconde, la recherche de sa feuille d'enregistrement ;

- La structure en charge de la gestion de la caisse nationale de sécurité sociale dans le secteur de la santé dans le pays devrait accorder une prime annuelle, à un agent de chaque centre des impôts, centre local de la sécu, municipalité (receveur et le régisseur) qui devrait correspondre à 100 FCFA, soit 0,2 dollar US par cotisant enregistré par an. Ce qui signifie, que lorsqu'au cours d'une année, vous avez pu enregistrer 1 000 cotisants, vous avez droit à la fin de l'année, à une prime qui correspond à 1 000 x 100 FCFA = 100 000 FCFA, soit 200 dollars US. En plus, c'est une gratification personnelle qui leur permettra chaque année, de procéder directement à l'achat d'un, deux, voire cinq cahiers d'enregistrements et d'une rame de papiers à découper sous forme de petits papillons qui devraient servir comme tickets reçus des cotisants.
- Tout au long de chaque année, un numéro vert de la sécu (gratuit) devrait être largement communiqué aux populations c'est-à-dire, à grand renfort de publicité, *à* l'effet de les sensibiliser sur les dénonciations qu'elles devraient systématiquement faire en cas de problème ou d'une observation suspecte de corruption ou de fraude. En cas de non-paiement du montant global annuel de sa cotisation, le cotisant concerné a l'obligation d'informer la sécu afin d'éviter des cas de détournement ou de distraction des fonds collectés. Bien qu'aucun remboursement n'étant possible dans ce cas. La seule règle étant de parvenir à compléter ce montant pour pouvoir bénéficier de la sécu.

➢ Toutes les cartes qui seront valables en année **n+1** doivent être obligatoirement signées et datées entre le mois d'octobre et celui de décembre de l'année **n**, soit par le responsable d'un centre des impôts habilités à signer les patentes, soit par le Chef de centre local de la structure privée chargée de gérer la caisse nationale de sécurité sociale dans le pays.

Autrement dit, il n'y a que les services des impôts et ceux de la structure privée en charge de la gestion de la caisse nationale de sécurité sociale dans le pays qui sont habilités à établir les cartes de sécurité sociale. Les mairies ne devraient pas avoir le droit de les établir.

- Toutes les personnes ayant une capacité de cotisations directes, inférieure à 1 000 FCFA d'un trait, devraient les effectuer à leur rythme auprès du régisseur municipal de la commune ou du marché le plus proche contre un reçu comportant : le montant et le nom du déposant, la signature, le nom et le numéro de téléphone de celui qui a encaissé, la date et le cachet de la Mairie. Après présentation de la carte identité de celui qui a encaissé. Une fiche individuelle devrait être ouverte dans le cahier d'enregistrement pour chaque cotisant à la mairie ou au marché municipal. Les fonds ainsi récoltés doivent être versés le même jour, à 16 heures au plus tard dans un compte bancaire ou de téléphone mobile de la structure en charge de la gestion de la caisse nationale de sécurité sociale dans le pays.

Les centres des impôts et les postes des douanes, quant à eux, devraient avoir l'obligation de procéder une fois par semaine, et ce, tous les vendredis aux versements des sommes perçues de la sécu dans le compte bancaire de la caisse nationale de sécurité sociale.

- Tous les chefs ou propriétaires de chantiers de construction devraient être sensibilisés à l'effet de retenir à la source 250 FCFA ou 500 FCFA, soit 0,5 ou 1dollar Us par semaine, ou encore, 1 000 FCFA ou 2 dollars US par mois et les verser à la commune ou au centre des impôts, le plus proche, au nom de chaque manœuvre, ouvrier temporaire ou permanent contre un reçu à remettre la même semaine à chacun des bénéficiaires. Ce, dans l'intérêt du propriétaire ou du chef chantier et de celui des ouvriers temporaires et permanents. Cette cotisation à la caisse sécu pourrait leur être utile dans l'année en cas de maladie ou d'accident survenu pendant ou en dehors du chantier. Sait-on jamais. Par ailleurs, nous conseillons à tous les pays africains de :
  - Procéder à l'identification de tous les utilisateurs de la téléphonie mobile dans le pays pour permettre la traçabilité de ceux qui perçoivent et font des décharges des cotisations de la sécu dans les marchés municipaux, les mairies et les centres

des impôts sur des papillons qui doivent obligatoirement porter leurs noms et numéros de téléphone mobile.

- Placer une partie des fonds de la sécu dans les entreprises sûres comme la Banque Nationale de crédit foncier, la société nationale d'électricité ou des eaux du pays, et dans les opérations d'emprunts obligataires afin de les fructifier à moyen et long terme.

VIII.2.2.4. Le montant minimal à cotiser par chacun : les mécanismes de cotisation

Le montant minimal, les mécanismes de la cotisation, de délivrance ou d'établissement de retrait et de jouissance de la carte de sécurité sociale viennent d'être déclinés et détaillés ci-dessus en ce qui concerne :

- Les activités et les transactions qui pourraient être prélevées dans un pays africain au sud du Sahara ;
- Deux catégories de cotisants : les hommes d'affaires et les acteurs du secteur informel.

Pour les autres catégories, le montant minimal de la cotisation est le même. En guise de rappel, il s'élève à 1 000 FCFA, soit environ 1,5 euros ou 2 dollars US par personne et par mois, pour un total annuel de cotisation de 12 000 FCFA, soit environ 18 euros ou 24 dollars US en 12 mois (de janvier à décembre). Les mécanismes de délivrance ou d'établissement, de retrait et d'entrée en jouissance de la carte de sécurité sociale sont également identiques à ceux déclinés au même endroit ci-dessus. En revanche, en ce qui concerne les catégories : les travailleurs salariés et les salariés retraités, leurs cotisations devraient être directement retenues chaque mois à la source (1 000 FCFA) puis, reversées à la caisse nationale de sécurité sociale. Le retrait de leurs cartes de sécu devrait avoir lieu auprès de l'administration qui procède à la retenue à la source. Leurs cartes étant établies, délivrées et transmises à la fin du mois de novembre au plus tard aux dites administrations par la structure privée en charge de la gestion de la caisse nationale de sécurité sociale du pays.

Aussi, en ce qui concerne les cotisants spontanés, c'est-à-dire, chaque citoyen apte à travailler et qui dispose de ce temps, dont l'âge est compris entre celui de la majorité prévu dans son pays et 55 ans (âge de la retraite), qui aimerait bénéficier d'une prise en charge annuelle de ses soins de santé, est libre de s'arrêter, régulièrement ou une seule fois dans une mairie dans le centre de la caisse nationale de sécurité sociale ou des impôts le plus proche à l'effet de procéder à ses cotisations de la sécurité sociale dont le montant est de 1 000 FCFA par mois, pour un total annuel de 12 000 FCFA, contre une carte qui lui sera délivrée entre le mois de novembre et celui de décembre. La jouissance prenant effet dès le 01er du mois de janvier suivant et valable jusqu'au 31 décembre de la même année. Ce qui obéit au principe du payer avant de consommer.

Nous comptons également parmi les cotisants spontanés, ceux à très faibles revenus : Toutes les personnes qui ont une capacité de cotisation directe, inférieure à 1 000 FCFA d'un trait par exemple, les personnes sans emploi ou en situation de chômage, devraient effectuer leurs cotisations à leur rythme, pourvu qu'ils atteignent au moins 1 000 FCFA, à la fin de chaque mois, soit 2 dollars US par mois, et à la fin de chaque année 12.000FCFA ou 24 dollars en 360 jours, auprès du receveur municipal de la commune ou du régisseur du marché municipal le plus proche contre un reçu comportant : le montant et le nom du déposant, la signature, le nom et le numéro de téléphone de celui qui a encaissé, la date et le cachet de la mairie. Ce, après présentation de la carte d'identité de celui qui a encaissé. Une fiche individuelle, dans un cahier-registre (voir...), devrait être ouverte pour chaque cotisant par le receveur municipal ou le régisseur municipal du marché. Les fonds ainsi collectés doivent être quotidiennement versés, à 16 heures au plus tard dans un compte bancaire ou monnaie téléphone mobile de la structure en charge de la gestion de la caisse nationale de sécurité sociale dans le pays.

VIII.2.2.5. Le ratio de la population qui devrait cotiser

En ce qui concerne, le ratio de la population qui devrait cotiser, il faudrait ratisser le plus large possible. Objectivement pour les pays africains au sud du Sahara essentiellement pauvres et sous-développés, le ratio de la population qui serait probablement capable de cotiser se situerait démographiquement entre 1/5 et 1/4 de la population globale par pays. En d'autres termes, il s'agit des personnes dont l'âge est compris entre celui de la majorité et 55 ans, dont nous avons essayé d'établir le profilage plus haut, moins les élèves et étudiants ayant atteint l'âge de la majorité prévu dans le pays, et les indigents et les handicapés de cette tranche d'âge dont le statut pourrait être justifié par des mécanismes que nous avons prévus, dans de ce chapitre de l'ouvrage, dans la rubrique ''Les Bénéficiaires de la sécurité sociale & les Conditions d'Éligibilité".

VIII.2.2.6. Les Possibilités de multiplication des sources de financement et du montant cotisé

En ce qui concerne les mécanismes de multiplication des sources de financement de la caisse nationale de sécurité sociale (voir plus haut la rubrique VIII.4.2 les activités et transactions à prélever). Maintenant, pour pouvoir multiplier ou fructifier à moyen et long terme les fonds recouvrés et collectés par la caisse nationale de sécurité sociale, nous conseillons de placer une partie des fonds de la sécu dans les opérations d'emprunts obligataires et dans les entreprises sûres comme la Banque Nationale de crédit foncier, la société nationale d'électricité ou des eaux du pays, si elles (opérations et entreprises) sont bien gérées selon les règles de l'art.

Pourquoi la structure privée en charge de la gestion de la caisse nationale de sécurité sociale ne parviendrait-elle pas, dans le cadre des privatisations, à acheter et à restructurer une de ces entreprises suscitées dans son propre pays ou en dehors ? Nous avons des cas en Afrique que nous nous gardons simplement de citer ici où les fonds d'assurance sociale des structures occidentales ont acheté ce type d'entreprises dans certains pays africains.

VIII.2.2.7. Le montant annuel global à atteindre pour pouvoir couvrir les dépenses

Comme nous l'avons déjà fait remarquer plus haut, à titre de rappel, nous sommes conscients de ce que, dans les pays plus avancés, les études ont longtemps été faites sur la question pour pouvoir définir ces estimations, bien que la plupart des caisses de sécurité sociale dans ces pays soient déficitaires, si nous nous en tenons aux chiffres régulièrement publiés, par exemple par l'État français dont le pays est une référence en la matière. Sauf qu'en Afrique, notamment dans les pays au sud du Sahara, la situation est encore beaucoup plus complexe. Nous sommes dans les pays pauvres et sous-développés, où le revenu par habitant est le plus bas de la planète donc un environnement dans lequel, presque tout le monde est nécessiteux la classe moyenne est presqu'inexistante ou insignifiante et ceux qui sont nantis sont très peu nombreux. L'État, lui-même a des moyens très limités.

Dans un tel contexte, nous ne saurions calquer notre modèle économique de financement de la caisse de sécurité sociale dans le secteur de la santé en Afrique sur celui des pays occidentaux. C'est des pays riches avec une classe moyenne très large. En plus, chez eux, l'État a les moyens de couvrir les déficits de la caisse sécu. Nous devions alors inventer un modèle économique qui permet de ratisser le plus large possible, parmi toutes les personnes qui sont aptes à pouvoir travailler et qui disposent de ce temps dont l'âge est compris entre celui de la majorité prévu dans le pays et 55 ans, et, tous les retraités jouissant d'une pension retraite. En réalité, parmi les nécessiteux, les plus nombreux sont dans les pays africains au sud du Sahara.

En guise de rappel, le nécessiteux est une personne qui ne parvient pas à satisfaire convenablement les besoins élémentaires de la vie tels, se loger et se vêtir correctement, se nourrir à sa faim ou s'alimenter de façon équilibrée, pouvoir se soigner ou couvrir intégralement ses soins de santé. Ce, sans nécessiter un appui financier ou une assistance particulière. Pour faire simple, c'est une personne qui dispose du minimum. En effet, sur la base des analyses que nous avons partagées avec vous et que nous vous suggérons de poursuivre individuellement, au niveau de chaque pays africain, le ratio de la population qui serait probablement capable de cotiser, nous l'avons situé entre 1/5 et 1/4 de la population globale par pays africain au sud du Sahara.

À partir de ce ratio, pour parvenir à trouver le montant annuel global estimatif à atteindre pour pouvoir probablement couvrir les dépenses de la sécu, d'une manière générale dans les pays africains au sud Sahara, il suffit de procéder par ce simple calcul d'arithmétique : 1/5 ou 1/4 de la population globale du pays multiplié par le montant minimal de la cotisation annuelle (24 dollars US par individu) plus l'estimation prévisionnelle des montants attendus des activités et transactions que l'on aura décidé de prélever aux taux convenus dans chaque pays.

C'est un travail que devraient pouvoir faire les statisticiens et les prévisionnistes des services économiques de chaque pays africain au sud du Sahara.

VIII.2.2.8. Les Bénéficiaires de la Sécurité Sociale & les Conditions d'Éligibilité

VIII.2.2.8.1 Les bénéficiaires sans cotisation, ou encore Non-cotisants : Les Mécanismes & Les Règles à observer

Les bénéficiaires de la sécu, les mécanismes et les règles à observer pour la constitution du dossier par des personnes dispensées de toute contribution à la caisse nationale de sécurité sociale sont les suivants :

- Tous les enfants mineurs scolarisés ou non et les personnes de plus de 55 ans. Ils doivent fournir une copie légalisée de l'acte de naissance à verser dans le dossier médical. Cette pièce pourrait faire office de la carte de sécurité sociale ou en donner accès. Ce, sur présentation de l'original de l'acte de naissance. À chaque fois, dans un laboratoire ou une pharmacie, l'original de l'acte de naissance et sa copie légalisée doivent être présentés, et une simple copie de la copie légalisée doit être déposée avant de procéder à quelque examen ou à la remise de quelques médicaments dans le cadre de la sécu. Ce, sur présentation de l'original de l'ordonnance du médecin qui doit être, à chaque fois, estampillée par la pharmacie et le labo pour le produit livré ou l'examen effectué. Une copie de l'ordonnance du médecin parfaitement lisible doit également y rester, tandis que l'originale estampillée doit retourner et rester dans le dossier médical du patient à l'hôpital.

- Les élèves et étudiants ayant atteint l'âge de la majorité prévu dans le pays. Ils doivent fournir dans le dossier médical, une copie légalisée de l'acte de naissance, une copie légalisée de sa carte d'étudiant de l'année en cours et des copies des reçus, dépôts ou virements bancaires de paiements de sa scolarité dans ledit établissement. Ces pièces pourraient faire office de la carte de sécurité sociale ou en donner accès. Ce, sur présentation de leurs originaux. À chaque fois, dans un laboratoire ou une pharmacie, l'original de l'acte de naissance, de la carte d'étudiant et desdits reçus doit être présenté, et une simple copie de la copie légalisée de l'acte de naissance, une simple copie de la carte d'étudiant et desdits reçus doivent être déposées avant de procéder à quelque examen ou à la remise de quelque médicament, dans le cadre de la sécu. Ce, sur présentation de l'original de l'ordonnance du médecin qui doit être, à chaque fois, estampillée par la pharmacie et le labo pour le produit livré ou l'examen effectué. Une copie de l'ordonnance du médecin parfaitement lisible doit également y rester, tandis que l'originale estampillée doit retourner et rester dans le dossier médical du patient à l'hôpital.

- Les indigents, les handicapés et les accidentés

S'il est possible d'identifier, par exemple, à l'œil nu un accidenté (de la circulation, domestique, de travail, etc.) ou un handicapé (moteur, mal voyant..,) encore que cela ne saurait être suffisant dans le cadre de la sécurité sociale où il faudrait, à tout prix, fournir des éléments de traçabilité pour le contrôle de sa gestion. En revanche, il est encore plus difficile de déterminer qui est indigent et qui ne l'est pas. Surtout dans le contexte des pays africains, ou presque tout le monde l'est. Malgré cette dure réalité, l'on pourrait cependant simuler l'indigence pour pouvoir bénéficier des avantages de la sécu, sans pour autant participer à l'effort commun, alors que l'on pourrait être plus ou moins apte.

Pour éviter tout ceci, encore une fois, la tâche n'est pas aisée. Nous allons tout de même tenter de formuler quelques suggestions (recommandations, mécanismes, et règles à observer) pour pouvoir bénéficier légalement de la sécurité sociale :

1) Comment pouvoir objectivement constater l'état d'indigence d'une personne, dont l'âge oscille entre celui de la majorité et 55 ans ? À notre sens, uniquement sur présentation d'un dossier médical au service social qui prouve que cette personne est malade depuis un certain temps sans pouvoir travailler. Le service social local devra alors rassembler toutes les preuves et les transmettre au centre local le plus proche de la structure privée en charge de la gestion de la caisse nationale de sécurité sociale. Par souci de célérité et d'efficacité, ce centre local devrait en principe avoir le pouvoir de décision. Puisqu'il sera supervisé et contrôlé par la suite par sa hiérarchie.
2) Comment pouvoir objectivement constater l'état de handicap d'une personne dont l'âge oscille entre celui de la majorité et 55 ans ? Sur présentation d'un dossier médical au service

social qui prouve un handicap naturel ou un handicap suite à un accident ou à une maladie qui a empêché pendant une période donnée ou qui empêche, la victime d'être en possession de ses moyens pour pouvoir travailler. Selon les cas, photos jointes et sur avis motivé du service social transmis au centre le plus proche de la structure privée en charge de la sécurité sociale. Alors la personne handicapée pourrait alors être dispensée à durée limitée ou illimitée d'apporter sa contribution à la caisse nationale de sécurité sociale.

3) Pour les accidentés, avec ou sans carte de la sécu. Pendant les 48 heures qui suivent la survenue de l'accident, en attendant la constitution du dossier de la sécu, suivant les règles ci-dessus énoncées afin de permettre aux labos privés et aux pharmacies de procéder respectivement dans l'urgence, aux examens et à la mise à disposition des médicaments de premiers soins réservés aux accidentés, sans crainte de ne pouvoir se faire rembourser le 10 du mois par la sécu. L'ordonnance du médecin prescripteur doit être motivée et préciser les éléments suivants :

- La nature, les circonstances, le lieu et l'heure de l'accident.
- La date et l'heure d'arrivée de la victime à l'hôpital.
- La filiation de la victime et son numéro de téléphone, ou celui de son parent, ou alors, de tout accompagnateur, au cas où elle a perdu connaissance ou en situation d'inconscience.
- Le nom et le numéro de téléphone de l'hôpital (s'il y en a), le nom du médecin-chef et son numéro de téléphone ou du directeur de l'hôpital.
- Le numéro de téléphone, la signature et le cachet du médecin prescripteur.

4) Prendre totalement et systématiquement en charge, de jour comme de nuit dans les centres des urgences et les hôpitaux dans le cadre de la sécu, tous les soins de santé des personnes victimes d'un accident de la circulation, domestique, de travail, etc. Pour la traçabilité, 48 heures après l'entame de la prise en charge de l'accidenté, en plus

des éléments de l'ordonnance motivée du médecin ou des médecins prescripteurs et traitants, additionner la photo de l'accidenté sur le lit de l'hôpital et observer scrupuleusement les règles de la constitution du dossier du bénéficiaire, telles que énoncées plus haut à l'effet de permettre aux pharmacies et aux laboratoires de continuer respectivement à servir des médicaments et à procéder aux examens. Dans le cas où l'accidenté est en possession de sa carte de sécurité sociale, il suffira simplement d'y associer les éléments de l'ordonnance motivée et la photo sur le lit de l'hôpital, dont les copies doivent être déposées à la pharmacie et au laboratoire dans tous les cas. Ce, afin de justifier le flux de prescriptions subitement observé pour une personne.

VIII.2.2.8.2 Les bénéficiaires cotisants

Toutes les personnes dont l'âge est compris entre celui de la majorité et 55 ans, dont les profils ne correspondent pas à ceux des bénéficiaires sans cotisation, devraient chaque année, de janvier à décembre s'acquitter totalement de leurs cotisations à la caisse nationale de sécurité sociale qui s'élèvent individuellement à 12 000 FCFA par an, selon les règles et mécanismes énoncés plus haut, à l'effet de pouvoir entrer en possession de leurs cartes de sécurité sociale, entre les mois d'octobre et décembre, et d'en jouir librement, dès le 01er du mois de janvier de l'année suivante jusqu'en décembre. Lorsque l'on est en possession de sa carte de sécu, l'on est exempté de fournir les pièces exigées pour ceux qui n'en disposent pas. L'originale de sa carte de sécu de l'année en cours et l'originale de sa carte nationale d'identification suffisent pour être reçu, consulté, soigné ou interné gratuitement par les hôpitaux publics ou les médecins du service public du pays.

Pour les besoins de traçabilité et de contrôle de gestion de la sécu, une copie de la carte de sécu légalisée sans timbre par le centre des impôts (si votre carte a été émise par les impôts) ou par le centre local de la sécu (si votre carte a été émise par la sécu), le plus proche, et une simple copie de CNI doivent être fournies dans votre dossier médical, 48 heures après l'entame de votre prise en charge. Au niveau des pharmacies et laboratoires, doivent être exigées la présentation de l'originale de sa carte de sécu de l'année en cours, la présentation de l'originale de sa carte nationale identité et la présentation de l'originale de l'ordonnance du médecin. L'originale de l'ordonnance du médecin doit être à chaque fois estampillée par la pharmacie et le labo pour le produit livré ou l'examen effectué. Une simple copie de votre carte de sécu, de votre CNI et de l'ordonnance du médecin parfaitement lisible doit également y rester. Tandis que l'originale estampillée doit retourner et rester dans le dossier médical du patient à l'hôpital.

VIII.2.2.9. Droits et obligations des laboratoires, des pharmacies, des hôpitaux et des médecins

Toutes les pièces justificatives des dépenses susceptibles d'être remboursées par la sécu doivent être quotidiennement transmises au centre le plus proche de la structure privée en charge de la gestion de la caisse nationale de sécurité sociale. Ce, à la fois :

- Par courrier électronique tous les jours, exclusivement entre 16 h de l'après-midi et 7 h du matin ;
- Par dossier physique uniquement le lundi aux heures ouvrables.

Après avoir effectué toutes les vérifications, la structure privée en charge de la caisse nationale de sécurité sociale doit obligatoirement procéder aux remboursements par chèques ou virements bancaires, le 10 de chaque mois, à compter du mois de février de la première année d'entrée en jouissance de la sécurité sociale dans le pays. En cas de réclamations, toutes les parties devraient pouvoir se réunir, autour d'une table, 07 jours après la date des réclamations à l'effet d'établir sereinement et à l'amiable la vérité et de procéder aux réparations 21 jours plus tard à compter de la date de réclamations, si le tort de l'une ou l'autre des parties est avéré. C'est en cas de refus manifeste de coopération d'une partie que l'affaire pourrait être portée par-devant les tribunaux. Toutefois, les sanctions sévères doivent être prises pour des cas de fraudes et de malversations avérées. Ce, par souci d'exemplarité et pour la survie même du processus. L'équipe dirigeante de la structure privée en charge de la gestion de la caisse nationale de sécurité sociale devrait en avoir les pleins pouvoirs.

VIII.2.2.10. La Structure en charge de la gestion de la caisse nationale de sécurité sociale dans le secteur de la santé

Tout au long des développements se rapportant à ce chapitre, nous avons pratiquement défini le profil de la structure qui devrait d'une manière générale être en charge de la gestion de la Caisse Nationale de Sécurité Sociale dans les pays africains au sud du Sahara. En guise de précisions et détails, nous suggérons :

- Qu'elle soit une structure entièrement privée. Ce qui serait l'idéal. A défaut, elle pourrait être une structure publique, mais, à gestion strictement privée. Ce qui veut dire que les dirigeants devraient dans tous les cas être librement sélectionnés sur appel d'offres par un cabinet privé spécialisé. Ils devraient bénéficier d'un mandat de cinq (5) ans renouvelable une seule fois. La tutelle administrative de cette structure pourrait être le ministère en charge de l'économie, le ministère des Finances ou alors le ministère de la Santé selon la volonté de chaque gouvernement. En revanche, le mandat des dirigeants de cette structure et le renouvellement de celui-ci ne devraient être interrompus par la tutelle ou le conseil d'administration qu'à la suite d'un audit privé et indépendant, effectué à la fin de chaque année qui épingle un dirigeant pour mauvais résultat (objectifs fixés non atteints), faute de gestion ou malversation. Pour ce faire, les projets de loi devraient être préparés par chaque gouvernement pour permettre au parlement de légiférer dans ce sens.
- Que maximum 10 % des fonds collectés ou recouvrés par la caisse nationale de la sécurité sociale soient affectés à son budget de fonctionnement et 90 % aux remboursements de la sécu.
- Que, pour les raisons des économies budgétaires, et, compte tenu de la connaissance et de l'expérience du terrain, les pays qui ont déjà une Caisse Nationale de Prévoyance Sociale, qui a surtout démontré, par le passé, la preuve de sa qualité et de sa rigueur de gestion, de par son bilan annuel (avec des chiffres à l'appui) ; parlant en sa faveur et que tout le monde pourrait librement consulter dans le pays, il serait préférable qu'une telle structure intègre, dorénavant, dans ses activités, le volet

sécurité sociale et prenne logiquement en charge la Gestion de la Caisse Nationale de Sécurité Sociale dans le Secteur de la Santé dans le pays, en s'inspirant et s'appuyant sur cette modeste stratégie ou cette politique que nous venons d'élaborer dans cette partie de l'ouvrage.

- À propos des antennes ou centres locaux de la structure privée en charge de la gestion de la caisse nationale de sécurité sociale, l'organisation stratégique de la structure privée en charge de la gestion de la caisse nationale de sécurité sociale devrait accorder un rôle de premier plan à ces centres, par souci de célérité et d'efficacité dans le traitement des dossiers. En plus du traitement des dossiers locaux, physiques et en ligne, le personnel de ces centres devra constituer en son sein une unité mobile de contrôle, qui a la capacité de se déployer sur le terrain à tout moment, c'est-à-dire dans les centres des impôts, de la douane, des mairies, des marchés et des commerces, des hôpitaux, des pharmacies, des laboratoires et des patients locaux à l'effet de procéder aux recoupements, vérifications et premiers contrôles. C'est une forme de décentralisation dans la gestion qui responsabilise le personnel de ces centres qui devra à leur tour être régulièrement audité et contrôlé par leur hiérarchie à travers sa direction de l'audit et le contrôle de gestion qui devront systématiquement procéder au recoupement de l'information auprès de tous les acteurs suscités.

- La direction de l'audit et contrôle de gestion de la caisse nationale de sécurité sociale. C'est la pierre angulaire de la réussite ou encore le gendarme du processus. C'est un département qui devrait beaucoup travailler, tout au long de l'année avec des cabinets privés d'expertise comptable, d'audit et de contrôle de gestion dans le pays, et avoir le pouvoir de sanctions des fautifs qui qu'ils soient. Car, nous pouvons bâtir les meilleures politiques du monde avec la gangrène corruption, si les mécanismes, les acteurs et le processus général ne sont pas contrôlés et surveillés à la loupe, tout ceci sera voué à l'échec.

- Chaque gouvernement devrait faire passer un projet de loi au parlement qui donne la possibilité à la structure privée en charge de la gestion de la caisse nationale de sécurité sociale, de poursuivre au pénal, par exemple, pour tentative de détournement de fonds publics, tout retardataire, simplement, d'un seul et unique jour de versement des fonds collectés de la sécu (le chef de centre des impôts, le responsable d'un poste de la douane, le receveur municipal, le régisseur communal de marché, etc.) ; toute personne épinglée par la caisse nationale de sécurité sociale à travers sa direction de l'audit et contrôle de gestion pour fraude ou tentative de corruption, qu'elle soit médecin, pharmacien, maire, agent de labo, agent des douanes ou du fisc, agent du centre local de la sécu, patiente ou pseudo patiente, etc.

- Le prix de la consultation et la période de validité du ticket de consultation au cours du mois (chez le médecin généraliste ou spécialiste), le standing et le seuil des prix des chambres d'internement, pris en charge par la sécu dans les hôpitaux publics ou privés devraient être homologués en concertation avec le gouvernement (le ministère en charge de la santé publique) ; bien que les médecins privés, les cliniques ou hôpitaux privés devraient demeurer libres de fixer leurs prix. Lorsque les prix pratiqués par le privé sont supérieurs aux prix homologués et pris en charge par la sécu, les patients en règle ou éligibles à la prise en charge annuelle par la sécu, qui souhaiteraient se faire consulter ou interner chez les médecins ou dans les hôpitaux privés, ou alors, se faire interner dans les hôpitaux publics dans les chambres dont les prix sont supérieurs à ceux homologués et pris en charge par la sécu, seront tenus de payer les frais supplémentaires, y afférents, aux médecins privés ou aux établissements sanitaires concernés.
- Enfin, toujours en intelligence avec le gouvernement (le ministère en charge de la santé publique), et en rapport avec ce qui se fait ailleurs comme en ce qui concerne le cas des soins esthétiques, etc., le type de soins à exclure de la prise en charge de la sécu devrait être listé et rendu public.

VIII.3. Conclusion

Chaque année, 40 à 60 milliards de francs CFA, soit 50 à 120 millions de dollars US injectés de cette façon dans l'économie de la santé d'un pays de 20 millions d'habitants, les effets multiplicateurs que ce financement crée à l'intérieur de ce secteur et dans les autres secteurs économiques du pays sont immenses. Ces effets et l'apport sur le rendement du travailleur lambda sont des atouts supplémentaires majeurs pour un pays. Par ailleurs, l'espérance de vie va forcément se voir améliorée. La création d'emplois dans le secteur va se multiplier, le chômage va donc reculer et la qualité de vie pourra ainsi s'améliorer dans le pays. Il est important de noter que la projection des 120 millions de dollars US ne concerne pas les activités et transactions à prélever dans chaque pays dont le montant des recouvrements sera additionné à cette projection. Cette projection des 120 millions de dollars US concerne seulement les cotisations des personnes physiques dont le profilage a été réalisé plus haut dans ce chapitre.

CHAPITRE 9

ORIENTATION ET POLITIQUE ÉCONOMIQUES DANS LE SECTEUR DU BOIS EN AFRIQUE :

STRATÉGIE RÉALISABLE (CONCRÈTE ET RÉALISTE) DE LA TRANSFORMATION DU BOIS AU PLAN LOCAL

Pour les pays forestiers d'Afrique, le bois, tout comme les autres matières premières, est à la fois, une chance et un malheur. Le Président Ali BONGO du Gabon, un pays d'Afrique centrale est mieux placé pour comprendre qu'élaborer une politique économique salutaire pour ses populations et dans l'intérêt de son pays qui vise à transformer le bois sur place nécessite beaucoup de tact. Tellement, cette option est délicate en ce sens qu'elle pourrait mettre à mal des intérêts colossaux à l'intérieur du pays comme à l'extérieur, au point de menacer l'existence politique du dirigeant africain et la stabilité de l'État qu'il dirige.

La vision du Président Ali BONGO dans le secteur du bois au Gabon a failli lui coûter à 57ans, sa réélection à la tête de l'État gabonais en août 2016. Comme toujours dans les pays africains, le peuple a été manipulé contre celui-là même qui avait mis en place une politique qui allait dans le sens de la défense des intérêts du peuple gabonais. Notamment, en limitant la sortie des essences de bois massif sous forme de grumes, du territoire gabonais vers l'extérieur, en instaurant leur transformation systématique sur place. L'intérêt de cette politique était de ne plus favoriser dans le secteur du bois, l'exportation des emplois gabonais vers l'extérieur et de créer des emplois au Gabon pour les Gabonais dans ce secteur.

Malheureusement, du fait de cette politique salutaire pour l'économie gabonaise, l'Afrique tout entière a vu ce qui a failli arriver à Ali BONGO en 2016 à l'occasion des élections présidentielles au Gabon. Nous craignons même qu'humainement, cet épisode a dû l'effrayer et freiner sa dynamique. Cependant, si l'occasion nous avait été donnée d'être conseiller du Président Ali BONGO au moment où il accédait au pouvoir en 2011, nous aurions pu lui proposer une stratégie pour rendre cette politique réalisable dans son pays. Nous espérons simplement que cette frayeur de 2016 ne le rendra pas timoré, comme les autres chefs d'État africain qui, pour ne pas être inquiétés, ont choisi l'option du « pourquoi risquer son avenir politique et sa peau pour essayer de préserver les intérêts d'un peuple qui se laisserait manipuler à tout moment contre ses propres intérêts et que l'on pourrait retourner contre soi ».

En effet, la problématique globale que nous traiterons dans ce chapitre est la suivante :

Comment l'on pourrait engager d'une manière générale la production industrielle des biens de consommation courante en Afrique en général, et au Cameroun en particulier, à partir du bois en tenant compte des réalités locales et extérieures pour rendre cette politique réalisable (réaliste et concrète) ?

IX.1. COMPRÉHENSION DES ENJEUX

IX.1.1. Identification et analyse des réalités extérieures

En Occident, le bois massif est une ressource naturelle rare. Pour vous en rendre compte, observez qu'il n'est pas donné à n'importe qui de s'offrir un meuble en bois massif dans les pays occidentaux. Cette rareté du bois dans ces pays en fait un bien économique précieux et onéreux. Du coup, la quête du bois en Afrique devient un business très lucratif en Occident. Toute chose qui mobilise les lobbies du monde de la finance et de la politique a un niveau parfois très élevé en Occident. Imaginez-vous simplement que : priver l'Occident de ces précieuses essences en provenance de l'Afrique serait vous mettre à dos des lobbies les plus insoupçonnés et signerait d'office votre arrêt de mort.

En plus, le bois rapporte gros lorsqu'il est coupé dans les forêts africaines et directement transporté sous forme de grumes sans subir la moindre transformation jusqu'en Occident. Car, la transformation a un coût. Imposer alors aux Occidentaux de transformer du bois sur le sol africain diminuerait leur profit. C'est une décision qui pourrait coûter chère à la personne qui la prend et la met en pratique dans un pays africain. C'est pour cette raison que vous avez pu remarquer que cette décision a été prise par certains gouvernements des pays forestiers d'Afrique sans jamais être appliquée.

IX.1.2. Identification et analyse des réalités locales

En Afrique, le bois massif est une ressource naturelle courante. Tout le monde peut s'en offrir. Certaines personnes s'en servent même, parfois comme bois de chauffage. Au point qu'il est plus facile de paraître d'une certaine classe sociale en Afrique, lorsque l'on équipe sa maison des portes en aluminium importé de l'Occident qu'en bois massif. Les populations des zones forestières dans les campagnes et villages africains se font tromper avec quelques dollars et bradent des essences faisant partie souvent des vieilles et des plus rares au monde. Ce, avec la complicité de certains de leurs compatriotes ''élites, hommes d'affaires et politiques'' interfaces des forestiers occidentaux. Cette situation entraîne une grande déforestation de laquelle découlent d'importants problèmes environnementaux. Cette activité est très rentable à la fois pour ces quelques ''élites'' en Afrique et beaucoup de personnes en Occident, lorsque le bois est coupé en forêt et transporté sans subir la moindre transformation jusqu'en Occident. Malheureusement, cela coûte les emplois dans le secteur du bois dans les pays africains et creuse leur déficit commercial puisqu'ils importent de l'Occident et de la Chine, des meubles fabriqués à partir des déchets récoltés et travaillés après usinage du bois.

IX.2. LA STRATÉGIE

Il est question pour nous, ici, de formuler une politique de transformation du bois au plan local qui tient compte des réalités locales et extérieures afin de la rendre réalisable (réaliste et concrète). Maintenant, nous avons établi le diagnostic et nous savons que pour que la politique de transformation du bois massif sur le sol africain puisse prospérer, il ne faudrait : ni sevrer le bois massif aux Occidentaux, ni diminuer les quantités exportées sous forme des grumes en ce moment, ni imposer aux Occidentaux la transformation du bois sur le sol africain. Pour les États africains, les objectifs visés à travers la transformation du bois sont les suivants :

- Créer des emplois pour des jeunes africains et les sortir du chômage ;
- Diminuer le déficit commercial creusé par l'importation des meubles en Asie et en Occident.

Dès lors, une solution ou encore une stratégie qui permettrait de concilier à la fois les intérêts africains et ceux des Occidentaux dans le secteur du bois dans les pays africains est désormais possible. Elle pourrait être articulée de la façon suivante :

IX.2.1. Description de la stratégie

Les États africains devraient **:**

1. À travers le ministère en charge des forêts, recenser toutes les entreprises qui interviennent dans l'exploitation forestière dans leur pays et identifier leurs nationalités.
2. À travers la direction nationale de la statistique et des douanes, produire les statistiques exactes de l'année la plus récente sur l'exportation des grumes dans les pays occidentaux.
3. Dans le cadre de la coopération bilatérale à travers le ministère de l'Économie et de l'Industrie, saisir individuellement chaque État occidental dont les entreprises interviennent dans ce secteur dans votre pays et leur fournir les statistiques qui les concernent en essayant d'évaluer leurs différents chiffres d'affaires y afférents.
4. Ensuite, leur proposer le deal suivant :

L'État va continuer à donner la possibilité à vos entreprises d'exporter sous forme de grumes la même quantité de bois qu'en ce moment. En revanche, nous sollicitons deux choses :

- Des machines pour usinage du bois ;
- La formation des formateurs et des techniciens à la transformation moderne du bois et à la maintenance desdites machines.

5. Convoquer tous les responsables des entreprises d'exploitation forestière dans une réunion présidée conjointement par le ministre en charge des Finances et celui en charge des Forêts et leur dire que désormais, non seulement la transformation du bois est facultative, en plus, elles vont continuer à exporter, à l'avenir, la même quantité de grumes qu'en ce moment.

En retour : à la douane, au niveau du port sec ou en eau, elles vont devoir laisser dix (10 %) de leur production à chaque exportation. Ce bois sera localement et exclusivement vendu aux locaux (particuliers, menuisiers et PME de menuiserie) par les services des douanes à un prix abordable qui sera étudié de commun-accord entre les entreprises d'exploitation forestière, le MINFI et le MINFORÊT, en tenant compte des réalités économiques de chaque pays. 70 % des recettes issues de cette vente leur seront (aux entreprises d'exploitation forestière) intégralement et mensuellement reversées par les services des douanes qui auront procédé aux ventes ;

6. Planifier un programme ambitieux de formation dans les métiers de la transformation du bois.

7. Grâce aux professionnels locaux qui exercent déjà dans les métiers de la transformation du bois, et désormais aux fruits de la formation planifiée par l'État, organiser le secteur et équiper sous forme de subvention en nature ou de prêt en nature avec les machines issues de la coopération bilatérale des menuisiers locaux (des PME locales et des ateliers privés en menuiserie) dans chaque pays africain.
8. Dès lors, grâce à la commande publique, l'État devrait décider que désormais, tous les bureaux qui équipent les services publics seront fabriqués avec du bois local par nos menuisiers locaux.

Imaginez le nombre de bureaux commandés par tous les services publics de l'État de chaque pays africain sur l'ensemble du territoire. Nos menuisiers actuels ne pourront même pas satisfaire cette demande. Il va falloir former et en former davantage. L'exemple de mon propre bureau que voici (voir photo 2) en bois massif. Un bois qui provient de ma plantation dans mon village côté maternel ''Makondo (Nlep-Nyok)'' situé à 15 km de la ville d'Edéa dans le département de la Sanaga-Maritime dans la région du littoral au Cameroun (sur l'axe principal à 85 km de Douala en allant à Yaoundé). Ce bureau a été sculpté par un menuisier du quartier Olezoa à Yaoundé sur la base d'un modèle du bureau d'un illustre Chef d'État d'un pays occidental, aujourd'hui décédé, que je lui ai présenté sur photo. Appréciez et évaluez par vous-même ce qu'il coûterait à l'export ou en Occident. La vente d'un tel meuble par exemple dont la production se ferait à l'échelle industrielle rapporterait d'importantes devises à chaque pays africain qui le fabriquerait. C'est une niche inestimable d'emplois pour la jeunesse africaine, donc de production (de croissance) que chaque pays pourrait créer à travers des milliers de PME en menuiserie qui vont automatiquement se développer dans ce secteur grâce à l'implémentation de cette stratégie.

Photo 2

BLOC THÉORIQUE

QUATRIÈME PARTIE

INTERROGEONS LA THÉORIE ÉCONOMIQUE :

LES DONNÉES DE LA MACROÉCONOMIE, RÉSUMÉ MATHÉMATIQUE DES DÉTERMINANTS DE LA PRODUCTIVITÉ ET L'ÉCONOMIE RÉELLE DANS LE LONG TERME

Le but de cette partie est de permettre particulièrement à l'étudiant (l'intellectuel et le décideur de demain) de l'Occident et de l'Afrique de se familiariser à ce type d'exercice qui consiste à établir le lien entre les questions fondamentales de l'analyse économique (la théorie) et les problèmes spécifiques réels afin d'y apporter des solutions claires, simples et concrètes adaptées aux spécificités et aux réalités de son environnement ou de son pays puis, de l'environnement extérieur et international (la pratique). Ainsi, nous aurons la capacité de passer du stade de l'assimilateur des concepts auquel sont très souvent réduits les grands diplômés africains vers celui de l'intellectuel.

Le grand diplômé tout court, réduit ses propositions, ses publications et sa contribution « scientifiques » à un développement de la formulation mathématique et des concepts théoriques « savants » à peine bons pour les amphis. Cette posture le plonge dans le piège d'aimer, par exemple, se faire appeler en dehors du milieu universitaire, Professeur, Docteur. Ce qui lui confère dans son esprit, le statut de « savant ». Un piège qui vise à flatter les egos des individus. Ce qui contribue à les endormir et à auto-maintenir le continent africain dans une situation de détresse et de recul permanents. Toute chose qui amène très souvent les Occidentaux à s'exclamer en rigolant : « l'Afrique est un continent qui a le plus grand nombre d'Excellences, de Professeurs et de Docteurs au mètre carré, et pourtant, il reste à la traîne… ! »

François BAYROU est professeur agrégé des lettres classiques à 22 ans, l'avons-nous déjà entendu se faire appeler Professeur F. B. sur les plateaux de télévisions et de radios ? Qu'un Médecin se fasse appeler en public Docteur est normal et même recommandable, car, connaître son statut pourrait sauver la vie de ses voisins du quartier en cas d'urgence de maladie en pleine nuit. Mais, appeler en public un docteur ès sciences économiques ou un docteur x, docteur pourrait s'avérer dangereux, pourrait créer de la confusion dans la tête de ses voisins et contribuer à faire perdre du temps à un malade en cas d'urgence de nuit et compromettre, éventuellement ses chances de survie, dont les parents auraient naturellement eu le réflexe dans un premier temps, d'aller frapper à la porte du docteur x voisin.

L'intellectuel quant à lui, est cette personnalité qui a l'aptitude de prendre du recul par rapport à la science après en avoir appris, assimilé et apprivoisé les concepts et les théories, pour proposer ses propres solutions adaptées aux réalités afin d'améliorer les conditions et le niveau de vie de ses concitoyens. Le grand économiste britannique du 19e siècle, Alfred Marshall, dans la première édition de son ouvrage, *les Principes de l'Économie*, publiée en 1890, définissait l'économie en ces termes, « l'économie est une étude de l'humanité dans l'activité ordinaire de la vie ».

Ce qui signifie, en d'autres termes, que la science économique nous aide à comprendre, d'une part le monde dans lequel nous vivons. D'autre part, elle nous fournit des outils susceptibles de nous aider à retirer une meilleure compréhension du potentiel et des limites de la politique économique. Il revient donc à l'intellectuel d'aller plus loin et d'inventer d'autres solutions. Raison pour laquelle, jusqu'à présent, nous avons évité de développer les concepts économiques et la formulation mathématique inutile au risque de brouiller le message. Nous vous avons présenté notre vision et nos solutions. Surtout, nos stratégies qui à notre sens, sont les mieux adaptées aux réalités actuelles des pays africains et de l'environnement international (des pays occidentaux) pour pouvoir matérialiser cette vision et ces solutions.

Tournons-nous maintenant vers la théorie, les concepts et la formulation mathématique. Que dit la Science économique de Adam Smith à Keynes, en passant par Samuelson et Lucas, et qu'en pensons-nous ? Mais avant, définissons la notion d'économie et discutons de la manière selon laquelle les économistes mesurent au niveau macroéconomique, le revenu d'une nation.

CHAPITRE 10

LES DONNÉES DE LA MACROÉCONOMIE

X.1. DÉFINITION DE L'ÉCONOMIE

À notre sens, l'économie est l'étude qui aide la société à gérer la problématique de la rareté de ses ressources (les biens et services produits). Pour comprendre cette définition, nous allons nous intéresser à deux mots : gestion et rareté qui apparaissent dans la définition de l'économie. Étymologiquement, le mot économie a une origine grecque et signifie « celui qui gère la maison ». En d'autres termes, celui qui prend des décisions. Aussi surprenant que cela puisse paraître, les ménages et les économies ont beaucoup de choses en commun dans la manière dont ils sont gérés.

Un ménage fait face à de nombreuses décisions : il doit décider qui effectue les tâches et ce que chacun reçoit en retour. En effet, le ménage doit allouer ses ressources rares en prenant en compte les capacités, les efforts et les souhaits de chacun. Au même titre qu'un ménage, une société est confrontée à de nombreuses décisions : elle doit décider des emplois nécessaires qui les occuperont et ce que chacun recevra en retour. En effet, une société a besoin des personnes qui produisent de la nourriture, des vêtements, d'autres qui fabriquent des machines, telles, les voitures, les tracteurs, etc. Une fois que la société a affecté la terre, les bâtiments, les machines et les hommes aux différents emplois, elle doit maintenant répartir les quantités de biens et services produits, elle doit décider :

- Qui mange de la sole (un poisson qui coûte cher en Afrique) ?
- Qui mange du maquereau (un poisson bon marché en Afrique) ?
- Qui se déplace en Ferrari ?
- Qui se déplace en bus ? etc.

Puisque tout le monde n'a pas la capacité de s'acheter ou de s'offrir le poisson sole ou une Ferrari, intervient alors la notion de rareté. La rareté signifie que les ressources (les biens et services produits) existent en quantité limitée. En d'autres termes, la rareté est la caractéristique des ressources économiques qui existent en quantité limitée, ou encore les ressources rares.

La différence qui existe entre les ménages et les économies réside simplement, en ce que, dans la plupart des sociétés, les ressources sont distribuées non pas par un planificateur central unique (qui est le père ou la mère dans un ménage, ou, l'État dans un mode d'organisation de l'activité économique de type communiste), mais, par les actions combinées de millions de ménages et de firmes (privées et publiques). L'économie est donc l'étude qui aide la société à gérer la problématique de la rareté de ses ressources (les biens et services produits).

X.2. LA MESURE AU NIVEAU MACROÉCONOMIQUE DU REVENU D'UNE NATION

Les phénomènes économiques pourraient être appréhendés suivant deux approches : la microéconomie et la macroéconomie. La microéconomie est l'étude de la façon selon laquelle les ménages et les firmes individuels prennent leurs décisions et interagissent les uns avec les autres sur les marchés. La macroéconomie est l'étude de l'économie dans son ensemble, ou encore, l'étude de phénomènes économiques globaux, tels que, l'inflation, le chômage et la croissance économique. Les statistiques macroéconomiques nous renseignent sur l'économie dans son ensemble. Ces données ou ces chiffres pourraient porter sur :

1) Le revenu total de tous ceux qui composent l'économie (le PIB, Produit Intérieur Brut).
2) Le taux auquel les prix moyens progressent (le taux d'inflation).
3) Le pourcentage de la population active qui se retrouve sans emploi (le taux de chômage).
4) La dépense totale dans les magasins (les ventes au détail).
5) Le déséquilibre des échanges entre l'économie domestique et le reste du monde (le déficit commercial).

Pour les macros économistes et les décideurs politiques sérieux, ces données représentent un thermomètre qui permet de contrôler le fonctionnement de l'économie entière et de capturer ses changements pour essayer de l'expliquer. Par ailleurs, il est normal qu'un individu ayant un revenu élevé ait aussi un niveau de vie élevé, c'est-à-dire, une belle maison, une belle voiture, des biens de luxe, des vacances magnifiques, une alimentation équilibrée et de qualité, même, pour son animal de compagnie et, parfois pour sa poubelle, etc. (ce qui est souvent le cas des occidentaux).

Il n'est non plus étonnant qu'un individu ayant un revenu bas ait aussi un niveau de vie bas, qui ne lui permet même pas de se procurer des services élémentaires ou des biens essentiels comme une assurance santé, manger à sa faim, bien se loger, bien se vêtir, etc. (ce qui est souvent le cas des Africains). Cela veut dire que, lorsque nous voulons évaluer les performances économiques d'un individu, nous devons peut-être commencer par considérer son revenu. Cette logique s'applique à l'économie globale d'une nation. Lorsque l'on cherche à évaluer si elle se porte bien ou mal, il est normal de s'intéresser au revenu total de tous ceux qui composent cette économie (le PIB). Le PIB qui mesure le revenu total d'une nation permet alors de mesurer le bien-être économique d'une société. Raison pour laquelle, nous allons uniquement nous intéresser, au PIB qui est l'indicateur économique le plus surveillé par les économistes et les politiques.

X.2.1 Pourquoi et comment le PIB peut-il mesurer deux grandeurs à la fois ?

Le PIB peut effectivement mesurer deux grandeurs à la fois : le revenu total de tous ceux qui composent l'économie et la dépense totale en biens et services de l'économie. Pour facilement le comprendre, appuyons-nous sur un cas simple, pratique et réel qui nous concerne personnellement. Par pure coïncidence, en ce moment même, où je suis en train de rédiger cette partie de cet ouvrage, j'ai fait venir, ce matin du dimanche 10/12/2017 à mon domicile du quartier Bastos à Yaoundé, au Cameroun, Monsieur SIMO Rodrigue, un peintre, à l'effet de rafraîchir la peinture d'une partie de ma maison pour les fêtes de cette fin d'année. Je lui ai payé 350.000FCFA, soit environ, 700 dollars US (main d'œuvre et matériel qu'il ira acheter en quincaillerie). Dans cette configuration, monsieur SIMO est le vendeur d'un service et moi-même, Amos René Martin TONYE, je suis l'acheteur. Sept jours plus tard, M. SIMO m'a avoué qu'il n'a plus une seule pièce dans sa poche parce qu'il a déjà tout dépensé pour l'achat du matériel, la paie de ses ouvriers temporaires et pour certaines de ses dépenses personnelles, tout l'argent que je lui ai donné. Ainsi, comme vous pouvez le remarquer, cette transaction contribue de la même manière au revenu et à la dépense de l'économie. Dans ce cas, le PIB qu'il soit mesuré au travers du revenu total ou de la dépense totale, augmente de 700 dollars US.

Le revenu d'une économie est alors identique à sa dépense parce que chaque transaction implique deux parties : un acheteur et un vendeur. Chaque dollar dépensé par un acheteur correspond à un dollar reçu par un vendeur. Pour une économie considérée dans son ensemble, le revenu doit être égal à la dépense : le revenu total et la dépense totale sont donc la même chose. Une autre façon de simplifier la compréhension de la notion du PIB est de raisonner encore dans le cadre d'une économie simple, l'économie étant un peu plus complexe, en considérant ce que nous décrivons comme étant un diagramme de flux circulaire que nous aurions pu schématiser ici, mais vous le trouverez dans beaucoup d'ouvrage d'économie.

Néanmoins, nous allons vous le décrire et vous-même, vous serez capable de reproduire son schéma à titre d'exercice personnel. Dans notre économie simple, les ménages achètent les biens et services aux entreprises. Ces flux de dépenses sont ensuite dirigés vers le marché des biens et services. En retour, les entreprises utilisent l'argent (la monnaie) qu'elles reçoivent des ventes des biens et services pour investir et produire davantage, assurer ses charges telles, le paiement des salaires, des locaux et payer les dividendes à ses actionnaires. Comme les entreprises utilisent l'argent qu'elles reçoivent pour investir et produire, cela veut dire que ce flux de revenu transite également par le marché des facteurs de production. Vous remarquez alors que dans notre économie simple, la monnaie circule depuis les ménages vers les entreprises et elle retourne aux entreprises. Ce diagramme décrit alors toutes les transactions entre les ménages et les firmes d'une économie simple.

Maintenant, raisonnons dans le cadre d'une économie plus large dans l'économie réelle. Dans la réalité, les ménages ne dépensent pas la totalité de leur revenu dans l'achat des biens et services. Ils paient également les impôts et se constituent souvent une petite épargne. Aussi, nous venons de dire que le flux de revenu transite par le marché des facteurs de production, que les entreprises achètent également des biens et services pour produire (une situation que nous allons bien vous décrire en étudiant la notion du capital à la suite de nos développements dans cet ouvrage au chapitre 11 suivant). En plus, l'État qui perçoit les impôts achète également les biens et services. Moralité, qu'il s'agisse des ménages, des entreprises ou de l'Etat qui achètent un bien ou un service, cette transaction implique chaque fois deux acteurs : un acheteur et un vendeur. Ce qui montre davantage comme nous l'avons vu plus haut, que la dépense et le revenu sont égaux pour une économie considérée dans son ensemble. Cette égalité est aussi valable dans le cas d'une économie simple, la somme des dépenses des ménages est égale à la somme du revenu perçu et payé par les entreprises aux salariés, actionnaires, etc. Donc, Dépense totale = Revenu total, le PIB mesure deux grandeurs à la fois, la dépense totale et le revenu total d'une nation.

X.3. LES COMPOSANTES DU PIB

Nous venons de voir que même en raisonnant dans le cadre de l'économie réelle, dans la réalité, les ménages ne dépensent pas seuls, et, qu'à côté de la consommation des ménages, il y a des firmes qui dépensent pour investir et produire davantage, et, l'État qui dépense également pour acheter les biens et services grâce aux recettes perçues des impôts. En plus, que dans une économie considérée dans son ensemble, la dépense totale portant sur les biens et services produits est égale au revenu total réalisé sur les biens et services produits, que le PIB d'une nation est égal à l'une ou à l'autre. De ce qui précède, il est aisé de comprendre que :

- La consommation (C) correspond à la dépense des ménages portant sur les biens et services produits par les entreprises.
- L'investissement (I) correspond à la dépense des biens et services qui permettent aux entreprises de produire davantage (les facteurs de production), y compris de produire ou de construire des nouvelles maisons.
- La dépense publique (D) correspond aux différentes dépenses de l'État portant sur les salaires des fonctionnaires, etc., et sur les biens et services produits par les entreprises.
- Les économies étant ouvertes, c'est-à-dire, les pays ne sont pas fermés sur eux, car, ils coopèrent et commercialisent avec d'autres pays. Par conséquent, les pays exportent. Nous intégrons alors les exportations nettes du pays (EN) ;

- PIB (β) = la dépense totale portant sur les biens et services produits par un pays.

Ainsi, nous pouvons écrire : $\boldsymbol{\beta \equiv C + I + D + EN}$

Vous remarquez que nous avons utilisé le signe ≡ qui symbolise une identité. C'est à dessein. En effet, cette équation est une identité, en ce sens que, du fait de la définition retenue des variables (composantes), elle est toujours vraie. Comme chaque dollar dépensé par un acheteur correspond à un dollar reçu par un vendeur dans une économie considérée dans son ensemble, ou dans le PIB d'une économie, ou encore, dans l'économie d'un pays, alors, ce dollar concerne les quatre variables de cette équation dont la somme est indiscutablement ou évidemment égale au PIB. Nous imaginons que cette décomposition du PIB vous semble incomplète parce que lorsque nous avons parlé des ménages tout à l'heure, nous avons dit que dans le cadre d'une économie réelle, ils ne dépensent pas intégralement leur revenu. Qu'ils en épargnent souvent une petite partie et paient les impôts à l'État. Mais, pourquoi l'épargne et les impôts n'apparaissaient-ils pas parmi les variables qui composent le PIB ?

Apporter une réponse maintenant à cette équation va nécessiter une démonstration de cette équation et d'autres développements que nous vous réservons au chapitre 12 de cet ouvrage au point *XII.1.3 Identités comptables, Épargne et Investissement.*

Comme nous savons déjà comment l'on mesure le PIB d'une nation et que nous venons facilement de le décomposer, ou de vous donner les quatre composantes du PIB, il est désormais également aisé pour tous de donner avec précision la définition du PIB.

X.4. DÉFINITION DU PIB

Nous devons vous avouer que nous avons failli, vous proposer à titre d'exercice, de donner avec précision la définition du PIB. Néanmoins, nous vous recommandons de vous y essayer avant de la découvrir. Nous n'avons pas pu nous abstenir de la donner du fait que pour obtenir une vue plus complète de la situation économique d'un pays, le calcul du PIB implique souvent le calcul d'autres grandeurs importantes associées au revenu, et sa définition exacte permet de présenter et d'expliquer ces grandeurs. Les statisticiens qui sont généralement chargés de calculer le PIB d'un pays en savent quelque chose. Le PIB ou encore le Produit Intérieur Brut **:** est la valeur marchande de tous les biens et services finaux produits au cours d'une période dans un pays. Bien que cette définition vous semble très simple, c'est lorsque l'on procède au calcul du PIB d'une économie qu'apparaissent les difficultés.

Pour le comprendre, décortiquons alors notre définition du PIB :

X.4.1. Le PIB est la valeur marchande

La valeur marchande est, en d'autres termes, la valeur de marché, donc les prix de marché. Car, les prix de marché traduisent la valeur des biens et des services sur le marché. Or, les prix de marché mesurent les montants que les personnes sont disposées à payer pour acheter les différents biens et services sur le marché. Ce qui veut dire que si, par exemple, le prix d'un bien ou d'un service X vaut le double du prix d'un autre bien ou service Y sur le marché, alors ce bien ou service X contribue deux fois plus au PIB que le bien ou service Y.

X.4.2. ...De tous les biens et services (...) produits au cours d'une période dans un pays

C'est très explicite. Cela veut dire que le calcul du PIB se fait sur une période bien déterminée et précise, et, il mesure la valeur produite à l'intérieur des frontières d'un pays que le PIB n'exclut aucun élément produit dans une économie. Le PIB mesure alors la valeur de marché de tous les biens et services produits dans une économie (le flux de dépense et de revenu de l'économie au cours de cette période), c'est-à-dire, les biens tangibles (les ordinateurs, les moteurs, les disques, etc.) et les services intangibles comme, les heures de travail, les prestations intellectuelles, artistiques, etc., pendant cette période.

Parlant de la valeur produite à l'intérieur des frontières, par exemple, un sénégalais qui travaille à durée limitée au Cameroun, sa production est comptabilisée dans le PIB du Cameroun, et vice-versa, un camerounais propriétaire d'une entreprise en Côte d'Ivoire, sa production est comptabilisée dans le PIB ivoirien. Ce qui veut dire que les éléments sont comptabilisés dans le PIB d'un pays s'ils sont produits à l'intérieur de celui-ci, quelle que soit la nationalité du producteur. D'où l'intérêt de la production industrielle en Afrique, même provenant de la délocalisation. Surtout, d'une délocalisation des usines occidentales de l'Asie vers l'Afrique qui n'affecte naturellement ni les emplois en Occident ni les intérêts stratégiques des Occidentaux en Afrique (Le new deal industriel).

Parlant du PIB qui est le flux de dépense et de revenu de l'économie au cours d'une période, les instituts nationaux de statistiques publient de façon trimestrielle, des données annualisées. Cela veut dire que le chiffre publié du PIB trimestriel correspond à un montant du revenu et de dépense du trimestre, multiplié par 4, une année ayant quatre trimestres. Généralement, ce sont des données affinées après correction des variations saisonnières. Une correction des variations saisonnières : Il s'agit des données brutes ayant été modifiées et ajustées par une procédure statistique. Ces données brutes montrent que l'économie produit plus à certains moments de l'année qu'à d'autres, par exemple, à l'occasion des fêtes de fin d'année. Par cette correction, les statisticiens affinent les données trimestrielles pour éliminer le cycle de variations saisonnières avant toute publication.

Les maisons ou encore les logements fournis par le stock de logements d'un pays sont comptabilisés par le PIB. S'il est facile de calculer la valeur issue des logements locatifs, le loyer étant égal à la somme dépensée par le locataire et à celle perçue (le revenu) par le bailleur, le problème commence lorsqu'il faut calculer la valeur issue des logements occupés par leurs propres propriétaires. Les instituts nationaux de statistiques sont alors obligés de supposer ou de se baser sur l'hypothèse selon laquelle le propriétaire se paie à lui-même son propre loyer qui est inclut dans sa dépense et dans son revenu. C'est ce que les statisticiens appellent la valeur locative estimée. Par contre, le calcul du PIB exclut :

- les services rendus entre conjoints pendant le mariage ;
- les produits agricoles que notre ménage produit lui-même exclusivement pour sa consommation familiale ;
- la drogue, les stupéfiants et les biens et services produits de façon illicite.

X.4.3. …..Finaux…...

Pour expliquer ce que c'est qu'un bien final, les économistes aiment prendre l'exemple du papier vendu par une papeterie à un imprimeur de cartes de visite ou de vœux. Le papier est considéré comme un bien intermédiaire et la carte de visite comme un bien final. Pourquoi ? Parce que la valeur d'un bien intermédiaire est déjà comptabilisée dans le prix d'un bien final. Ajouter la valeur de marché du papier à la valeur de marché de la carte de visite conduirait à une double comptabilisation. Le papier serait indûment compté deux fois. Donc, le PIB comptabilise seulement la valeur d'un bien final. Maintenant que nous venons d'examiner la définition du PIB pour être plus complet, quelles sont les autres grandeurs que les statisticiens calculent chaque fois qu'ils calculent le PIB trimestriel de chaque pays ?

X.4.4. Les autres grandeurs associées au revenu

L'expérience a montré aux statisticiens que lorsque le PIB croît rapidement, ces autres grandeurs importantes associées au revenu croissent également rapidement. Lorsque le revenu diminue, ces autres mesures diminuent. C'est pour cela que les statisticiens retiennent ces autres grandeurs (mesures) pour surveiller les fluctuations de l'économie. Lorsque nous décortiquions tout à l'heure la définition du PIB, nous avons vu que, pour un Sénégalais qui travaille à durée limitée au Cameroun, sa production est comptabilisée dans le PIB du Cameroun et non dans le PIB du Sénégal. Au Sénégal, ce revenu est plutôt inclus dans le PNB sénégalais. Le Produit National Brut (PNB) **:** est alors la mesure du revenu total que les citoyens d'un pays obtiennent à l'étranger. Il est mesuré dans leur pays d'origine.

Un autre exemple, lorsqu'un Sénégalais qui travaille à durée limitée en France, achète un ordinateur ou une voiture. Ces biens peuvent vieillir. En économie, nous parlons dans ce cas, d'une dépréciation de la valeur liée à l'obsolescence du bien ou du stock de capital. Pour mesurer son revenu dans son pays d'origine, le PNB, les statisticiens ôtent du PNB les pertes liées à la dépréciation. Ce qu'ils retiennent de cette soustraction s'appelle le PNN. Le Produit National Net (PNN) **:** est alors la mesure du revenu total que les citoyens d'un pays obtiennent à l'étranger moins les pertes liées à la dépréciation des biens acquis.

Nous avons également vu plus haut que pour un Camerounais propriétaire d'une entreprise en Côte d'Ivoire, sa production est comptabilisée dans le PIB ivoirien. Par conséquent, les impôts de son entreprise sont également payés à l'État ivoirien. Lorsque les statisticiens du Cameroun (son pays d'origine) veulent calculer son PNN, ils sont obligés de soustraire du PNN, les impôts que son entreprise paye en Côte d'Ivoire et d'inclure les subventions malgré le fait que, à cause de la distance, ils sont parfois confrontés aux problèmes de collecte des données qu'ils appellent « écart statistique ». Ce qu'ils retiennent de cette soustraction s'appelle le RN.

Le Revenu National (RN) **:** est alors la mesure du revenu issu de la production des biens et services que les citoyens d'un pays perçoivent à l'étranger. Le Revenu des Ménages : c'est la mesure du revenu perçu par les ménages et les entreprises sans personnalité morale (les actionnaires des entreprises, « unincorporated businesses »).Le Revenu disponible des ménages : C'est le revenu dont disposent les ménages et les entreprises sans personnalité morale après avoir satisfait à toutes leurs obligations vis-à-vis de l'État.

CHAPITRE 11

PRODUCTIVITÉ ET CROISSANCE ÉCONOMIQUE

Le prix Nobel d'économie, Robert Lucas avait déclaré ceci « les conséquences en termes de bien-être de ce type de questions sont stupéfiantes : une fois que l'on commence à y penser, il est difficile de penser à autre chose » :

Qu'est-ce qui explique que les taux de croissance varient de manière substantielle d'un pays à l'autre ?

Qu'est- ce qui explique les écarts importants de niveau de vie à travers le monde ?

Comment les pays occidentaux riches peuvent-ils être sûrs de continuer à maintenir leur niveau de vie élevé ?

Quelles politiques les pays africains, pauvres doivent-ils mettre en œuvre pour accélérer la croissance et rejoindre le monde développé ?

Pourquoi les revenus sont beaucoup plus élevés dans certains pays que dans d'autres ?

Pour l'expliquer, nous allons étudier tous les facteurs qui déterminent la productivité d'un pays.

XI.1. CROISSANCE ÉCONOMIQUE, RÔLE ET DÉTERMINANTS DE LA PRODUCTIVITÉ

Dans le chapitre précédent, nous avons discuté de la manière selon laquelle les économistes mesurent, au niveau macroéconomique, le revenu d'une nation. Nous sommes parvenus à la conclusion selon laquelle, le revenu d'une économie est égal à sa dépense. Parce que 1 dollar dépensé par un acheteur correspond à 1 dollar reçu par un vendeur pour une économie considérée dans son ensemble. Le PIB qu'il soit mesuré au travers du revenu total ou de la dépense totale, augmente seulement de 1 dollar. Le PIB est donc le même, quel que soit le mode de calcul. « Rien ne se perd, rien ne se crée, tout n'est que transformation » de la même valeur dans une économie – une pensée qui nous a été inspirée du célèbre chimiste, Lavoisier. Cela veut dire que, chaque fois que nous voulons que notre PIB augmente de plus d'un dollar, nous devons aller chercher ce dollar supplémentaire ailleurs dans un autre pays. Pour chercher et capter ce dollar supplémentaire dans une autre économie ou créer de la valeur ajoutée [12]pour la nôtre, nous devons vendre là-bas. Pour y vendre, nous devons produire. Pour produire, considérons le résumé mathématique des déterminants de la production. Ce résumé mathématique décrit, à travers une fonction appelée fonction de production, les relations entre la quantité de facteurs de production utilisée dans le processus de production et la quantité de biens produits, en économie :

P = la quantité de biens produits (le résultat final)

T = variable sur la technologie

F = la fonction de production

Quatre déterminants de la production :

W = la quantité de travail (le nombre de travailleurs et d'heures de travail)

K = la quantité de capital physique (outils de travail et infrastructures)

H = la quantité de la qualité des Hommes ou la quantité de capital humain (formation, know-how, l'intelligence humaine)

N = la quantité de ressources naturelles

Posons, $P = T\ F\ (W, K, H, N)$ £

Si $x > 0$, alors £ devient : $xP = T\ F\ (xW, xK, xH, xN)$

Quand $x = 2$ = doublement des facteurs et doublement de la production, alors, la fonction de production présente des rendements d'échelle constants.

Quand $x = 1/W$, donc :

£ devient : $P/W = T\ F\ (1, K/W, H/W, N/W)$

---

[12] *La valeur ajoutée, en langage simple, c'est ce dollar de chaque américain, ce yen de chaque japonais et cet euro de chaque Européen que capte l'économie d'un pays chaque fois qu'elle réussit à placer sur les différents marchés, à travers le monde, un produit fabriqué ou « made in ce pays. C'est pour cela qu'un pays peut être riche sans être émergent. C'est-à-dire, posséder, en abondance, un produit primaire comme le pétrole, et subvenir aux besoins de ses citoyens, sans jamais être émergent. Ce fut par exemple, le cas de la Libye de KHADAFI. Tel n'est même pas, à présent, le cas de la plupart des pays africains.*

P/W étant la quantité de travail que produit un travailleur, cette fonction a permis de mettre clairement en évidence que la productivité dépend du capital physique par travailleur (K/W), du capital humain par travailleur (H/W), des ressources naturelles par travailleur (N/W) et de l'état de la technologie reflété par la variable T. Ce qui signifie, en d'autres termes que, si nous voulons augmenter ou accroître notre capacité de production (la productivité), nous devons augmenter ou accroître le nombre de travailleurs et d'heures de travail (la quantité de travail), le nombre d'intelligence ou la qualité des travailleurs (capital humain), la quantité et la qualité des outils et de l'environnement de travail - l'aménagement du territoire - les infrastructures (capital physique), la quantité et la qualité des ressources naturelles, en tenant compte, bien sûr, du niveau de la technologie qui accompagne tout ceci : doublement..., augmentation des facteurs = doublement..., augmentation de la production (rendements d'échelle constants).

L'augmentation ou la croissance de la capacité de production ou de la productivité grâce à la combinaison de tous ces facteurs suscités et à l'aide de la technologie (des machines ou des outils à faire des outils) s'appelle de la production industrielle qui s'opère évidemment par des usines. Ce qui étaye scientifiquement ce que nous avons développé dans la partie pratique de cet ouvrage et que pensait déjà H. Bergson « l'intelligence, envisagée dans ce qui en paraît être la démarche originelle, est la faculté de fabriquer des objets artificiels, en particulier, des outils à faire des outils, et d'en varier indéfiniment la fabrication (la production industrielle) ».

La science nous prouve et nous confirme donc qu'il n'y a pas mille options économiques plus efficaces en dehors de la production industrielle (l'industrialisation) pour faire reculer fondamentalement le chômage (diversifier, augmenter ou accroître le nombre de travailleurs : la main-d'œuvre ou le travail) dans une économie ou dans un pays, ou encore pour faire augmenter ou accroître la productivité (la croissance ou encore l'augmentation de la quantité de biens et services produits par heure travaillée). L'augmentation de la productivité permet donc de relever le revenu[13] ou encore de relever le

[13] *C'est pour cela que, pour des raisons d'ordre méthodologique, nous vous avons présenté, en avance, la notion du revenu. (...) Le PIB qui mesure le revenu total d'une nation permet alors de mesurer le bien-être économique d'une société (...).*

niveau de vie des populations d'un pays. Le relèvement du niveau de vie des populations d'un pays s'appelle, simplement, le développement ou l'émergence de ce pays.

Il serait prétentieux de notre part pour nous autres venus d'ailleurs, des lointaines forêts africaines et qui sommes allés nous abreuver de cette science qu'est la science économique, à la source des universités et ouvrages occidentaux de penser que nous leur apprenons quelque chose. S'il est vrai que cette vérité scientifique, c'est eux qui nous l'ont apprise, cela signifie que le problème n'est pas scientifique puisque la science a déjà dit ou dévoilé ce qu'il faudrait faire pour résoudre ce type de problèmes ou de questions que pose l'auteur du prix Nobel 1995 d'économie, Robert Lucas. Le problème est alors ailleurs. Il est politique[14]. Mais, quand les humains refusent pour quelques raisons que ce soient de se plier à la volonté de la science, les conséquences sont, tôt ou tard, inéluctablement catastrophiques[15]. Cela est aussi vrai pour l'économie que pour les questions environnementales. Inutile de vous en faire un dessin.

Les démographes et spécialistes des études de la population nous apprennent que, selon l'hypothèse moyenne des projections des Nations unies, la population africaine estimée actuellement à environ 1 milliard d'habitants, va doubler à l'horizon 2050, s'élevant à 2 milliards d'habitants et représentera 22 % de la population mondiale contre 15 % actuellement. Cependant, 40 % de la population africaine aura moins de 15 ans. L'Afrique a alors la croissance démographique la plus rapide de tous les continents, soit 2,6 % en croissance annuelle durant la période 1975-2009 contre 1,7 % pour l'Asie, par exemple, et le fossé avec les autres régions en développement est sans cesse profond (source United Nations 2009). Cela veut dire que le pire est à venir pour l'Occident. Car, avec l'asymétrie entre le niveau du revenu (bas) et la croissance démographique qui est exponentielle en Afrique, le niveau de vie de la majorité des Africains va plutôt se dégrader,

---

[14] *(...) Ce qui les amène à ne pas envisager une source supplémentaire de concurrence industrialo-commerciale, en dehors, de celle qu'ils subissent, actuellement, des pays asiatiques (...). Voir Chapitre 2*

[15] *(...) risque que l'Occident est en train de courir et de faire courir aux Occidentaux avec le déferlement des vagues d'immigration, de la jeunesse africaine, depuis les frontières méditerranéennes, dont rien ne pourra ni stopper ni altérer la détermination. Car, rien ne peut stopper ou altérer l'instinct de survie, en dehors, de la vie. Voir Chapitre 2*

d'année en année, si nous ne les insérons pas dans le circuit mondial de la production pour pouvoir améliorer leur revenu (PIB).

C'est pour cela que, quand la science malgré ses évidences, ses explications logiques, ne suffit plus pour adresser un phénomène ou un problème, l'intellectuel, tel l'oiseau de minerve de Platon, a le devoir de questionner, d'explorer d'autres pistes de réflexion et de proposer des solutions appropriées. Raison pour laquelle, pour les étudiants d'aujourd'hui, futurs décideurs de l'Afrique et de l'Occident de demain, nous avons voulu établir le lien irréfutable entre la science et une partie de nos propositions (les politiques et les stratégies, adaptées à la réalité, à mettre en œuvre dans les pays africains, c'est-à-dire, des solutions réalistes, concrètes et pratiques pour l'industrialisation de l'Afrique) présentées dans la partie réservée à la pratique dans cet ouvrage, afin de les familiariser à ce type d'exercice intellectuel. Pour édifier davantage le lecteur de cet ouvrage, nous allons maintenant étudier en détail les facteurs qui déterminent la productivité d'un pays.

XI.2. LES DÉTERMINANTS DE LA PRODUCTIVITÉ ET L'ÉMERGENCE D'UN PAYS

Avant d'étudier tous les facteurs qui déterminent la productivité d'un pays, nous allons soumettre le lecteur de cette partie de l'ouvrage, surtout, l'étudiant, à l'élaboration d'une petite étude afin qu'il s'exerce à la manière de pouvoir s'édifier par lui-même sur certaines questions économiques fondamentales. La petite étude consiste : 1. À consulter les données de son propre pays, notamment, son PIB de 2015 (à la direction nationale de la statistique) et le diviser par le nombre d'habitants de votre pays, puis, le comparer, sur un tableau, au PIB par habitant de la France de 2015 ou de la chine d'hier (de 1980) et d'aujourd'hui (2015). Ces données sont trouvables sont sur le net ; 2. Observer statistiquement (d'abord, en valeur relative, ensuite, en valeur absolue) le gap que le PIB de votre pays doit pouvoir combler pour espérer élever le revenu ou le niveau de vie de la majorité de ses populations, pour pouvoir permettre à votre pays d'atteindre l'émergence ; 3. Consulter les données sur la croissance démographique et l'évolution du PIB par habitant de votre pays sur deux périodes de 10 années, 1975 à 1985 et 2005 à 2015, et, observer la courbe en tenant compte des années où la vente du pétrole fût bonne en ce qui concerne les pays producteurs de pétrole, pour ne pas se méprendre sur les chiffres du pétrole qui ne sont pas à confondre avec les capacités réelles de production d'un pays (nous avons vu qu'un pays peut être riche grâce aux revenus du pétrole sans être émergent. Un exemple classique : la Libye de Khadafi) ; 4. Enfin, produire un graphique saisissant de la situation de votre pays.

La Conclusion sera la suivante, ou encore, cette petite étude va montrer :

1) Dans le cas des économies africaines au sud du Sahara, qui ne produisent presque rien, donc, qui grèvent plutôt leur PIB, à travers les importations massives, le revenu ou le PIB par habitant se dégrade d'année en année. Par conséquent, l'État n'a pas les moyens de combler son déficit commercial et se crée des problèmes de balance de paiements, il n'a pas les moyens d'investir (son économie ne dégageant aucune valeur ajoutée) et le niveau de vie de la majorité de ses populations qui se dégrade d'année en année va plutôt s'aggraver, si ces pays ne commencent pas à produire et à exporter le plus tôt.

2) Pourquoi la plupart de ces pays retournent systématiquement au FMI (l'État n'a pas les moyens de combler son déficit commercial et se crée des problèmes de balance de paiements) ?

3) Pourquoi le niveau de vie de la majorité des populations de votre pays est si bas actuellement et pourquoi, vous observez que celui-ci se dégrade d'année en année. Vous avez désormais et par vous-même scientifiquement l'explication : c'est à cause de la baisse tendancielle du revenu ou du PIB par habitant de votre pays que vous observez sur le tableau et le graphique que vous avez vous-même réalisé. Dans ces conditions, l'émergence de votre pays devient impossible, un vœu pieux, un slogan.

4) Pourquoi vos parents et vos aînés vous disent que, il y a 35 ans, dans les années 80 à 90, les taxis déposaient, par exemple, leurs mamans en provenance du marché, aux portes de leurs maisons dans votre quartier actuel de résidence. Ce qui est totalement impossible aujourd'hui, du fait de la dégradation avancée de toutes ces voies d'accès dans vos quartiers et villages que l'État n'a plus les moyens d'entretenir comme par le passé : C'est à cause de la baisse du PIB par habitant qui participe à réduire ses investissements.

Toute chose qui justifie l'intérêt qui consistait à produire dans le cadre de votre petite étude, les données sur la croissance démographique et l'évolution du PIB de votre pays sur deux périodes de 10 années, à l'effet de vous faire observer la courbe ou l'évolution du ratio annuel du PIB par habitant, en tenant compte des années où la vente du pétrole fût, bonne pour certains pays producteurs de pétrole. Maintenant que votre étude vient de vous montrer que le niveau du PIB est un bon indicateur de la prospérité économique et que nous avons appris dans le chapitre 11 au point XI.1 que la croissance (l'augmentation de la productivité ou encore l'augmentation de la capacité de production) d'une économie ou du PIB est un bon indicateur du progrès économique d'un pays, nous allons borner notre discussion sur les déterminants du long terme du niveau et de la croissance économique d'un pays ou encore du PIB réel d'une nation.

Le rôle de la productivité

Nous avons déjà vu que le PIB d'une économie mesure deux grandeurs :

- Le revenu total réalisé par tous les acteurs de l'économie ;
- La dépense totale portant sur les biens et services.

Le revenu et la dépense de tous les acteurs de l'économie étant réalisés sur les biens et services produits par tous les acteurs de l'économie, la dépense ou le revenu d'une économie (le PIB) est donc la valeur de sa production. Ce qui veut dire que, pour une économie considérée dans son ensemble, le revenu total et la dépense totale sont la même chose c'est-à-dire, le revenu doit être égal à la dépense. La dépense ou le revenu d'une économie (le PIB) étant la valeur de sa production, plus un pays produit, plus, il améliore son revenu, plus il améliore sa dépense, plus il améliore son niveau de vie : *le niveau de vie d'une nation dépend donc de sa capacité à produire une grande quantité de biens et services.*

La productivité est alors : la quantité de biens et services produits par heure de travail, ou encore, la capacité de production d'une économie. La productivité a donc pour rôle d'améliorer le niveau de vie.

Comment détermine-t-on la productivité ?

À l'entame du chapitre 10 de cet ouvrage, nous avons défini l'économie comme étant l'étude qui aide la société à gérer la problématique de la rareté de ses ressources (les biens et services produits). À titre de rappel, étymologiquement, le mot économie a une origine grecque et signifie « celui qui gère la maison ». En d'autres termes, celui qui prend des décisions. Aussi surprenant que cela puisse paraître, les ménages et les économies ont beaucoup de choses en commun dans la manière dont ils sont gérés. Un ménage fait face à de nombreuses décisions : il doit décider qui effectue les tâches et ce que chacun reçoit en retour. En effet, le ménage doit allouer ses ressources rares en prenant en compte les capacités, les efforts et les souhaits de chacun.

Au même titre qu'un ménage, une société est confrontée à de nombreuses décisions : Elle doit décider des emplois nécessaires, qui les occupera et ce que chacun recevra en retour. En effet, une société a besoin des personnes qui produisent de la nourriture, des vêtements, d'autres qui fabriquent des machines telles les voitures, les tracteurs, etc. Cela signifie que, bien que nous venions de dire que la productivité est le seul déterminant du niveau de vie, d'autres facteurs permettent de l'expliquer. Par exemple, si un pays veut devenir meilleur ou grand producteur de poissons afin de donner la possibilité à sa population d'en consommer à sa faim (en quantité et en qualité), il doit :

- Fabriquer davantage de bateaux de pêche. Ce facteur, nous allons l'appeler : le capital physique **;**
- Utiliser de meilleures techniques de la pêche : c'est le capital humain ;
- Avoir des eaux remplies de poissons : c'est les ressources naturelles ;
- Pouvoir inventer un nouveau leurre : c'est la connaissance technologique ;
- Pouvoir travailler plus : c'est le capital travail.

Nous avons ci-dessus remarqué que pour identifier les facteurs qui contribuent à expliquer la productivité chaque fois revenait un mot, le capital. De quoi s'agit-il ?

Le capital

Souvenez-vous que dans le chapitre 2, introductif de cet ouvrage, nous vous avons livré une définition de l'intelligence dont l'auteur est le philosophe français H. Bergson, « l'intelligence, envisagée dans ce qui en paraît être la démarche originelle, est la faculté de fabriquer des objets artificiels en particulier des outils à faire des outils, et d'en varier indéfiniment la fabrication ».

Cette définition est la meilleure façon d'illustrer le capital. Pour la compréhension, prenons l'exemple d'un chaudronnier qui utilise un poste à soudure pour fabriquer une porte en fer forgé. Avant, ce poste à soudure a lui-même été le produit d'une entreprise qui fabrique les postes à soudure. Cette entreprise elle-même a utilisé d'autres équipements pour fabriquer ce produit. Ce qui signifie que, le capital est un facteur de production utilisé pour produire tout type de biens et services, incluant du capital supplémentaire. En d'autres termes, le capital est un facteur de production qui a été produit, c'est un intrant dans le processus de production alors qu'il a lui-même été le produit d'un processus de production.

Le capital physique

Prenons un secteur comme celui de l'agriculture. Lorsque la plupart des agriculteurs des pays africains pauvres au sud Sahara cultivent, ils utilisent des dabas, des machettes, des houes. D'autres outils permettent de travailler avec précision et rapidité. Ce qui veut dire qu'un agriculteur africain qui travaille dans ces conditions produira moins que son collègue européen qui dispose des machines. Moralité, les travailleurs sont plus productifs s'ils disposent des outils sophistiqués ou des machines pour travailler. Ainsi, le capital physique est le stock d'équipements et d'infrastructures utilisés pour produire les biens et services.

Le capital humain

À notre sens, le premier déterminant de la productivité est le capital humain. Il s'agit de toutes les connaissances que les humains acquièrent sur les bancs de l'école, dans l'apprentissage, dans la vie de tous les jours, au contact des autres, dans les voyages, dans leurs recherches, dans leurs parcours professionnels, etc.

Nous sommes conscients de ce que ces éléments suscités qu'acquiert l'humain ne sont pas palpables comme les machines et les infrastructures, mais le capital humain précède le capital physique. Il s'ensuit que la présentation habituelle qui met les arguments de la fonction de production au même niveau mérite d'être revue. En ce sens que le capital humain est le premier intrant du capital physique. C'est l'humain qui crée, qui invente la machine, les infrastructures (capital physique) et qui s'en sert (capital travail) à ses fins, par exemple, pour augmenter sa capacité de production des biens et services. Mais, bien que l'un étant le fruit de l'autre, le capital physique et le capital humain ont beaucoup de points communs :

- Le capital humain est un facteur qui a été développé. Les enseignants, le temps d'études, les ouvrages encore produits par l'intelligence humaine peuvent être considérés comme des intrants qui l'aident à se développer.
- Le capital humain, tout comme le capital physique produit par l'humain, augmente la capacité de production des biens et services d'un pays.

De toute évidence, le capital humain est alors la connaissance et les compétences (le savoir-faire ou le ''know how'') que les travailleurs acquièrent et développent au travers de l'éducation, de la formation et de l'expérience.

Les ressources naturelles

Les ressources naturelles constituent un autre déterminant de la productivité. Les minerais (solides et liquides), les eaux, la terre sont des ressources naturelles. Toutefois, une précision importante. Il existe deux types de ressources naturelles. Il y a des ressources naturelles renouvelables et les ressources naturelles non renouvelables. L'exemple classique d'une ressource naturelle renouvelable est le bois. Lorsqu'un arbre est coupé, l'on pourrait procéder au reboisement de la forêt, même si certaines essences rares dans les pays africains ont plusieurs années d'âge et prendraient beaucoup d'autres années pour se renouveler. Un autre exemple classique d'une ressource naturelle, cette fois, non renouvelable, c'est le pétrole. Il existe en quantité limitée. Il est produit par la nature en des millions d'années. Lorsque ses réserves sont épuisées dans un lieu, il est presque impossible d'en produire.

Comme nous l'avons vu dans la deuxième partie de cet ouvrage au chapitre 4, les enjeux géostratégiques de l'industrialisation (la transformation des ressources naturelles en des produits semi-manufacturiers et manufacturiers) reposent sur la quête et le contrôle des ressources naturelles à travers le monde. Pour les pays qui en disposent, cela pourrait être une chance comme un malheur. Elles peuvent être à la source des conflits les plus meurtriers et les plus sanglants. Il n'est donc pas étonnant que ceux qui en disposent abondamment et qui ne disposent pas de moyens de dissuasion ne parviennent ni à en bénéficier à leur juste valeur ni à les transformer. L'inégalité dans la répartition et la transformation des ressources naturelles est à l'origine des différences internationales dans les niveaux de vie. Les pays africains en savent quelque chose. L'industrialisation d'un pays ou de tout un continent n'est alors guère possible sans la tactique (la stratégie) et le sens critique des hommes qui le gouvernent.

Cependant, il est important de faire remarquer que le Japon est l'une des nations les plus riches de la planète alors qu'il possède très peu de ressources naturelles. Pour compenser ce handicape naturel, les

Japonais ont grâce à des politiques publiques bien conçues, décidé d'investir et de développer le capital humain. Celui-ci leur a permis, ensuite, de développer le capital physique et la technologie. La combinaison de ces trois facteurs leur permet de produire et d'exporter les biens et services qui génèrent des devises qui permettent à l'économie nipponne d'importer des ressources naturelles dont elle a besoin pour exporter davantage de biens manufacturés vers d'autres économies parfois riches en ressources naturelles. Les ressources naturelles sont donc des facteurs de production et des services fournis par la nature.

La connaissance technologique

Souvenez-vous que, à l'introduction de la troisième partie de cet ouvrage intitulée ''Orientation et Politiques Economiques : Stratégies innovantes et concrètes dans les Autres Secteurs Porteurs de Croissance (Productivité et Emploi)'', nous avons expliqué que, dans certains secteurs de l'économie, il est possible d'atteindre une production importante sans industrialisation. Par exemple, hier, en Occident, les grandes fermes utilisaient des outils rudimentaires de travail et avaient besoin d'employer une main-d'œuvre abondante, des milliers d'ouvriers pour atteindre une production agricole importante. Aujourd'hui, grâce à l'industrialisation (la mécanisation agricole et la révolution technologique), les mêmes grandes exploitations agricoles emploient, en Occident, quelques personnes souvent pour un rendement beaucoup plus important : une véritable production industrielle nécessaire pour produire suffisamment de nourriture pour toute la population. Cependant, bien que la population a augmenté en Occident, les gens ont trouvé des emplois et souvent plus rémunérateurs grâce à l'industrialisation de l'Occident. Cela veut dire que le progrès technologique dans le cadre de l'industrialisation a libéré de la main-d'œuvre (du travail) pour produire d'autres biens et services. Nous sommes parvenus à la même conclusion en ce qui concerne les pays africains, car, ils doivent industrialiser leurs économies en général, et leurs agricultures en particulier telles que nous sommes en train de le planifier dans cet ouvrage.

La connaissance technologique est alors un déterminant de la productivité qui représente la connaissance ou la capacité d'une société à comprendre des meilleures manières de produire des biens et services. Quels sont les différents types d'évolution technologique du point de vue de la propriété intellectuelle ?

- La propriété dans le court terme

  Pour pouvoir illustrer la situation de propriété technologique dans le court terme, nous allons prendre l'exemple du secteur de la santé, notamment, celui de la fabrication des médicaments. Dans l'industrie pharmaceutique, les brevets sont à durée limitée, que la firme qui crée un nouveau médicament n'a qu'un droit temporaire d'en produire exclusivement. Ce qui fait que d'autres entreprises ont le droit de fabriquer ce médicament après expiration du brevet. C'est cela les technologies propriétaires dans le court terme.

- La propriété commune

  Dans le secteur automobile, presque tous les constructeurs automobiles du monde utilisent, les lignes d'assemblage dans leurs usines. Cette méthode a été inventée par l'américain Henry Ford et a été immédiatement copiée dans le monde. Cela a été possible parce que ce type de technologies relève de ce que nous appelons de la propriété (connaissance) commune.

- La propriété exclusive

  Comme son nom l'indique, certaines connaissances relèvent de la propriété exclusive de leur inventeur. Dans l'industrie agroalimentaire par exemple, chaque société brassicole est la seule dans un pays à connaître la recette secrète de brassage d'une bière qu'elle produit et qui est très appréciée des consommateurs. Ce type de connaissances relèvent de la propriété exclusive, ou encore des technologies propriétaires.

Toutefois, il est nécessaire d'établir la différence qui existe entre la connaissance technologique et le capital humain. Ce n'est pas très évident parce que ces deux notions sont étroitement liées.

Dans cet ouvrage, nous avons défini la connaissance technologique comme étant la capacité d'une société à mieux comprendre le déroulement ou le fonctionnement d'un processus et le capital humain comme étant le premier facteur de production, l'homme (son intelligence, son énergie, sa force de travail et son action) au centre de la transmission de la compréhension ou de toutes les connaissances y compris technologiques donc, au centre de la production du capital. Nous pouvons comparer la connaissance technologique au fruit de l'intelligence de l'homme, par exemple, les manuels scolaires que l'homme lui-même produit et le capital humain au temps et à l'énergie que l'homme consacre à les lire. Donc, la productivité de l'homme (des travailleurs) dépend à la fois de la qualité des manuels qu'il produit et du temps qu'il consacre à les étudier.

CHAPITRE 12

ÉPARGNE, INVESTISSEMENT ET FINANCE (SYSTÈME ET OUTILS DE BASE)

Dans le chapitre précédent, la théorie économique nous a montré et confirmé qu'il n'y a pas mille options économiques plus efficaces en dehors de la production industrielle pour faire reculer fondamentalement le chômage (diversifier, augmenter ou accroître le nombre de travailleurs : la main-d'œuvre ou le travail) dans une économie ou dans un pays ou encore pour faire augmenter ou accroître la productivité (la croissance ou l'augmentation de la quantité de biens et services produits par heure travaillée). L'augmentation de la production permet donc de relever le revenu[16], ou encore de relever le niveau de vie des populations d'un pays. Le relèvement du niveau de vie des populations d'un pays s'appelant, simplement le développement ou l'émergence de ce pays.

En somme, nous venons de comprendre que le niveau de vie d'une société dépend de sa capacité à produire des biens et services et que sa productivité dépend du capital humain, du capital physique, des ressources naturelles et de la maîtrise de la technologie. Dans le présent chapitre, nous allons nous intéresser au système financier et à son fonctionnement. Les macro économistes ont besoin d'étudier les événements et les politiques économiques qui influencent le système financier pour appréhender le fonctionnement des marchés financiers. Bref, pour comprendre le fonctionnement de l'économie dans son ensemble. Mais avant, étudions le rôle de l'épargne et de l'investissement de la qualité de la dette publique et l'influence de la politique publique dans la croissance d'une économie de long terme.

XII.1. ÉPARGNE, INVESTISSEMENT, QUALITÉ DE LA DETTE PUBLIQUE, INFLUENCE DE LA POLITIQUE PUBLIQUE ET CROISSANCE ÉCONOMIQUE

XII.1.1 Épargne et Investissement

D'abord, pour comprendre les notions d'épargne et d'investissement, reprenons l'exemple du chaudronnier qui nous a permis de mieux illustrer la notion du capital dans le chapitre précédent intitulé Productivité et Croissance Economique (XI.2 Les

---

[16] *C'est pour cela que, pour des raisons d'ordre méthodologique, nous vous avons présenté, en avance, la notion du revenu. (...) Le PIB qui mesure le revenu total d'une nation qui permet alors de mesurer le bien-être économique d'une société (...). Voir chapitre 10.*

Déterminants de la Productivité : Comment détermine-t-on la productivité ?).

Cette fois, notre chaudronnier voudrait à l'avenir fabriquer par mois, plus de portes en fer forgé qu'il en produit aujourd'hui. Pour cela, l'unique poste à soudure qu'il utilise ne peut permettre un tel niveau de production par mois. Il décide alors de se procurer un second poste à soudure. En effet, les portes qu'ils fabriquent actuellement dégagent un bénéfice après les dépenses de son atelier qui lui permet d'épargner très peu et de satisfaire à peine ses besoins personnels et familiaux (se loger, boire quelques bières avec des amis, se nourrir, se vêtir, etc.) sa consommation courante. Pour y parvenir, il se rend compte qu'il est obligé de réduire la quantité de bières, de nourriture, de vêtements, etc., de réduire sa consommation courante et de mettre de côté, ou encore, d'épargner ce qu'il en réduit. Au bout d'un certain temps, il parvient à épargner le montant correspondant au prix d'achat du second poste à soudure. Lorsqu'il renforce son atelier avec ce second poste à soudure, il obtient la capacité de fabriquer dorénavant le double du nombre actuel des portes et le bénéfice après les dépenses de son atelier s'augmente et logiquement, non seulement, il a la possibilité de boire et d'offrir la même quantité de bières à ses amis, de procurer à sa famille la même quantité de nourriture et de vêtements que par le passé, mais il a, désormais, la capacité de l'augmenter et de louer une maison un peu plus grande pour sa famille.

En réalité, notre chaudronnier a investi dans le capital de son atelier en décidant de moins consommer son revenu courant et d'en épargner une grande part pour investir dans le capital de son atelier. Si nous appliquons ce cas à celui de l'économie d'une nation, nous arriverons à la conclusion que si l'économie produit aujourd'hui une grande quantité de biens capitaux alors, demain, elle disposera d'un grand stock de capital et elle sera capable de produire tous les biens et services en quantité plus importante comme notre chaudronnier. En d'autres termes, une autre manière d'accroître ou d'augmenter la productivité future est d'investir davantage de ressources courantes dans la production du capital. Donc, pour qu'une société puisse investir davantage dans le capital, elle doit moins consommer son revenu courant et en épargner une plus grande part.

Ceci est une parfaite illustration sur le plan théorique de ce que nous avons proposé au plan pratique dans cet ouvrage. En effet, dans le secteur des travaux publics, nous avons formulé une politique, ou encore, une stratégie (construit le modèle CPFC ou le plan T) de construction, en grand nombre et en qualité des infrastructures publiques dans les pays africains. La construction ou le développement des infrastructures fait partie de ce que nous appelons l'accumulation du capital physique en économie. Comme le capital est un facteur de production produit, notre modèle a prévu d'une part, la production à faibles coûts budgétaires des matériaux destinés à la construction publique et la création d'un pôle d'engins départemental pour permettre aux municipalités et aux entreprises privées (les PME nationales, les multinationales et les entreprises étrangères de BTP) de procéder à l'aménagement du territoire (création des grands espaces urbains, embellissement et désengorgement des métropoles, création et aménagement des banlieues, construction des bâtiments publics à usage d'habitation, commercial et administratif, etc.). D'autre part, de produire à faibles coûts budgétaires, le plus grand nombre de voies de chemins de fer et de routes qui vont principalement permettre pour l'instant, l'évacuation des denrées alimentaires des campagnes vers les marchés urbains, la facilitation et la sécurisation du déplacement des biens et des personnes, la fluidité de l'activité économique, et à l'avenir, l'évacuation des produits semi-manufacturiers et manufacturiers d'une partie des usines occidentales délocalisées de l'Asie vers les pays africains dans le cadre du new deal industriel Afrique-Occident. Cela signifie qu'une société peut changer le volume de capital dont elle dispose. À titre de rappel, et afin d'établir davantage le lien entre la pratique et la théorie, ce que nous avons proposé pour le financement de ce modèle (CPFC) ou du plan T. est le suivant :

Sur le plan pratique, que le financement soit en adéquation avec les réalités et les ressources budgétaires actuelles (les mêmes montants mobilisés actuellement sous forme de fonds propres et de l'endettement) des États africains.

Ce qui signifie en théorie que comme les ressources sont rares (vous vous souvenez certainement de notre définition de l'économie donnée à l'entame du chapitre 10 de cet ouvrage réservé aux données de la macroéconomie), pour que chaque État africain puisse investir davantage dans le capital physique, par exemple, l'État doit diminuer son budget de fonctionnement, qu'il doit moins consommer son revenu courant (issu de ses recettes propres et de son endettement actuel) et en épargner, ou encore, en investir intelligemment une plus grande part dans la production des biens capitaux. Car, la croissance issue de l'accumulation du capital physique, par exemple, n'est pas gratuite. Il faut la planifier ou la prévoir, il faut l'anticiper dès à présent. Elle requiert que le pays puisse sacrifier, aujourd'hui, des modèles économiques budgétivores (le modèle ultralibéral dans la construction publique), et diminuer son budget de fonctionnement (des biens et services de consommation), afin de pouvoir à l'avenir consommer plus et mettre en œuvre les mêmes modèles économiques implémentés actuellement par les pays qui ont déjà la capacité de consommer plus aujourd'hui. De ce point de vue, une politique publique peut influencer la quantité de l'épargne et d'investissement. Donc, un gouvernement qui encourage l'épargne et l'investissement aujourd'hui encourage à long terme la croissance et le progrès du niveau de vie de son économie.

Cela s'appelle la qualité de la dette publique, le rôle de l'épargne et de l'investissement et l'influence d'une politique publique bien conçue (par exemple, le modèle CPFC ou le plan T). Si les partenaires au développement (bilatéraux et multilatéraux) de l'Afrique sont sincères vis-à-vis des gouvernements des pays africains, ils pourraient contribuer à réorienter, dès à présent, une grande partie de la dette et de l'aide au développement qu'ils accordent, en ce moment, aux pays africains vers le financement du plan T mis en œuvre par le modèle CPFC pour la construction et le développement des infrastructures publiques, en grand nombre et en qualité, dans les pays africains qui vont davantage servir les intérêts des occidentaux dans le futur, dans le cadre du new deal industriel Afrique-Occident.

XII.1.2. Le rôle de la main invisible et de la politique fiscale dans l'incitation à l'épargne et à l'investissement

Les marchés financiers fonctionnent comme tous les autres marchés. Dans le marché de l'huile de palme dans les pays africains, par exemple, le prix s'ajuste pour que l'offre et la demande s'équilibrent. C'est de cette façon que la main invisible coordonne le comportement des producteurs et des consommateurs de cette denrée en Afrique. Souvent, lorsque le prix augmente sur le marché, les producteurs accourent, cependant, les ménagères africaines préfèrent acheter et consommer de l'huile raffinée d'arachide, de soja, etc. Ce qui contraint les producteurs à ajuster le prix. Aussi, lorsque le prix de l'huile de palme commence à baisser, presque toutes les ménagères y reviennent, mais, les producteurs quant à eux, choisissent d'écouler leur production sur les marchés frontaliers et dans les pays voisins afin de contraindre le marché local à ajuster le prix.

De la même manière sur les marchés financiers, lorsque le taux d'intérêt augmente, la quantité offerte de fonds prêtables augmente. Cependant, la quantité demandée de fonds prêtables diminue parce que le taux d'intérêt est, par définition, le prix du crédit. Lorsque le taux d'intérêt est élevé, il rend logiquement l'épargne plus rémunératrice et les emprunts plus coûteux. Quand le taux d'intérêt diminue, c'est exactement l'inverse qui se produit dans les marchés financiers c'est-à-dire, la demande des fonds prêtables augmente tandis que l'offre des fonds prêtables diminue. Donc, la courbe de demande de fonds prêtables est décroissante alors que celle de l'offre de fonds prêtables est croissante, comme dans le marché de l'huile de palme dans les pays africains.

Comme vous pouvez aisément le remarquer, le modèle libéral est un mode d'organisation de l'activité économie par excellence qui s'impose de lui-même dans certains secteurs de l'économie, quel que soit le pays, grâce à la main invisible qui parvient à coordonner le comportement des producteurs et des consommateurs avec leur nature égoïste dans l'intérêt de tous. C'est pour cela que le communisme était voué à l'échec, parce que l'on ne s'oppose pas à la science tout comme à la nature. Car, à chaque fois que l'Homme s'oppose à la science ou à la nature, tôt ou tard, les effets sont dévastateurs[17]. Ainsi, dans certains secteurs de l'économie, autant la main invisible ajuste le prix pour que l'offre et la demande s'équilibrent sur le marché dans l'intérêt général, reconnaissons que, dans d'autres secteurs de l'économie, comme toute théorie, la main invisible a ses limites, qu'elle est inefficace et inéquitable, par exemple, dans la production du capital physique, notamment, dans la production des infrastructures dans un pays pauvre et sous-développé. La preuve, depuis 58 ans, c'est-à-dire, depuis 1960, date de l'indépendance de la plupart des pays africains au sud du Sahara, la main invisible ne parvient pas

[17] *Risque que l'Occident est en train de courir et de faire courir aux Occidentaux avec le déferlement des vagues d'immigration, de la jeunesse africaine, depuis les frontières méditerranéennes, dont rien ne pourra ni stopper ni altérer la détermination. Car, rien ne peut stopper ou altérer l'instinct de survie, en dehors, de la vie. (Voir chapitres 2 et 11).*

ajuster le prix du kilomètre de route bitumée ou de rail, toujours très élevé en Afrique. Pour équilibrer l'offre, par exemple, des voies de chemin de fer, des routes, etc., et la demande des populations en chemins de fer, routes (même en terre battue), hôpitaux, écoles, points d'eau potable, comme c'est le cas, dans les pays développés. Ce, malgré et en plus de la régulation keynésienne pratiquée dans ce secteur en Afrique (la plupart des gouvernements africains au sud du Sahara régulent le marché du ciment et du fer à béton, par exemple, en homologuant systématiquement le prix de ces matériaux prioritaires de construction que tous les concurrents sont obligés d'observer sur le marché).

En effet, c'est la preuve que, Adam Smith, John Maynard Keynes et autres, en pensant la théorie économique ne pensaient pas à l'Afrique, mais, plutôt à l'Occident. Ce qui est normal et tout à fait intellectuellement responsable. C'est d'abord des Occidentaux, ils devaient penser à la meilleure manière de résoudre les problèmes de leur environnement avec les moyens qui étaient ceux de leurs pays. Contrairement aux ''intellectuels'' africains, non, aux grands diplômés africains qui, dans leurs publications scientifiques, ne manquent pas d'occasion d'étayer leur manipulation de la formulation mathématique inutile et des concepts théoriques ''savants'' à peine bons pour les amphis, au point de devenir des assimilateurs et des simulateurs des concepts des autres. En revanche, il revient à l'économiste africain responsable, à son tour, de penser à la meilleure façon de résoudre les problèmes de son environnement avec les moyens qui sont ceux de son pays ou de son continent. Donc, de repenser la théorie économique, ou encore, de l'adapter aux réalités des pays africains. Tel a été l'objet de cet ouvrage et c'est ce que nous avons tâché concrètement de faire tout au long de sa rédaction, comme cela n'a certainement pas pu échapper à votre compréhension.

Nous aurions pu vous produire, ici, une figure qui indique la valeur qui équilibre l'offre et la demande de fonds prêtables. Mais, nous nous sommes abstenus de le faire parce que vous la trouverez dans tous les ouvrages d'économie. Retenons tout simplement que, il faut distinguer le taux d'intérêt réel du taux d'intérêt nominal. Le taux d'intérêt nominal **:** est une valeur qui permet de mesurer le rendement monétaire de l'épargne et le coût monétaire d'un emprunt.

Le taux d'intérêt réel **:** est une valeur qui est égale au taux d'intérêt nominal moins le taux d'inflation. Ce qui veut dire qu'il permet de corriger le taux d'intérêt nominal de la valeur de l'inflation. En d'autres termes, l'offre et la demande de fonds prêtables dépendent plus du taux d'intérêt réel que du taux d'intérêt nominal. Parce qu'il reflète avec plus de précision le rendement réel de l'épargne et le coût réel d'un emprunt, l'inflation ayant pour effet d'éroder au fur et à mesure, les valeurs monétaires. Maintenant, en ce qui concerne l'influence de la politique fiscale sur l'épargne et l'investissement, nous devons avouer que personnellement, nous sommes sceptiques à l'idée d'une politique fiscale miracle dont l'implémentation inciterait les individus à épargner plus. Par contre, nous croyons à la mise en œuvre d'une politique fiscale qui augmenterait les incitations à l'investissement. Par exemple, le crédit d'impôt à l'investissement.

Le crédit d'impôt à l'investissement : est une exonération de taxes que l'État accorde pendant un certain temps aux firmes qui construisent une nouvelle usine ou qui achètent un nouvel équipement productif à l'effet de produire davantage ou d'employer plus de personnes. En effet, une telle réforme fiscale inciterait les grandes et les petites entreprises, même celles qui n'en avaient pas l'intention, à emprunter davantage pendant cette période pour investir avec l'idée que le coût de l'investissement sera réduit grâce à l'allègement fiscal sur les équipements. Précisément, nous avons vu une telle mesure avoir des effets immédiats dans le secteur des ordinateurs, malheureusement, le pays qui l'avait implémentée ne fabrique pas des ordinateurs sinon l'impact sur la croissance de ce pays aurait été significatif, seulement grâce à cette mesure. En effet, dans les années 2000, le gouvernement camerounais avait décidé d'exonérer de toutes taxes, l'entrée sur son territoire, des ordinateurs. Du coup, le coût des ordinateurs sur le marché local a drastiquement diminué et nous avons vu des gens qui avaient peu de moyens aller jusqu'à s'endetter pour acheter plusieurs ordinateurs pour leurs maisons y compris pour leurs enfants.

Les effets positifs d'une telle réforme fiscale sur l'ensemble de l'économie sont tels que, le multiplicateur keynésien d'investissement se passerait de tout commentaire. Nous sommes donc pour que toutes les usines occidentales qui seront délocalisées de l'Asie vers les pays africains puissent bénéficier d'un crédit d'impôt à l'investissement dans le cadre du new deal industriel Afrique – Occident.

Par ailleurs, autant nous ne croyons pas en une réforme fiscale qui augmenterait directement l'épargne, autant nous commenterons très peu l'influence du déficit et de l'excédent budgétaire de l'État sur l'offre et la demande de fonds prêtables dans les pays africains au sud du Sahara, puisque ce sont des pays pauvres et sous-développés. Par définition, à budget essentiellement déficitaire. Ce qui veut dire que la source de l'offre de fonds prêtables est essentiellement composée de l'épargne privée et dans une moindre mesure d'une épargne très courte de l'État. En revanche, l'effet d'éviction aurait pu être permanent dans ces pays si leurs gouvernements empruntaient régulièrement sur le marché financier local.

L'effet d'éviction : la baisse de l'investissement privé qui résulte du déficit budgétaire de l'État et de ses emprunts qui évincent les emprunteurs privés sur le marché des fonds prêtables suite à une hausse du taux d'intérêt. Mais, de toutes les manières, comme nous l'avons déjà vu dans ce chapitre, l'investissement étant un facteur important de la croissance économique de long terme, les déficits budgétaires des États africains réduisent considérablement le taux de croissance de l'économie de ces pays.

XII.1.3 Identités comptables, Épargne et Investissement

Une identité : est une équation qui est d'une manière générale, toujours vraie du fait de l'acception des variables qui composent ladite équation.

La comptabilité : permet de mettre en lumière certaines variables numériques. Un comptable privé peut permettre à une firme de procéder au recoupement de ses recettes et de ses dépenses. La comptabilité nationale fait la même chose sur le plan macroéconomique. Cela signifie que la comptabilité nationale regroupe le PIB et d'autres variables statistiques. Après avoir définir une identité et la comptabilité au plan statistique. Maintenant, nous voulons voir comment certaines identités comptables permettent-elles d'appréhender le rôle macroéconomique des marchés financiers.

Souvenez-vous que dans le chapitre 10 de cet ouvrage, nous avons partagé le PIB en quatre composantes de la dépense. N'oublions pas que nous avons également défini le PIB (le Produit Intérieur Brut) comme étant à la fois le revenu total et la dépense totale d'un pays portant sur les biens et services produits par son économie. Ce qui nous avait permis de poser l'équation suivante :

$$\beta \equiv C + I + D + EN \quad (\$)$$

Où β = PIB, C = Consommation, I = Investissement, D = dépenses de l'État, EN = Exportations Nettes.

Souvenez-vous également qu'au deuxième chapitre introductif de cet ouvrage, pour décrire le PIB nous nous servions de la théorie du célèbre chimiste Lavoisier pour qui « Rien ne se perd, rien ne se crée, tout n'est que transformation » de la même valeur dans une économie. 1 dollar dépensé par un acheteur correspond à 1 dollar reçu par un vendeur dans une économie. En effet, cette équation ($) met en évidence notre façon d'appréhender et d'expliquer le PIB à partir de la théorie de Lavoisier. C'est à cause de cette évidence que vous avez pu remarquer que, pour l'écriture de cette équation, nous avons préféré le signe identité à celui de l'égalité. Cette équation est alors une identité parce que rien ne se perd, rien ne se crée, tout n'est que transformation de la même valeur dans une économie considérée dans son ensemble, chaque dollar dépensé qui apparaît du côté gauche de cette équation se retrouve évidemment dans une des quatre composantes du côté droit de la même équation. En d'autres termes, la façon dont les variables de notre équation sont définies et mesurées fait qu'elle est toujours vraie.

De la même manière, pour établir l'égalité entre l'épargne et l'investissement, nous allons nous servir une fois de plus de la formalisation. Pour notre analyse et à l'effet de tirer certains enseignements qui s'appliqueraient à toutes les économies, lorsque nous avons décomposé le PIB au chapitre 10 de cet ouvrage, nous imaginions que cette décomposition du PIB vous semblait incomplète parce qu'au moment où nous parlions des ménages dans cette partie de l'ouvrage, nous avons dit que dans le cadre d'une économie réelle, ils ne dépensent ou ne consomment pas intégralement leur revenu, qu'ils en épargnent souvent une petite partie et paient les impôts à l'État. Mais, nous posions alors la question de savoir pourquoi l'épargne et les impôts n'apparaissaient-ils pas parmi les variables qui composent le PIB ? Le moment est venu de vous donner une réponse à cette question, telle que nous vous l'avons promis au chapitre 10.

Pour comprendre, prenons le cas d'un pays qui n'a pas pu procéder aux exportations en une année, EN = 0. Ce pays ne pourrait-il pas mesurer son PIB cette même année alors que ses ménages, ses entreprises et l'État dépensent et consomment à l'intérieur du pays ?

En supposant que EN = 0 alors $\beta = C + I + D$

À l'aide de la droite de cette équation, nous remarquons que pour ce pays, cette année chaque unité de produit est consommée par les ménages, investie par les firmes ou achetée par l'État. Ce qui montre clairement que le PIB est la somme de la consommation, de l'investissement et des dépenses de l'État.

Bien que nous avons dit que nous commenterons très peu l'influence du déficit et surtout de l'excédent budgétaire de l'État sur l'offre et la demande de fonds prêtables dans les pays africains au sud du Sahara, puisque leurs budgets sont presque toujours déficitaires, la partie théorique de cet ouvrage étant particulièrement destinée aux étudiants, les implications de cette équation sur ce que nous voulons montrer nous obligent à nous intéresser à l'excédent du revenu national.

Si $\beta = C + I + D \rightarrow \beta - (C + D) = I$

Le côté gauche de cette équation mesure l'écart positif entre le revenu national et la somme des dépenses de consommation des ménages et des dépenses de l'État. Cet écart positif est appelé l'excédent du revenu national sur les dépenses de consommation des ménages et les dépenses de l'État que nous appelons en économie, l'épargne nationale ou encore l'épargne notée €.

$$€ = \beta - (C + D) \text{ donc, } € = I.$$

€ = I établit clairement que l'épargne est égale à l'investissement.

Bien que les États africains au sud du Sahara aient un budget essentiellement déficitaire, nous allons montrer d'une manière générale que dans une économie, l'épargne nationale, ou encore, l'épargne est composée d'une épargne publique et d'une épargne privée. Pour cela, reposons notre équation :

$€ = \beta - (C + D) = \beta - C - D$ et $€ = (\beta - T - C) + (T - D)$ où T = montant des impôts collectés par l'État auprès des ménages.

Nous remarquons que ces deux équations sont identiques, car il suffit d'additionner les variables $-T+T$ dans la seconde équation pour qu'elles se compensent, i.e. $-T+T = 0$. Cependant, ces deux équations nous informent sur deux façons de concevoir l'épargne nationale.

La première équation nous permet d'établir l'égalité entre l'épargne et l'investissement, tandis que la seconde nous permet de distinguer l'épargne privée de l'épargne publique dont la somme des deux, forme l'épargne nationale. En effet :

- (β - T – C) indique clairement que les ménages perçoivent un revenu d'un montant β, dépensent un montant T et un montant C, respectivement sous forme d'impôts payés à l'État et de consommation. La composante (β - T – C) correspond alors à l'épargne privée ;

- (T-D) indique que l'Etat perçoit les recettes fiscales d'un montant T auprès des ménages et dépensent un montant D sous forme de biens et services. La composante (T-D) correspond alors à l'épargne publique.

À titre d'exercice individuel, nous vous recommandons de parvenir à formuler les définitions des identités comptables suivantes : l'épargne privée et l'épargne publique. Ensuite, l'excédent budgétaire et le déficit budgétaire. Comme indication, qu'est-ce qui se produit lorsque T>D ou T< D ?

Maintenant que vous avez pu définir ces identités comptables, essayons de les relier aux marchés financiers. Nous avons établi que, pour une économie considérée dans son ensemble, l'épargne doit être égale à l'investissement, ou € = I est une identité. Qu'est-ce qui recueille alors d'un côté l'épargne d'un pays et la redirige, de l'autre côté vers l'investissement ? Bref, qu'est-ce qui coordonne les épargnants et les investisseurs dans une économie ?

XII.2. LE SYSTÈME FINANCIER

Nous venons de voir qu'un gouvernement qui réduit sa consommation courante (son budget de fonctionnement), encourage l'épargne et l'investissement aujourd'hui, encourage à long terme la croissance et le progrès du niveau de vie de son économie. Ce qui veut dire que lorsqu'un pays épargne une grande part de son PIB, les ressources disponibles sont plus importantes pour l'investissement en capital. L'accumulation du capital augmente ou accroît la productivité du pays, ou encore son niveau de vie comme celui de notre chaudronnier qui, grâce à son épargne accumulée, a été capable d'investir dans un bien capital : l'achat d'un second poste de soudure pour son atelier.

Une autre personne, un autre entrepreneur ou un autre chaudronnier aurait pu emprunter de l'argent auprès d'une banque, d'un usurier ou d'un tiers. Cette possibilité soumet cette personne à un remboursement de l'emprunt et au paiement des intérêts. Une autre possibilité s'offre également à la personne, elle peut demander ce montant à un tiers contre une partie des bénéfices de son atelier le moment venu, quelle que soit leur valeur. Pour ces deux possibilités, l'investissement en ce nouveau poste de soudure est financé par l'épargne de quelqu'un d'autre. Ce qui veut dire qu'il y a des personnes dans une société qui souhaiteraient épargner une partie de leur revenu tandis que d'autres souhaiteraient emprunter pour financer des nouveaux investissements dans leurs activités économiques. Une société doit alors trouver le moyen de les mettre en relation et s'assurer que l'offre des fonds qui provient des épargnants pourra équilibrer la demande de fonds qui émane de ceux qui souhaiteraient emprunter ou investir. Bref, les économistes ont pour rôle de pouvoir expliquer ce moyen, ou encore, d'expliquer comment l'économie parvient à coordonner l'épargne et l'investissement. Le système financier est donc ce moyen, ou encore, l'ensemble des institutions financières qui permettent la rencontre entre l'épargne des uns et le besoin d'emprunt ou de financement de l'investissement des autres.

XII.2.1. Les institutions financières

L'épargne de Pierre pourrait être plus élevée que son investissement et il décide de déposer cet excédent (cet écart) auprès d'une banque. L'épargne de Paul est plus faible que son investissement et il décide d'emprunter ce qui lui manque (cet écart) auprès d'une banque (une institution financière). Les institutions financières permettent d'utiliser et de combler ces écarts entre l'épargne et l'investissement, ou encore, permettent à l'épargne des uns de financer l'investissement des autres. En d'autres termes, nous dirions que le système financier alloue par ce mécanisme, les ressources depuis les épargnants (des individus comme Pierre qui dépensent moins que ce qu'ils gagnent) vers les emprunteurs (les individus comme Paul qui dépensent plus que ce qu'ils gagnent).

Le système financier est composé des marchés financiers et des intermédiaires financiers.

XII.2.1.1. Les marchés financiers

Comme son nom l'indique, les marchés financiers sont les points de rencontre de l'offre des fonds et de la demande des fonds. Ces points de rencontre s'appellent les institutions financières. En d'autres termes, les marchés financiers sont les institutions à travers lesquelles les personnes qui souhaitent épargner peuvent directement offrir leurs fonds aux personnes qui ont besoin d'emprunter. Le marché obligataire et le marché boursier sont les deux principaux marchés financiers dans une économie.

XII.2.1.1.1 Le marché obligataire

Pour mieux vous présenter le marché obligataire, nous allons d'abord définir ce qu'il émet à savoir l'obligation.

Une obligation **:** est un certificat ou un titre de dette qui détermine, à la fois, la date de remboursement de l'emprunt et le taux d'intérêt qui sera payé de manière périodique jusqu'à échéance. La maturité de l'emprunt, ou encore l'échéance : est tout simplement la date de remboursement de l'emprunt (le capital ou le principal).

Le marché obligataire **:** est donc une institution qui permet à une firme, à un Etat ou à une collectivité locale de financer ses nouveaux investissements en émettant directement des obligations auprès du public. L'achat d'une obligation comporte-t-il un risque ? Contrairement à une idée largement répandue dans le public selon laquelle un emprunt obligataire est un placement sans risque parce qu'un État par exemple ne disparaît jamais, même lorsqu'il connaît des difficultés, il finit toujours par payer ses dettes. Si cela est presque toujours vrai en ce qui concerne l'État, cela ne l'est pas toujours concernant les millions d'obligations émises par les entreprises à travers le monde. C'est ce que nous appelons en économie, le risque de crédit.

Le risque de crédit **:** c'est la probabilité que l'emprunteur ne soit pas en mesure de rembourser les intérêts ou le principal (le capital) pour une raison ou pour une autre (en se déclarant en faillite, par exemple). De toutes les façons, lorsque cela se produit, nous disons que l'emprunteur a fait défaut. En principe, plus la probabilité de défaut de l'emprunteur est grande, plus le taux d'intérêt est élevé. Plus le risque de crédit associé est faible moins le taux est élevé.

Junk-Bonds : ce sont des obligations de mauvaise qualité, ou encore, des obligations poubelles émises par des entreprises à l'avenir incertain qui rapportent des taux d'intérêt très élevés. Heureusement, il existe dans le monde de la finance des agences de notation telles standard and Poor's, Moody's et Fitch qui publient des données qui informent les acheteurs d'obligations sur le risque d'une obligation et le terme de l'obligation. Le terme de l'obligation : est la durée de l'obligation jusqu'à sa maturité.

Si une obligation a un terme, cela veut dire qu'il y a des obligations à court, à moyen et à long terme et que les taux d'intérêt dépendent aussi probablement de la durée de l'obligation. Existe-t-il des obligations qui n'ont pas de terme ou de maturité ? En général, plus la durée des obligations est longue, mieux elles paient un taux d'intérêt élevé. Le risque à compenser dans ce cas étant que le détenteur de l'obligation pourrait même perdre une partie de son argent s'il souhaite récupérer ses fonds avant la maturité de son obligation. Il ne peut que la vendre à un tiers qui pourrait la négocier à la baisse du montant initial.

Enfin, aussi surprenant que cela puisse paraître, il existe effectivement des obligations qui n'ont pas de maturité. Par exemple, un cas classique cité est celui de la grande Bretagne qui a émis une obligation perpétuelle. Une obligation perpétuelle : c'est une obligation qui n'a pas de maturité, autrement dit, c'est une obligation qui ne fixe pas la date de remboursement du capital (le principal) mais qui paie périodiquement des intérêts.

XII.2.1.1.2 Le marché boursier

Pour comprendre ci-dessus ce que c'est qu'un marché obligataire, nous avons commencé par définir ce qu'il émet. Nous allons procéder de la même manière pour appréhender la notion du marché boursier.

En effet, si le marché obligataire émet une obligation qui est une dette, comme nous venons de le voir, le marché boursier quant à lui, émet une action dont l'acheteur ou le détenteur devient de ce fait copropriétaire de l'entreprise qui a émis l'action.

Une action : est alors le morcellement d'un titre de propriété d'une firme dont le niveau de sa demande ou le prix reflète la perception que les épargnants ont de l'avenir ou encore de la probabilité future de cette firme. Ce qui signifie d'une part que si l'entreprise qui émet des actions pour financer ses investissements est très rentable, l'actionnaire touchera une partie des profits de l'entreprise tandis que le détenteur d'obligations touchera seulement les intérêts de ses obligations. L'actionnaire est alors copropriétaire alors que le détenteur d'obligations émises par une entreprise est créancier de cette dernière.

D'autre part, si les épargnants anticipent qu'une entreprise enregistrera des pertes ou peu de profits, le prix des actions de cette entreprise va baisser. C'est exactement l'inverse qui se produit lorsque les épargnants sont optimistes par rapport à l'avenir d'une entreprise. La demande des actions de cette dernière s'accroît et, par voie de conséquence, le prix augmente comme dans tout marché, les prix auxquels s'échangent les actions sur le marché boursier sont déterminés par l'offre et la demande de ces actions. La conséquence globale de tout ceci est que, comme le rendement potentiel des actions est élevé, le risque associé l'est également comparé aux obligations. Le rendement, ou le dividende **:** c'est un montant équivalent au pourcentage du prix de l'action, une partie des profits qu'une entreprise verse à ses actionnaires.

Le profit non distribué **:** c'est la part des profits qu'une entreprise ne reverse pas à ses actionnaires et qu'elle réinjecte dans le financement de certains de ses investissements. Presque toutes les économies dites modernes ont un marché boursier, où sont émises, s'échangent et se vendent les actions des entreprises du pays. Une fois achetées, lorsque les actions changent de main, les entreprises qui les ont émises ne perçoivent rien.

Pour évaluer le niveau des prix des actions, il existe des indices boursiers.

Un indice boursier **:** c'est une moyenne pondérée du prix d'un groupe spécifique d'actions. Nous pouvons citer quelques indices boursiers que vous voyez souvent défiler à la télévision :

- Le CAC 40 (indice boursier de la France) : Il mesure le prix moyen des 40 plus grandes entreprises du marché français des actions ;
- Le NIKKEI 225 (indice boursier du Japon) : Il mesure le prix moyen des 225 plus grandes entreprises du marché japonais des actions ;

- Le DAX 30 (indice boursier de l'Allemagne) : il est calculé à partir de la moyenne pondérée du prix des 30 plus grandes entreprises de la bourse de Frankfort ;
- Le Footsie ou le FTSE 100 (Financial Times Stock Exchange) est l'indice boursier de l'Angleterre ;
- Le DJIA (le Dow Jones Industrial Average, ou encore, le Dow Jones) est le plus important indice boursier du monde calculé par la bourse de New York depuis 1896 (le New York Stock Exchange). Il est, en ce moment, basé sur les 30 plus grandes entreprises des USA.

Les volumes, ou volumes journaliers : sont le nombre d'actions, souvent exprimées en milliers et arrondies au millier le plus proche, échangées la veille sur un marché boursier.

Le Price Earning (PE) : le ratio prix sur bénéfice d'une action, ou encore, le prix d'une action divisé par le bénéfice obtenu par action les années précédentes. Il permet de retracer l'historique des valeurs d'une entreprise. En d'autres termes, c'est le pourcentage de rendement antérieur de l'action d'une entreprise. Nous pouvons le comparer à un taux d'intérêt antérieur (de l'année dernière) d'une épargne, par exemple. Pour mieux comprendre ce véritable thermomètre des valeurs antérieures qu'est le PE, commençons par expliquer comment vous pouvez vous renseigner avant d'acheter. En tant que conseil financier, comment pouvez-vous conseiller un tiers à l'effet d'acheter des actions dans une place boursière.

D'abord, retenons que la première information à obtenir est de savoir le prix auquel l'action de chaque entreprise est échangée sur le marché boursier. Nous vous conseillons de ne pas disperser votre attention en essayant de vous informer sur les multiples fluctuations du prix de l'action au cours de la journée. Focalisez-vous sur le prix de clôture, ou le prix réalisé lors de la dernière transaction avant la fermeture du marché la veille et la fermeture du jour précédent. Ceci a l'avantage de vous renseigner sur le prix le plus haut et le plus bas atteint par l'action sur une période et les volumes échangés. L'idéal étant de consulter ces valeurs sur une période précédente de 25 à 50 semaines.

Sur les marchés boursiers, la valeur historique du PE se situe généralement vers 15. Un PE faible montre que l'action de l'entreprise est moins chère, ce qui indiquerait probablement la baisse des bénéfices futurs de l'entreprise, ou alors, que le prix de l'action de cette entreprise serait sous-évalué. Cela arrive, parfois. D'où l'intérêt d'une longue période d'observation avant de s'engager. Par contre, un PE élevé indique qu'une entreprise est chère compte tenu de ses bénéfices récents. Sur cette base, l'entreprise pourrait surévaluer le prix de l'action par rapport aux bénéfices réels à venir, ou alors, ceci pourrait réellement indiquer que ses bénéfices seraient en hausse. Toujours est-il que, pour espérer se rapprocher de la vérité, il est nécessaire d'observer les valeurs de cette entreprise sur une période précédente de 25 à 50 semaines comme nous l'avons déjà indiqué. Dans des économies dites modernes, il y a des journaux spécialisés en la matière.

Exemple sur cinq entreprises du CAC40

Valeur	Cours	Variation	Ouv.	+ haut	+ bas	Volume	Capitalisation
L'Oréal	212,10 €	-0,95 %	210,90 €	212,50 €	210,20 €	338 018	118,79M
Sanofi	74,09 €	-0,54 %	74,56 €	74,68 €	73,59 €	2204 770	92,65M
Airbus group	107,76 €	+1,20 %	106,84 €	107,98 €	106,28 €	855 302	83,65M
Bnp Paribas	54,42 €	-0,37 %	54,70 €	54,74 €	54,06 €	3551 576	68,03 M
Hermes inter-national	543,39 €	0,00 %	545,79 €	547,20 €	542,79 €	207 413	58,03M

Source : *yahoofinance août 2018*

XII.2.1.2. Les intermédiaires financiers

Le rôle de toutes les institutions financières est de diriger les ressources financières des épargnants vers les emprunteurs. Nous venons de voir qu'en ce qui concerne les marchés financiers, c'est-à-dire, le marché obligataire et le marché boursier, l'échange entre les épargnants et les emprunteurs est direct. Cependant, à la différence des marchés financiers, les intermédiaires financiers jouent le rôle d'intermédiaire. Comme son nom l'indique, jouer le rôle d'intermédiaire signifie que vous mettez des entités en contact de façon indirecte. Un intermédiaire financier : est alors une institution financière à travers laquelle les épargnants peuvent fournir de façon indirecte, des fonds prêtables aux emprunteurs.

XII.2.1.2.1 Les fonds d'investissement

Nous venons de réaliser en étudiant tout à l'heure les marchés financiers, qu'acheter une obligation et surtout une action, demande d'avoir quelques connaissances particulières et des outils d'analyse d'un type d'informations. Ce qui n'est pas donné à tous ceux qui disposent d'une épargne et qui aimeraient la fructifier. Les fonds d'investissement sont effectivement outillés pour analyser et anticiper pour ces personnes et se faire également de l'argent. Elles donnent la possibilité aux petits épargnants d'acheter des obligations ou d'être copropriétaires de plusieurs grandes firmes dont ils ne rêvaient jamais.

Souvenez-vous du montage financier particulier adapté aux réalités du secteur agricole des pays africains que nous avons élaboré au chapitre 7 dans la partie pratique de cet ouvrage. Les développements que nous allons faire, ici, en ce qui concerne les fonds d'investissement illustrent parfaitement sur le plan théorique le fonctionnement, en partie, de la CECA (la Caisse d'Épargne et de Crédit Agricole). Puisque, comme nous venons de le souligner, un fonds d'investissement donne la possibilité aux petits épargnants de fructifier leurs avoirs. Les pays africains n'ont que des petits épargnants et leurs secteurs agricoles en ont encore de très petits. Un fonds d'investissement : est une institution financière qui émet et vend des parts de son capital auprès du public et utilise en retour les fonds collectés pour acheter un portefeuille de titres sélectionnés parmi les obligations et les actions émises sur le marché.

Le premier avantage d'un fonds financier est qu'il permet aux épargnants qui disposent de peu d'argent, de diversifier leurs placements. Un fonds d'investissement rend cette diversification plus simple. Détenir les obligations d'une seule entreprise étant très risquées, en ce sens que la valeur d'une obligation et d'une action dépend de la probabilité anticipée de l'entreprise, de l'avenir de l'entreprise émettrice. Ce qui veut dire que, comme un fonds d'investissement détient un portefeuille diversifié d'obligations et d'actions, le risque est moins élevé parce qu'il a un intérêt limité dans chaque entreprise. Toutes les entreprises ne pouvant pas faire faillite ou se porter mal, le même jour.

Aussi, nous avons dit au départ qu'il n'est pas donné à tous ceux qui disposent d'une épargne et qui aimeraient la fructifier de maîtriser des connaissances particulières et des outils d'analyse d'un type d'informations spécialisées liées aux marchés financiers. Les gestionnaires d'un fonds d'investissement doivent avoir une expertise en la matière notamment dans la gestion du risque et du patrimoine. Car, ils doivent être outillés pour pouvoir s'informer et analyser le développement et les perspectives de croissance des entreprises dans lesquelles le fonds pour lequel ils travaillent, investit afin d'augmenter les chances de rendement de l'épargne des détenteurs de leur portefeuille. En ce qui concerne notre cas spécifique qui est celui du financement du secteur agricole des pays africains par la Caisse d'Épargne et de Crédit Agricole, les gestionnaires de ladite structure auront une tâche beaucoup plus aisée dans chaque pays africain pour la gestion de son volet fonds d'investissement. En ce sens que, le portefeuille des entreprises dans lesquelles la CECA investit, sera uniquement constitué des grandes entreprises et multinationales agricoles qui tirent leurs immenses profits du secteur agricole de chaque pays africain. En règle générale, ce sont des entreprises étrangères et des multinationales agricoles qui se portent très bien pour trois raisons : elles utilisent une main-d'œuvre très bon marché qu'elles paient en francs CFA, ou encore, en monnaie locale, généralement très faible ; cultivent gratuitement sur des milliers d'hectares de terre qui leur ont été cédés par l'État depuis l'époque coloniale ; et, exportent et vendent tous leurs produits sur le marché occidental en devises très fortes par rapport à la monnaie locale. Ce qui fait que les coûts de production deviennent insignifiants et les profits s'accumulent chaque année pour ces grandes entreprises étrangères et multinationales agricoles qui produisent en Afrique.

XII.2.1.2.2 Les banques

Il est nécessaire de souligner d'entrée de jeu que les obligations et les actions, tout comme, les dépôts bancaires sont des réserves de valeur qui donnent la possibilité de détenir les avoirs ou la richesse accumulée par les épargnants dans le passé. Mais, comme vous avez pu le noter, accéder à cette richesse n'est pas une mince affaire. Les banques, à la différence des autres institutions financières, ont la capacité de créer un actif spécifique que leurs clients peuvent utiliser comme moyen d'échange pour faciliter l'achat des biens et des services, bref pour faciliter les transactions entre les personnes. Il s'agit : - des comptes bancaires ; - des cartes bancaires à travers desquels peuvent s'opérer des transferts électroniques entre le compte d'un acheteur et celui d'un vendeur ; - des chèques ; - des virements bancaires.

Toutes les autres institutions financières se servent de ce moyen d'échange ou de cet actif spécifique pour pouvoir fonctionner. La banque est donc une institution indispensable dans la vie d'une économie moderne. Nous dirions même que pour une économie, la banque est comme les veines et les artères pour la circulation du sang dans le corps humain.

Si les entreprises ont la possibilité de lever des fonds sur les marchés financiers et d'emprunter dans les banques, tel n'est pas le cas des particuliers ou des PME qui n'ont accès qu'aux banques pour emprunter afin de financer leurs investissements ; parce que les épargnants préfèrent acheter les obligations et les actions émises par les grandes entreprises.

Contrairement aux pays développés, dans les pays africains au sud du Sahara, pauvres et sous-développés, là où le revenu par habitant est le plus bas de la planète, la plupart des populations n'ont pas accès aux banques et par conséquent, la banque non plus, est une institution familière et accessible aux populations africaines. En Afrique, c'est une institution financière élitiste tout comme les marchés financiers. Plus grave, l'accès aux crédits d'investissement dans les banques en Afrique n'est même pas possible pour les PME, encore moins pour les agriculteurs locaux qui présentent très peu de garanties. Tenues par les étrangers, les banques africaines préfèrent accorder des crédits d'investissement aux entreprises étrangères et aux multinationales qui présentent, elles, des garanties.

Cela voudrait tout simplement encore dire qu'au moment où ceux qui avaient pensé le système financier et les institutions financières, tels qu'ils fonctionnent dans les pays développés en général, et l'institution financière qu'est la banque en particulier, ils ne pensaient pas à l'Afrique et à ses réalités (à sa pauvreté et par conséquent, à l'absence de garanties de la plupart de ses populations). Car, l'on ne saurait exiger des garanties à une personne qui ne parvient même pas à se nourrir à sa faim. Puisque, même son propre ventre représente un risque pour lui-même. La famine pouvant conduire à la mort. Comme nous l'avons vu plus haut, c'est toujours l'épargne d'un individu qu'emprunte un autre. C'est justement pour cela que les banques qui gèrent l'épargne des uns, font preuve de beaucoup de prudence et exigent des éléments spécifiques que nous appelons des garanties avant de mettre cette épargne à la disposition des autres sous forme de crédits. Il est donc question pour l'économiste africain de penser parallèlement au système financier classique qui doit continuer d'exister dans le monde et en Afrique, un autre mode de financement, ou encore, une ingénierie particulière de financement de la plupart des populations africaines, pauvres et sans garanties, dont l'activité économique principale pour l'instant, est l'agriculture. Afin que, les pauvres et affamés puissent avoir accès aux crédits d'investissement, aujourd'hui, pour ne plus avoir faim et sortir de la pauvreté à l'effet d'être capables, eux aussi, d'épargner et d'emprunter normalement dans le système financier classique, demain.

En effet, le montage financier de la Caisse d'Épargne et de Crédit Agricole (CECA) que nous avons élaboré dans la partie pratique de cet ouvrage, vise cet objectif. Pour cela, il préconise que les fonds destinés au financement du secteur agricole national (des petits producteurs regroupés, mieux organisés et structurés ; des petites entreprises agricoles, bref, des petits agriculteurs sans garanties) des pays africains émanent essentiellement des écarts d'intérêts générés entre les emprunts et les épargnes des grandes entreprises et multinationales agricoles qui tirent leurs profits du secteur agricole de chaque pays africain et qui devraient constituer le portefeuille de la CECA dans chaque pays africain au sud du Sahara.

XII.3. FINANCES : LES OUTILS DE BASE

Nous venons de voir que le système financier coordonne l'épargne et l'investissement. Ce qui veut dire que les décisions que nous prenons aujourd'hui affectent notre futur. Qu'une personne ou une entreprise décide d'épargner ou d'investir aujourd'hui pour essayer d'anticiper un avenir qu'il ignore, donc incertain. Il y a alors deux notions qui interviennent ici : le temps et le risque. La finance : est une discipline de l'économie qui développe des outils qui permettent de comprendre les décisions que les individus prennent et qui sont relatives à l'allocation des ressources au cours du temps et à la gestion du risque.

XII.3.1. Comparaison de sommes de monnaie dans le temps

- La valeur présente : est la quantité ou la valeur de la monnaie à un temps T qui, grâce à un taux d'intérêt courant, est nécessaire pour obtenir un montant donné à un temps T+n (dans le futur).
  Par exemple, si l'on vous propose de choisir entre vous donner 1 000 dollars aujourd'hui ou de vous donner 1 000 dollars dans trois ans, il est préférable de les recevoir aujourd'hui. Parce que vous pouvez les déposer dans un compte d'épargne aujourd'hui et grâce au taux d'intérêt, ils prennent de la valeur chaque année.

- La valeur future : est la quantité de la monnaie ou le montant donné à un temps T+n engendré par un taux d'intérêt courant par la valeur de la monnaie à un temps T.

Ainsi, si r est le taux d'intérêt, alors un montant X qui sera reçu dans n années a une valeur présente de $X\ (1 + r)^n$ Par exemple, si le taux d'intérêt est de 5 %, r = 5/100 = 0,05 alors 1 000 dollars deviennent :

Au terme de la première année : 1 000 $(1 + r)$

Au terme de la deuxième année : 1 000 $(1 + r)^2$

Au terme de n années : 1 000 $(1 + r)^n$

➢ La capitalisation **:** est le processus d'accumulation d'une somme d'argent engendrée au cours du temps par les intérêts subséquents.

Albert Einstein a qualifié la capitalisation comme étant la plus grande découverte mathématique de tous les temps grâce à une ancienne approximation appelée la règle des 70 qui permet de comprendre les taux de la croissance et les effets de la capitalisation (les intérêts capitalisés sur de nombreuses années). Cette règle ne fonctionne pas seulement avec les économies en croissance, elle s'applique également aux volumes d'épargne croissants. Cette règle établit que si une variable croit de x % par année, alors, cette variable double à environ 70/x années. Par exemple, supposons que :

➢ Dans le cas d'un pays dont le revenu croît à 2 % par an : 70/2 = 35 années. Cela veut dire qu'il faut 35 ans pour que le revenu de cette économie puisse doubler. Si sa croissance était de 3 %, il en faudrait à peine 23 ans pour qu'il double ;

➢ Dans le cas d'une épargne retraite, à l'âge de 30 ans vous décidez d'y investir 20 000 dollars US et le taux d'intérêt étant de 5 % par an, rapportant à peine 5 centimes par dollar investi. 70/5 = 14 années, cela veut dire que sa valeur doublera tous les 14 ans. Au moment de votre retraite à l'âge de 60 ans, vous percevrez au moins : 80 000 dollars US. Si le taux d'intérêt était de 7 % par an, votre volume d'épargne doublerait tous les 10 ans et à 60 ans, sa valeur serait de : 160 000 dollars US.

La mesure de la valeur dans le temps de la monnaie permet de réaliser que la règle des 70 a des résultats intéressants pour des économies qui enregistrent des bons taux de croissance et qui pratiquent de bons taux d'intérêt comme dans les pays développés. À l'inverse, dans les pays pauvres et sous-développés dont la plupart enregistrent des taux de croissance très faibles et parfois négatifs, où les taux d'intérêt de l'assurance retraite n'existent presque pas, ces économies et leurs habitants ne sauraient malheureusement bénéficier de telles retombées de la capitalisation louée par Einstein qui n'aurait que ses yeux pour pleurer en ce qui concerne l'Afrique. Nous avons alors abordé cette partie qui ne concerne presque pas, pour le moment, les pays africains au sud du Sahara, essentiellement pauvres et sous-développés, seulement pour montrer aux décideurs (africains et occidentaux) et aux étudiants (les décideurs de l'Afrique et de l'Occident de demain), les causes et les implications des écarts de revenus qui existent entre les pays développés et les pays sous-développés. Toute chose qui permettra, par ailleurs, au détenteur du prix Nobel 1995 d'économie, Robert E. Lucas de ne plus se poser, à l'avenir, un type de questions citées à l'entame du chapitre précédent. La réponse étant l'urgence de débloquer l'offre dans les pays pauvres et sous-développés, c'est-à-dire, l'urgence de la productivité, donc l'urgence de l'industrialisation (la production des biens et des services à l'échelle industrielle) des économies africaines à l'effet d'assurer une croissance effective pour essayer de relever le revenu, ou le niveau de vie des Africains.

XII.3.2. La gestion du risque

XII.3.2.1. La fonction d'utilité

Dans la vie, nombreux parmi nous, sont ceux qui n'aiment pas les risques. À raison. Personne n'aime qu'une mauvaise chose lui arrive. S'il peut l'éviter ou l'anticiper, chacun le ferait. Cette attitude humaine face au risque est appelée une averse au risque ou l'aversion pour le risque. Une Aversion au Risque **:** est une attitude humaine normale qui consiste à éviter ou à anticiper le risque, autrement dit, c'est la crainte et le désamour du risque. Les économistes ont développé des modèles d'aversion au risque en utilisant le concept d'utilité.

L'utilité : c'est la mesure subjective de la satisfaction ou du bien-être. Nous allons représenter cette utilité par une fonction qui permettra de montrer que chaque niveau de richesse procure un niveau d'utilité.

Graphique 1 : la fonction d'utilité

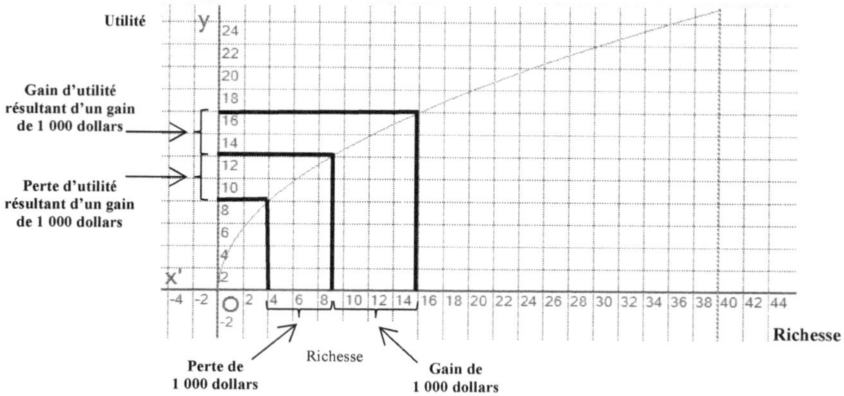

Cette fonction d'utilité montre que l'utilité dépend de la richesse. À mesure que la richesse augmente, la fonction d'utilité devient plus plate. Ce qui signifie en d'autres termes que, plus un individu est riche, moins il retire l'utilité d'un dollar supplémentaire. Ce qui reflète parfaitement la propriété de l'utilité marginale décroissante. Du fait de l'utilité marginale décroissante, la douleur liée à la perte de 1 000 dollars est supérieure à la satisfaction liée au gain de 1 000 dollars. Donc, l'utilité perdue est plus importante que l'utilité gagnée. L'aversion du risque faisant partie de la nature humaine.

XII.3.2.2. La diversification du risque

Un épargnant qui achète une action d'une entreprise fait un pari sur sa rentabilité future. Ce pari est presque toujours risqué, parce qu'il est difficile d'anticiper ou de prévoir l'avenir ou le sort d'une entreprise, quelle que soit sa taille. Lors de la crise financière de 2008, les valeurs de certaines grandes entreprises aux États-Unis étaient devenues nulles au point qu'elles ont déposé le bilan. En revanche, Facebook fondé par deux jeunes ''bleus'' est passé du statut d'un petit start-up à une grande entreprise mondiale dont la valeur sur les marchés financiers est sans cesse croissante.

Dès lors, le risque est davantage important lorsque l'on met tous ses œufs dans un seul panier. S'il venait à tomber, vous pouvez aisément deviner la suite. Dans le monde de la finance, ce type de risque est appelé, le risque idiosyncratique ou le risque idiosyncrasique. Le Risque Idiosyncratique : est l'incertitude associée à des entreprises spécifiques, ou encore, le risque qui affecte un acteur économique unique. Pour réduire le risque, il est toujours conseillé de ne pas mettre tous ses œufs dans un seul panier. Dans la réalité du monde de la finance, le risque pourrait être réduit en faisant de petits paris et non en misant tout sur quelques grands paris. Autrement dit, en diversifiant ses placements.

La Diversification : est alors la substitution d'un risque unique ou de quelques grands risques par la multiplication de petits risques à l'effet de réduire le risque. Si malgré la diversification, le risque lié à l'achat des titres n'est pas totalement éliminé, mais seulement réduit, cela veut forcément dire qu'il existe un risque qui est systématique. Par exemple, lorsque l'économie entre en récession, plusieurs entreprises enregistrent de faibles profits et rendements du fait de la baisse de leurs ventes. L'incertitude qui affecte, pendant cette période, l'ensemble de l'économie et plusieurs entreprises s'appelle le risque systématique. Le Risque Systématique : est alors une incertitude, ou un risque qui affecte simultanément, pendant une période, la plupart des acteurs économiques. Cependant, quelle que soit la période, la diversification amortit et réduit le risque. Pour le vérifier, élaborons le graphique suivant :

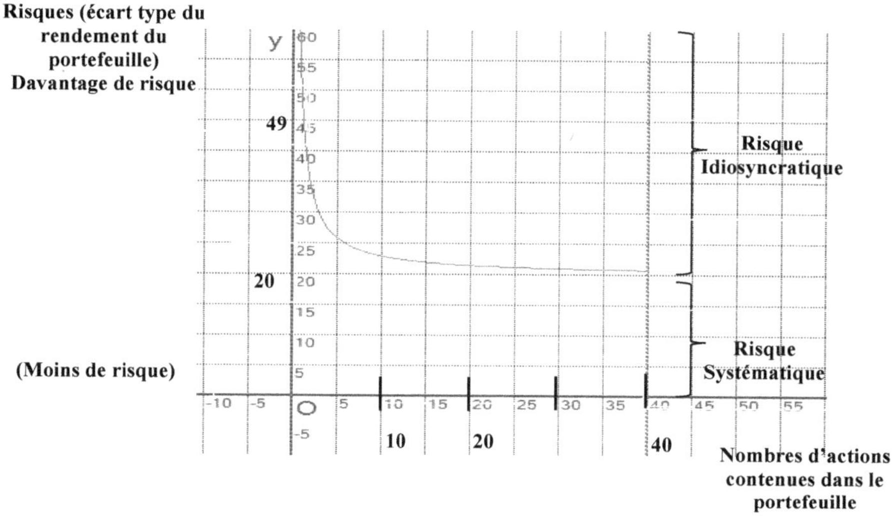

Graphique 2 : la diversification réduit le risque

Ce graphique montre que le risque d'un portefeuille de titres dépend du nombre de titres contenus dans celui-ci. Puisque, nous remarquons que le risque d'actions diminue substantiellement à mesure que le nombre d'actions augmente. Les statisticiens mesurent cette incertitude par une valeur appelée écart-type.

L'écart-type : est une valeur qui mesure le degré de fluctuation autour d'une valeur moyenne, ou la volatilité d'une variable. Cette figure montre que, avec un portefeuille qui contient une seule action, l'écart- type est de 49 %. Le passage de 1 à 10 actions dans le portefeuille fait diminuer le risque de moitié. Le risque baisse davantage avec 20 actions. À mesure que le nombre d'actions augmente, le risque diminue. Mais de façon peu importante entre 20 et 30 actions.

XII.3.2.3. L'Assurance

Le marché de l'assurance est une parfaite illustration d'un moyen de diversification du risque. Prenons le cas pratique de la couverture sanitaire universelle que nous avons présenté dans la partie réservée justement à la pratique dans cet ouvrage. L'approche que nous avons proposée pour parvenir à financer la couverture sanitaire universelle en Afrique s'inspire de la technique de souscription d'une police d'assurance ordinaire que nous avons juste adaptée aux réalités et à l'environnement économique des pays africains. Pour le comprendre, supposons que, votre ville compte 20 000 habitants et que 10 000 d'entre eux décident de souscrire une police d'assurance incendie, par exemple. Au lieu que le risque soit supporté par une seule personne, il est partagé par les milliers de souscripteurs de la compagnie d'assurance. Comme les individus sont averses au risque, il est plus facile pour 10 000 personnes de prendre en charge 1/10.000^{e} de risque que pour une personne d'en assumer la totalité. Ainsi, le rôle de l'assurance n'est pas d'éliminer les risques, mais de les répartir de manière plus efficace. Cependant, même à ce niveau, la répartition du risque n'est pas une mince affaire. Les marchés de l'assurance sont confrontés à deux types de difficultés :

- Le hasard moral **:** c'est la chance que les assurances ont à pouvoir tomber sur des souscripteurs consciencieux. Généralement, les personnes ont moins d'incitation à être prudentes par rapport au risque après avoir souscrit une police d'assurance ;

- L'anti-sélection, ou la sélection adverse : les personnes dont le niveau de risque est élevé sont promptes à souscrire une police d'assurance que celles dont le risque est moins élevé.

Raison pour laquelle, le montant de la police d'assurance reflète le niveau réel du risque auquel l'assureur sera confronté.

XII.3.2.4. Les décisions financières : arbitrage entre le risque et le rendement

Généralement, lorsqu'une personne décide de la manière d'allouer son épargne, elle décide du niveau de risque à prendre à l'effet de percevoir le rendement le plus élevé. Cela s'appelle l'arbitrage entre le risque et le rendement. D'après le Financial Times, au cours des deux derniers siècles, le marché des actions a offert un rendement réel moyen de 8,3 % par an, tandis que les obligations à court terme du gouvernement américain, par exemple, n'ont rapporté qu'un rendement réel moyen de 3,1 % par an. Ce qui veut dire que par expérience les actifs financiers tels, les obligations ou les comptes d'épargne sont moins risqués et offrent moins de rendements que les actions qui, elles, sont plus risquées.

Pour pouvoir étayer ce fait, nous allons vous produire un graphique qui permet de pouvoir illustrer l'arbitrage risque-rendement entre un actif financier risqué (les actions affectées d'un taux de rendement de 8,3 % et d'un écart-type de 20 %) et un titre sûr (par exemple, le compte d'épargne bancaire ou les obligations d'État affectés d'un taux de rendement de 3,1 % et d'un écart-type égal à 0 %).

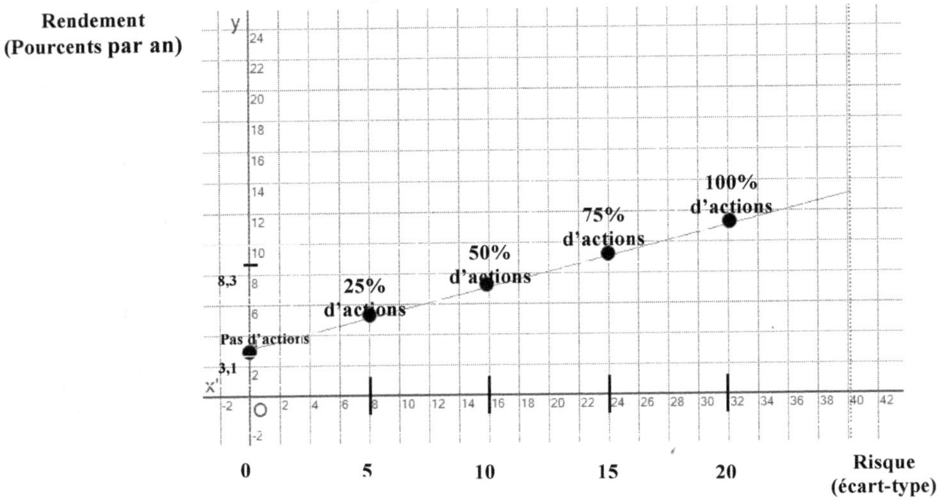

Graphique 3 : l'arbitrage entre le risque et le rendement

Bien que cette figure ne nous renseigne pas directement sur le choix de l'investisseur, nous observons cependant que chaque point sur le graphique représente une allocation particulière entre les actions risquées et le titre sûr. Ce graphique montre que, plus les actions sont nombreuses dans le portefeuille, plus le risque et le rendement sont élevés. Ce qui veut dire que le choix d'une combinaison particulière de risque et de rendement dépend du degré d'aversion de l'investisseur pour le risque. Ce qui reflète les préférences de l'investisseur. D'une manière générale, les actionnaires devraient savoir que le taux de rendement moyen élevé dont ils bénéficient est proportionnel au prix d'un risque plus élevé. En d'autres termes, lorsqu'une personne fait augmenter le pourcentage de son épargne qu'il investit dans les actions, elle fait augmenter le rendement moyen qu'elle espère en tirer, mais également les risques.

XII.3.3. L'Évaluation des actifs

Nous réalisons déjà à partir de tout ce que nous venons d'étudier qui concerne le système financier, qu'un bon fonctionnement des marchés financiers est important, non seulement pour les générations présentes, mais également, pour les générations futures qui hériteront de leurs effets, parce que les marchés financiers permettent de relier le présent et le futur. En ce sens que, aujourd'hui, les épargnants désirent convertir une partie de leur revenu courant en pouvoir d'achat dans le futur, les emprunteurs désirent investir à l'effet de pouvoir disposer d'un capital leur permettant de produire davantage des biens et services dans le futur. Nous avons appris que cette notion en finance s'appelle le temps.

Mais, comme nous avons également appris que l'on n'est jamais certain de ce qui pourrait exactement se produire dans le futur, une personne ou une entreprise qui décide d'épargner ou d'investir aujourd'hui pour essayer d'anticiper un avenir qu'il ignore, fait un pari incertain ou risqué. Cette notion en finance s'appelle le risque. Cela veut dire que nous avons acquis une connaissance de base de deux blocs constitutifs de la finance : le temps et le risque. Maintenant, appliquons ces connaissances que nous avons acquises.

XII.3.3.1. L'Analyse fondamentale

Toute personne qui souhaite acheter les actions d'une entreprise s'intéresse à deux choses : la valeur de l'entreprise et le prix auquel l'entreprise vend ses actions.

La valeur de l'entreprise

La difficulté de déterminer la valeur d'une entreprise est réelle. L'investisseur est intéressé par la valeur de l'entreprise parce qu'elle lui permet de savoir si l'entreprise est rentable, si elle sera capable de lui verser ses dividendes. Les dividendes étant, comme nous l'avons vu, le montant des liquidités qu'une entreprise paie à ses actionnaires, ou à ses propriétaires. Mais, déterminer la rentabilité d'une entreprise n'est pas simple. Car, elle dépend de plusieurs facteurs comme le capital dont elle dispose, l'intensité de la concurrence à laquelle elle fait face, la demande pour sa production (biens ou services), le niveau de fidélité de sa clientèle, le traitement qu'elle réserve à ses employés, le poids des taxes auxquelles elle est soumise et l'impact de la réglementation en vigueur sur ses activités.

Le prix des actions

La chose la plus facile est de connaître le prix de l'action d'une entreprise. Il suffit de consulter les journaux spécialisés. En revanche, les difficultés apparaissent lorsqu'il faut déterminer si le prix est supérieur à la valeur de l'entreprise (le cas d'une action surévaluée) ou si le prix est inférieur à la valeur de l'entreprise (le cas d'une action sous-évaluée), ou encore, si le prix et la valeur sont égaux (le cas d'une action justement évaluée). En réalité, pour un actionnaire, le prix ou la valeur d'une action est essentiellement ce qu'il retire de sa propriété, ce qui inclut la valeur présente du flux de dividendes payés et le prix de vente final. Sur la base de toutes ces informations rassemblées et détaillées, l'analyse fondamentale aide à déterminer la valeur des entreprises pour pouvoir sélectionner les actions d'un portefeuille. Pour cela, les investisseurs s'appuient sur :

1. Les rapports d'activités annuels des entreprises ;
2. Les analystes financiers ;
3. Les fonds d'investissement qui possèdent généralement un gérant de fonds. C'est un pilote intelligent qui conduit l'analyse fondamentale et qui prend les décisions pour les investisseurs.

L'analyse fondamentale **:** est donc l'étude détaillée des états financiers, comptables et des projections d'une firme à l'effet de déterminer sa valeur.

XII.3.3.2. La théorie des marchés efficients

Nous venons de voir ci-dessus que, pour pouvoir sélectionner les actions d'un portefeuille, les investisseurs peuvent avoir recours aux fonds d'investissement qui possèdent des gérants de fonds dont le rôle est de conduire l'analyse fondamentale et de déterminer la valeur des entreprises. L'objectif étant d'acheter une action au moment où elle est sous-évaluée et de la vendre quand elle devient surévaluée.

Un autre aspect de la théorie des marchés efficients est basé sur la main invisible. Le nombre d'actions mis en vente est égal au nombre d'actions que désirent les investisseurs. Aussi que le nombre d'individus qui pensent que l'action est surévaluée équilibre le nombre d'individus qui pensent que l'action est sous-évaluée de telle sorte que les actions sont en permanence évaluées au juste prix. Le prix de marché étant, en permanence, la meilleure estimation de la valeur de l'entreprise compte tenu de l'information disponible. Lorsque les perspectives de l'entreprise sont mauvaises, la valeur et le prix baissent et lorsque de bonnes nouvelles concernant l'entreprise circulent, sont connues du public, la valeur de l'entreprise et le prix augmentent simultanément.

Informationnellement efficient **:** c'est une capacité ou une propriété du marché de pouvoir refléter, de manière rationnelle, l'information disponible. L'hypothèse des marchés efficients **:** est la théorie qui établit que les prix des titres reflètent toute l'information publiquement disponible relative à la valeur d'un titre. Une autre hypothèse des marchés efficients est que les prix des actions devraient suivre une marche aléatoire. Par définition, tout ce qui est aléatoire étant imprévisible, même les variations des prix des actions seraient imprévisibles à prédire sur la base de l'information disponible. D'après cette hypothèse, ce qui peut faire changer les prix, ce sont des nouvelles qui changent la perception du marché concernant la valeur de la firme. Or, si les nouvelles deviennent prévisibles, elles ne sont plus nouvelles. Donc, les variations des prix des titres doivent rester imprévisibles. Supposons que l'hypothèse des marchés efficients est correcte. Les prix reflétant toute l'information disponible, alors il n'y a pas d'action meilleure qu'une autre. Dans ce cas, l'analyse fondamentale ne sert plus à grand-chose. Il vous suffira, les yeux fermés, de choisir au hasard vos actions dans un journal financier. Marche aléatoire : est le cheminement d'une variable dont les variations sont impossibles à prévoir.

CHAPITRE 13

LE CHÔMAGE ET LES POLITIQUES ÉCONOMIQUES

Nous avons vu dans les chapitres précédents que certaines forces déterminent le taux de croissance et le niveau de vie d'un pays. Un pays qui épargne et qui investit une part importante de son revenu bénéficiera d'une croissance plus rapide de son stock de capital et de son PIB, par rapport à un autre pays qui épargne et investit peu. Un déterminant encore plus important du niveau de vie d'un pays est le taux de chômage qu'il connaît. Les individus qui aimeraient travailler, mais qui ne parviennent pas à trouver un emploi ne participent pas à la production de biens et services de l'économie donc ne contribuent pas à la croissance économique d'un pays. Ce qui est le cas de la plupart des pays africains. En revanche, lorsqu'un pays parvient à employer le maximum de ses travailleurs, il atteint un niveau de PIB élevé. Ce qui est le cas en ce moment des pays asiatiques.

Il y a deux façons de traiter la question de chômage : le problème du chômage à long terme et à court terme. Le taux naturel de chômage d'une économie correspond au niveau de chômage que l'économie connaît dans une situation normale. Le chômage cyclique appelé aussi chômage conjoncturel se réfère aux fluctuations, année après année, du chômage autour de son taux naturel, et il est étroitement associé aux expansions et aux retournements de l'activité économique (les fluctuations économiques de court terme). Le chômage conjoncturel a donc une explication qui lui est propre et nous ne le traiterons pas dans cet ouvrage parce que les pays africains sont pour la plupart confrontés au problème du taux de chômage à la fois naturel et structurel. L'offre étant bloquée sur le sol africain, il n'y a presque pas d'emploi en Afrique.

Dans ce chapitre, nous détaillons les déterminants du taux de chômage naturel et structurel d'une économie. Le terme naturel n'implique pas que ce taux de chômage soit désirable pas plus qu'il n'implique qu'il soit constant dans le temps ou insensible à la politique économique. Il signifie simplement que ce chômage ne disparaît pas de lui-même, même dans le long terme. En revanche, le terme structurel implique qu'il s'agit d'un problème de fond qui est constant dans le temps et qui n'est sensible qu'à une politique d'ordre structurel de l'économie.

XIII.1. QU'EST-CE QUE LE CHÔMAGE ?

Pour définir la notion de chômage, en règle générale, les économistes préfèrent partir *de taux de chômage.* Il mesure le nombre de chômeurs comme un pourcentage de la *population active. La population active* pouvant être définie comme le nombre total de personnes qui pourraient être employées dans l'économie à une période. Ainsi, l'on pourrait s'apercevoir que la population active doit être égale au nombre total de personnes employées plus le nombre total de chômeurs dans l'économie. Mais qui est alors chômeur dans une économie ?

Selon le Bureau International du Travail (le BIT), est considéré comme un chômeur, un individu sans emploi, c'est-à-dire qui n'a pas travaillé, ne serait-ce qu'une heure durant une semaine de référence, qui désire travailler dans les deux prochaines semaines et qui cherche un emploi depuis au moins quatre semaines ou qui attend de commencer un emploi dans moins de trois mois. Sur la base de cette définition du BIT, nous pouvons donner une définition plus précise de ce qu'est un chômeur.

Un chômeur : c'est une personne qui est en âge de travailler, apte et disponible pour travailler au taux de salaire courant et qui n'a pas d'emploi donc, le nombre de chômeurs dans une économie, c'est le nombre de personnes en âge de travailler, capables et disponibles pour travailler au taux de salaire courant et qui n'ont pas d'emploi. Maintenant que nous savons avec précision ce que c'est qu'un chômeur, nous devons chercher à comprendre comment l'on mesure le chômage.

XIII.2. COMMENT MESURE-T-ON LE CHÔMAGE ?

Pour mesurer le taux de chômage d'une économie, les statisticiens utilisent généralement deux méthodes :

La méthode basée sur le décompte des demandeurs d'emploi

Bien que très peu coûteuse, ce qui serait une approche idéale pour les pays africains compte tenu de leurs réalités budgétaires, malheureusement, encore une fois, c'est une méthode qui ne concerne pas l'Afrique pour le moment. Du fait que c'est une méthode simple qui consiste à compter le nombre de personnes qui chaque jour se font demandeurs d'allocations chômage (pour l'Afrique, c'est un rêve pour l'instant) auprès d'organismes sociaux tels que Pôle Emploi en France, qui résulte de la fusion entre l'Agence Nationale Pour l'Emploi (ANPE) et les Assedics, ou l'Office National pour l'Emploi (ONEM) en Belgique. Comme ces organismes versent les allocations chômage, il devrait être facile pour eux de dénombrer le nombre de chômeurs. Par ailleurs, les services fiscaux des États sont capables d'estimer la population active employée puisqu'ils perçoivent les impôts prélevés sur les revenus du travail. En additionnant ce nombre avec celui des demandeurs d'allocations chômage, il est possible d'obtenir la taille de la population active. Puis, en exprimant le nombre de demandeurs d'allocations chômage comme une proportion de la population active, nous obtenons une mesure du taux de chômage.

Comme les agences gouvernementales disposent déjà de toutes les données nécessaires afin de calculer le taux de chômage selon cette méthode, elle s'avère relativement bon marché et facile à mettre en œuvre. Mais, cette méthode a également de nombreux inconvénients. Un problème évident est qu'elle est soumise aux changements de règles édictées par les gouvernements pour qu'une personne soit éligible aux allocations chômage. Supposons que le gouvernement édicte des règles plus sévères de sorte que moins de personnes peuvent maintenant prétendre à recevoir les allocations chômage, par conséquent, devenaient éligibles. Justement, les gouvernements changent souvent les règles relatives à l'éligibilité aux allocations chômage. Au Royaume-Uni, par exemple, il y a eu 30 changements sur les 25 dernières années. Un seul ayant conduit à réduire, le nombre de demandeurs d'allocations et par voie de conséquence, le taux de chômage qui repose sur cette mesure. Visitons quelques exemples de catégories de personnes exclues des demandeurs d'allocations chômage au Royaume-Uni : les personnes de plus de 55 ans sans emploi ; celles qui suivent les programmes de formation offerts par le gouvernement ; celles qui cherchent un emploi à temps partiel ; celles qui ont quitté la population active volontairement pendant une certaine période et qui cherchent de nouveau un emploi (par exemple les femmes ayant arrêté de travailler afin d'élever leurs enfants). La majorité des individus, si ce n'est pas tous, qui font partie de ces catégories sont sans emploi, sont en âge de travailler et aptes et disponibles pour travailler au taux de salaire courant. Néanmoins, ils seraient exclus de la mesure du chômage britannique si nous utilisions la méthode des demandeurs d'allocations.

La méthode basée sur les enquêtes sur la population active

La seconde méthode probablement la plus fiable pour mesurer le chômage est basée sur l'usage d'enquêtes. Des questionnaires diffusés dans la population qui font référence à une définition acceptée du chômage. La question est alors de savoir qui doit être sondé, à quel rythme (puisque les enquêtes nécessitent des ressources et sont coûteuses, malheureusement, c'est la seule méthode que pourraient utiliser les pays africains malgré leur situation budgétaire) et quelle définition du chômage retenir. Bien que la définition du chômage que nous avons donnée plus haut semble pertinente, la formule « disponible pour travailler au taux de salaire courant » est trop vague pour être retenue en l'état. En France comme au Royaume-Uni et dans de nombreux autres pays européens, les organismes statistiques mènent des enquêtes sur la population active en utilisant la définition standard du chômage donnée par le Bureau International du Travail ou BIT.

Dans le cas de la Suisse par exemple, l'enquête sur la population active est une enquête annuelle conduite par l'Office Fédéral de la Statistique depuis 1991 auprès d'un échantillon de ménages dans lesquels sont interrogées des personnes âgées de 15 ans et plus. Le questionnaire de l'enquête est construit sur le modèle des enquêtes sur la population active élaboré par le BIT. En France, l'enquête Emploi est réalisée par l'Insee depuis 1950. Il s'agit de la source statistique qui permet de mesurer le chômage au sens du BIT. Elle fournit aussi des données sur les professions, l'activité des femmes ou des jeunes, la durée du travail, les emplois précaires. Elle permet de mieux cerner la situation des chômeurs et les changements de situation vis-à-vis du travail. Depuis 2003, l'enquête Emploi est trimestrielle et sa collecte auprès d'un échantillon de ménages est réalisée en continu sur toutes les semaines de chaque trimestre. L'objectif premier de ces enquêtes étant de ventiler la population en trois catégories :

- la population active occupée (ou employée).
- Les personnes sans emploi ou chômeurs (ce qui permet de calculer le chômage au sec BIT).
- Les personnes hors de la population active (ou inactives).

Une personne est considérée comme occupée (ou employée) au sens du BIT, si elle a occupé un emploi rémunéré pendant une durée quelconque, ne serait-ce qu'une heure, au cours de la semaine précédant l'enquête. Une personne est dite chômeur au sens du BIT (ou sans emploi) si elle répond à la définition que nous avons donnée plus haut. Une personne qui ne rentre dans aucune des deux définitions précédentes comme un étudiant ou un retraité, par exemple, ne fait pas partie de la population active (ou, selon la terminologie du BIT, elle est inactive).

La population active est définie comme la somme des personnes employées et des chômeurs. Population active = Nombre de personnes employées + Nombre de chômeurs. Ainsi, le taux de chômage peut être mesuré comme la part de la population active qui est au chômage. Taux de chômage = (Nombre de chômeurs/Population active) x 100

Le Taux de chômage : c'est alors le pourcentage de la population active au chômage. Le taux de chômage est calculé pour la population adulte dans son ensemble, mais également pour des groupes de personnes définis plus strictement comme les hommes, les femmes, les jeunes et ainsi de suite. Les enquêtes sur la population active permettent également de produire des données sur la participation à la population active. Le taux de participation à la population active (ou taux d'activité) mesure le pourcentage de la population adulte totale d'un pays qui participe à la population active.

Taux de participation à la population active = (Population active/Population adulte) x 100.

Taux de participation à la population active (ou taux d'activité) : c'est le pourcentage de la population adulte qui participe à la population active. Cette statistique nous indique la fraction de la population qui a choisi de participer au marché du travail. Le taux de participation à la population active comme le taux de chômage est calculé pour la population adulte dans son ensemble et pour des groupes d'individus plus précis.

XIII.3. LES DÉTERMINANTS DU CHÔMAGE NATUREL ET STRUCTUREL OU DU CHÔMAGE DU LONG TERME

Dans le cas des économes dites modernes des pays développés, comme ceux de l'Occident, il y a quatre manières d'expliquer le chômage de long terme. La première explication est que la recherche de l'emploi qui leur convient prend du temps aux travailleurs. Ce chômage résulte du processus d'appariement entre travailleurs et emplois et est parfois appelé chômage frictionnel. Ce terme est souvent utilisé afin d'expliquer les périodes relativement courtes de chômage. Chômage frictionnel : est le chômage qui résulte de la durée de recherche d'un emploi qui correspond aux goûts et aux compétences des travailleurs.

Les trois autres explications du chômage suggèrent que ·le nombre d'emplois disponibles sur certains marchés du travail peut être insuffisant dans la perspective de donner du travail à tous ceux qui le désirent. Cela se produit lorsque la quantité de travail offerte dépasse la quantité demandée. Le chômage qui en résulte est appelé chômage structurel, terme souvent utilisé afin d'expliquer les périodes longues de chômage. Pour les pays développés ou industrialisés, ce type de chômage apparaît lorsque les salaires sont, pour une raison ou une autre, fixés au-dessus du niveau qui équilibre l'offre et la demande. Les trois raisons possibles qui expliquent que le salaire soit supérieur à son niveau d'équilibre pourraient être : les lois sur les salaires minimums, l'existence des syndicats et les salaires d'efficience.

En ce qui concerne les pays africains, le chômage est essentiellement structurel du fait que l'offre est bloquée sur le sol africain. Or, tel qu'il a été montré tout au long de cet ouvrage, il n'y a que la productivité qui confère la capacité d'offre des biens et services à une économie, donc, à un pays ou à un continent. D'où l'urgence de la mise en œuvre du new deal industriel en Afrique. Le Chômage structurel **:** c'est alors le chômage qui résulte d'une insuffisance de l'emploi disponible afin de satisfaire tous ceux qui désirent travailler.

XIII.4. LES SYNDICATS

Pour des économies qui souhaiteraient s'industrialiser comme celles des pays africains, ou qui aimeraient devenir modernes, cette partie réservée à l'intérêt et au rôle des syndicats, pour une économie dite moderne, est riche d'enseignements pour les Africains. Un syndicat est une association de travailleurs qui négocie les salaires et les conditions de travail avec les employeurs. Le taux de syndicalisation mesure la proportion de population active qui est syndiquée en excluant les individus qui ne peuvent pas, pour une raison ou une autre, être membres d'un syndicat comme les membres des forces armées. D'une manière générale, cela revient à exprimer le nombre de syndiqués comme une proportion des actifs civils et des chômeurs.

Un syndicat **:** est alors une association de travailleurs qui négocient avec les employeurs les salaires et les conditions de travail.

XIII.4.1. Le rôle des syndicats

Un syndicat est une forme de cartel. Comme tout cartel, un syndicat est un groupe de vendeurs qui agissent ensemble dans l'espoir de pouvoir exercer leur pouvoir de marché commun. Les travailleurs qui adhèrent à un syndicat se comportent comme un groupe lorsqu'ils négocient leurs salaires, leurs avantages ainsi que leurs conditions de travail avec leurs employeurs. Le processus par le biais duquel les syndicats et les firmes s'entendent sur les termes des contrats de travail s'appelle des négociations collectives.

Les négociations collectives **:** le processus par le biais duquel les syndicats et les firmes s'entendent sur les conditions de travail.

Lorsqu'un syndicat négocie avec une firme, il réclame des salaires plus élevés, des avantages plus importants et de meilleures conditions de travail que celles que la firme aurait offertes en absence de ce syndicat. Si un syndicat et une firme ne parviennent pas à un accord, le syndicat peut organiser une grève. Comme la grève réduit la production, les ventes et les profits, les firmes soumises à une menace de grève sont plus enclines à payer des salaires élevés qu'elles ne l'auraient fait autrement. Les résultats obtenus par les économistes qui étudient les effets des syndicats montrent généralement que les travailleurs syndiqués perçoivent un salaire significativement plus élevé que leurs homologues non syndiqués.

La grève : c'est l'action collective consistant en une cessation concertée du travail par les salariés d'une entreprise à l'initiative de syndicats. Lorsqu'un syndicat parvient à obtenir des salaires supérieurs au salaire d'équilibre, ce dernier engendre une augmentation de la quantité offerte de travail et une baisse de la quantité demandée, provoquant ainsi du chômage. Les travailleurs qui restent embauchés voient leurs situations s'améliorer alors que ceux qui avaient auparavant un emploi et qui sont maintenant au chômage du fait d'un salaire trop élevé sont dans une situation plus mauvaise. Les syndicats sont souvent perçus comme une cause de conflits entre différents groupes de travailleurs - en particulier entre les ''insiders'' qui bénéficient des salaires plus élevés négociés par les syndicats et les 'outsiders'' qui n'ont pas d'empois syndiqués.

Les outsiders peuvent réagir à leur situation de deux façons différentes. Certains restent au chômage et attendent l'opportunité de devenir un insider afin de profiter des salaires négociés par les syndicats. D'autres choisissent de prendre des emplois dans des firmes non syndiquées. Ainsi, lorsque les syndicats parviennent à augmenter les salaires dans un secteur de l'économie, l'offre de travail augmente dans les autres secteurs de l'économie. Cette augmentation de l'offre d'emploi réduit à son tour les salaires dans des industries qui ne sont pas syndiquées. En d'autres termes, les travailleurs syndiqués tirent les bénéfices des négociations collectives alors que les non-syndiqués en subissent les coûts.

Le rôle des syndicats dans l'économie dépend en partie des lois qui gouvernent l'organisation syndicale et les négociations collectives. Normalement, les accords explicites entre les membres d'un cartel sont illégaux. Si des firmes qui vendent un produit identique s'entendaient afin de fixer un prix pour ce produit, elles seraient généralement poursuivies par l'État pour non-respect des lois sur la concurrence. En revanche, les syndicats ont des dérogations à ces lois, car on considère que les travailleurs doivent disposer d'un pouvoir de marché plus élevé lorsqu'ils négocient avec les employeurs.

XIII.4.2. L'intérêt des syndicats pour l'économie

Les économistes sont en désaccord sur l'impact positif ou négatif des syndicats sur l'économie dans son ensemble. Considérons les deux aspects du débat.

Les détracteurs des syndicats estiment que ces derniers sont simplement un type de cartel. Lorsque les syndicats augmentent les salaires au-dessus du niveau qui prévaudrait sur des marchés concurrentiels, ils provoquent une baisse de la quantité demandée de travail, engendrant du chômage ainsi qu'une baisse des salaires dans le reste de l'économie. L'allocation du travail qui en résulte n'est, selon ces détracteurs, ni efficace ni équitable. Elle est inefficace, car les salaires obtenus par les syndicats réduisent l'emploi dans les firmes syndiquées en dessous de son niveau concurrentiel efficace. Elle n'est pas équitable, car certains travailleurs en bénéficient au détriment des autres.

Les partisans des syndicats estiment qu'ils sont un antidote nécessaire au pouvoir de marché des firmes qui emploient les travailleurs. Dans certaines régions où une seule entreprise est l'employeur principal, si les travailleurs n'acceptent pas les salaires et les conditions de travail offerts par la firme, ils n'ont pas d'autres choix que de quitter la région ou d'arrêter de travailler. Par conséquent, en l'absence d'un syndicat, la firme peut utiliser son pouvoir de marché afin de payer des salaires plus faibles et d'offrir des conditions de travail moins bonnes que celles qui prévaudraient si elle était en concurrence avec d'autres firmes afin d'attirer les travailleurs. Dans ce cas, un syndicat peut équilibrer le pouvoir de marché de la firme et protéger les travailleurs à la merci des propriétaires de cette firme.

Les partisans des syndicats affirment également qu'ils sont importants afin d'aider les entreprises à répondre efficacement aux préoccupations des travailleurs. Quand un travailleur accepte un emploi, en plus du salaire, il doit s'accorder avec l'entreprise qui l'embauche sur les caractéristiques de cet emploi : le nombre d'heures de travail, le nombre d'heures complémentaires, les vacances, les absences pour maladie, les promotions possibles et ainsi de suite. En représentant l'opinion des travailleurs sur ces questions, les syndicats permettent aux entreprises de définir les caractéristiques adéquates pour chaque emploi. Même si les syndicats ont pour effet négatif de pousser les salaires au-dessus de leur niveau d'équilibre et d'engendrer du chômage, ils ont l'avantage d'aider les entreprises à maintenir les travailleurs dans de bonnes conditions de travail.

XIII.5. LES POLITIQUES PUBLIQUES ET LA RECHERCHE D'EMPLOI

Dans toutes les économies, pauvres ou riches, plus l'information concernant les emplois et les travailleurs disponibles se diffuse rapidement, plus l'appariement entre les travailleurs et les firmes sera rapide. Internet par exemple, peut faciliter la recherche d'emplois et réduire le chômage frictionnel qui concerne majoritairement les pays développés. De plus, les politiques publiques peuvent également jouer un rôle. Si une politique publique permet de réduire le temps nécessaire à un chômeur pour qu'il trouve un nouvel emploi, elle pourrait contribuer à réduire le taux de chômage naturel de l'économie.

Les politiques publiques tentent de faciliter la recherche d'emploi par de nombreux moyens. Une première solution consiste en la mise en place d'agences publiques pour l'emploi qui diffusent les informations sur les emplois disponibles dans l'économie. Une autre solution est de mettre en place des plans publics de formation dont le but est de faciliter la reconversion des travailleurs des industries en déclin (pour les pays industrialisés) et d'aider les travailleurs les moins bien formés ainsi que les plus défavorisés à trouver un emploi. Les partisans de ces politiques pensent qu'elles permettent à l'économie de fonctionner plus efficacement en améliorant l'emploi de la population active, mais également qu'elles réduisent les inégalités inhérentes à une économie de marché en changement constant.

Les détracteurs de ces politiques s'interrogent sur la nécessité de l'intervention de l'État dans le processus de recherche d'emploi. Ils soutiennent qu'il est préférable de laisser le marché coupler travailleurs et emplois. En fait, la majorité des recherches d'emploi dans une économie se réalise sans l'intervention de l'État. Les annonces dans les journaux, les sites d'emploi sur Internet, les chasseurs de têtes et le bouche-à-oreille aident à diffuser l'information portant sur les emplois disponibles et les candidats à ces emplois. De même, les travailleurs ont été formés lors de leurs études ou durant leurs emplois précédents. Ces critiques affirment que l'État n'est pas plus efficace, qu'il est probablement même inefficace pour disséminer la bonne information aux bons travailleurs, pas plus qu'il n'est apte à décider quel type de formation serait le plus profitable aux travailleurs. Ils affirment que les travailleurs et les employeurs sont plus à même de prendre ces décisions eux-mêmes.

Sauf que, ces inconditionnels de la théorie de la main invisible ne parviennent toujours pas à nous expliquer pourquoi dans la plupart des marchés de l'économie, les prix s'ajustent afin d'équilibrer les quantités offertes et demandées alors que sur leur marché de travail idéal, les salaires n'arrivent toujours pas à s'ajuster afin d'équilibrer la quantité offerte et la quantité demandée de travail. Cet ajustement des salaires nous garantirait que tous les travailleurs soient toujours pleinement employés. Ces inconditionnels de la théorie de la main invisible confondent alors théorie et réalité. Ils semblent oublier que toute théorie a ses limites. Malheureusement pour eux, la réalité ici n'est pas conforme à cet idéal. Il y a toujours des travailleurs sans emploi même lorsque l'économie des pays développés et dits riches, dans son ensemble, se porte bien.

CINQUIÈME PARTIE

L'ASIE ET SA DIPLOMATIE RINGARDE EN AFRIQUE :

QUELLE ALTERNATIVE POUR L'OCCIDENT, POUR QUEL RÉSULTAT ?

L'ASIE ET SA DIPLOMATIE RINGARDE EN AFRIQUE

CHAPITRE 14

UNE AUTRE APPROCHE, OU UNE AMÉLIORATION DE LA STRATÉGIE, DE SOUTIEN ET DE LA MISE EN ŒUVRE DES ACTIVITÉS GÉNÉRATRICE DE REVENUS ET CRÉATRICES D'EMPLOI EN AFRIQUE

XIV.1. LES FAIBLESSES DE LA COOPÉRATION OCCIDENTALE SUR LA RÉDUCTION DE LA PAUVRETÉ EN AFRIQUE

Pour leur politique d'aide au développement en Afrique, volet coopération sur la réduction de la pauvreté, les Occidentaux ont mis sur pied des fondations et des agences spécialisées. Il s'agit, par exemple de l'Allemagne du GTZ ; la France de l'AFD ; la Hollande de la SNV ; les États-Unis d'Amérique de l'USAID ; l'ensemble de l'Union européenne du FED, etc.

En ce qui concerne spécifiquement la coopération sur la réduction de la pauvreté, ces agences ont différentes lignes de crédits qu'elles ont intitulé des Fonds. Certains fonds financent des projets dans les départements ministériels, d'autres financent directement des ONG, parfois internationales, des Associations et des cabinets d'études, d'autres encore, financent des projets de partenariat multilatéral de lutte contre la pauvreté.

XIV.1.1. Au niveau du financement des projets dans les départements ministériels

La faiblesse de ces financements réside en ce que, leurs budgets de fonctionnement sont de l'ordre de 70 % au moins tandis que leurs budgets d'investissement sont de 30 % au plus. Les budgets d'investissement financent tant bien que mal, ou apportent parfois un petit apport financier à certains projets sociaux dans le cadre de la construction d'un dispensaire, d'une salle de classe, d'un forage, d'un puits d'eau, d'une piste villageoise, d'un centre de formation agricole, etc.

En plus, les lignes des budgets d'investissement sont encombrées, en majeure partie des études, de l'organisation des colloques, des séminaires et des ateliers, et de la formation. Résultat, à peine 5 à 10 % de financements directs parviennent aux populations locales et financent effectivement des microprojets.

XIV.1.2. Au niveau du financement à travers des ONG, des Associations et des cabinets d'études

En plus du fait que les projets dans les départements ministériels travaillent déjà avec des relais sur le terrain dont des ONG, des

Associations et des cabinets d'études, les agences occidentales financent directement ces structures sur le terrain pour la réalisation et le suivi des microprojets qui tiennent compte de la préservation de l'environnement, du processus de décentralisation et de l'approche genre. Ce qui est une très bonne idée. Ces microprojets se manifestent sous trois formes :

1) Des MPD (Micro Projets de Développement) ;
2) Des petites subventions et des petits prêts à travers les établissements de micro crédits, les coopératives, les caisses villageoises et associatives ;
3) Des AGR (Activités Génératrices de Revenus) et Créatrices d'Emplois.

La faiblesse de ces financements est que, le volume du budget consacré à la réalisation effective de ces microprojets sur le terrain est extrêmement faible. Conséquence, ils sont obligés de faire du « saupoudrage », c'est-à-dire, d'accorder des montants qui atteignent à peine 500 mille FCFA par-ci et un million FCFA par-là, soit environ entre 1 000 et 2 000 dollars en ce qui concerne, par exemple, le financement des Activités Génératrices de Revenus et Créatrices d'Emplois. Cependant, la plupart des littératures occidentales sur la problématique du développement et des publications de leurs agences de développement pensent qu'il faut actuellement faire des Activités Génératrices de Revenus et Créatrices d'Emplois, la principale priorité des fonds destinés à l'aide au développement en Afrique, volet coopération sur la réduction de la pauvreté.

En définitive, cela laisse penser aux Africains que les Occidentaux ont de très bonnes idées, mais qu'ils n'auraient probablement pas les moyens de leur politique.

XIV.1.3. Au niveau des programmes de partenariat multilatéral de lutte contre la pauvreté

Ces programmes s'inscrivent généralement dans le cadre de la mise en œuvre d'une convention de partenariat entre un État africain (représenté par certains ministères) et ses régions d'une part, et une agence occidentale de développement, la Banque Mondiale, le Programme des Nations Unies pour le Développement (PNUD), Le

Fonds International pour le Développement de l'agriculture (FIDA), etc., d'autre part.

Ils ont souvent dans le secteur de l'agriculture, par exemple, comme intermédiaire, la FAO qui pour nous, n'est pas un bailleur. Mais, un grand bureau d'études qui ponctionne plutôt les maigres ressources destinées aux pays africains. En ce qui concerne l'Afrique centrale, par exemple, le FAD, la CEEAC et le COMIFAC sont également appuyés financièrement et apportent à leur tour, leur contribution sur le terrain à la limite des ressources mises à leur disposition. Ces programmes d'appui à la lutte contre la pauvreté évoluent dans une forme de grande Agence de Développement Social (ADS) qui se décline sous différents fonds :

- Fonds de Développement Local.
- Fonds Régional pour la Promotion de l'Emploi.
- Etc.

La structure de gestion de ces programmes se présente en général comme suit :

➢ Une coordination nationale avec tout un staff.

➢ Des Comités Régionaux de Pilotage (CRP) composés de :

- Le Gouverneur de la région ou son représentant.
- Le Conseil Régional (Président) ou son représentant.
- Un représentant du ministère chargé du développement social ou de l'économie.
- Un représentant du ministère de l'Emploi ou de l'Agriculture ou de l'Élevage.
- Le PNUD, la BM, la BAD, etc. Ou son représentant ;
- L'Agence de Développement Social (ADS) ou son représentant.

➢ Des Comités Régionaux d'Approbation des Projets (CRAP) composés de :

- Le Coordonnateur Régional de l'ADS (président).
- Le Coordonnateur régional du Fonds concerné.
- Un représentant du conseil régional.
- Les chargés de projets.
- Un représentant des services extérieurs selon la nature du

projet.

- Des coordinations régionales ou Unités de Gestion du Programme (UGP) composées de :
  - Le Coordonnateur Régional du programme.
  - Les chargés de projets.
  - L'Assistant du projet.

Dans le cas où le pays africain concerné compte 10 régions, par exemple, il faut multiplier par 10, le nombre des membres de la structure de gestion du programme décrit ci-dessus. Il faut également compter la location des différents locaux administratifs devant abriter les unités de gestion dans chaque région et leur budget de fonctionnement. Il faut aussi compter l'achat des véhicules tout-terrain affectés à chaque région y compris le coût de la maintenance et le carburant y afférant. Ajoutons, à toute cette administration, la véritable structure technique sur le terrain, nécessaire et indispensable à la réussite d'un tel programme, composée :

- Des Consultants.
- Des Organes Facilitateurs (ONG, associations, coopératives, les promoteurs de projets...).
- Des Acteurs locaux (élus, cadres communaux, cadres associatifs, adhérents des coopératives, cadre des chambres professionnelles, etc.).

Les principales faiblesses de ces programmes sont facilement détectables :

- Leur structure institutionnelle est un véritable gouffre budgétaire devant permettre le fonctionnement d'une telle grosse machine administrative.
- Les lourdes procédures administratives qui en découlent constituent de véritables blocages pour pouvoir aboutir au financement réel d'un microprojet.
- Le budget restant est forcément réduit pour pouvoir financer les projets sur le terrain, ce qui entraîne le « saupoudrage » des financements afin de donner l'impression que le programme est utile à quelque chose, qu'il atteint ses

objectifs. Conséquence, en ce qui concerne, par exemple, les Activités Génératrices de Revenus et Créatrices d'Emplois, l'on multiplie quelques petits financements sans véritable impact sur la pauvreté et le quotidien des populations.

XIV.2. CE QUE POURRAIT FAIRE, DORÉNAVANT, L'OCCIDENT DANS LE CADRE DE LA COOPÉRATION SUR LA RÉDUCTION DE LA PAUVRETÉ EN AFRIQUE

L'Occident devrait proposer une version améliorée de ce qu'il fait en ce moment sur le terrain en la matière. C'est-à-dire que les pays occidentaux devraient capitaliser les faiblesses de leur coopération sur la réduction de la pauvreté en Afrique, en essayant de canaliser particulièrement leurs actions sur le point prioritaire (d'après, toutes les littératures occidentales actuelles et agences de développement) en matière de lutte contre la pauvreté, et qui serait susceptible de séduire le plus, les populations africaines, de plus en plus conscientes de leurs intérêts.

XIV.2.1. Ce qui pourrait devenir un point prioritaire de la coopération occidentale sur la réduction de la pauvreté en Afrique

Pour séduire, et avoir un impact sur la pauvreté et le quotidien des populations africaines, les pays occidentaux devraient faire du « Soutien aux activités génératrices de revenus et créatrices d'emplois », un point prioritaire dans leur stratégie d'action pour les 10 années à venir en Afrique, en ce qui concerne l'aide occidentale au développement, volet coopération sur la réduction de la pauvreté.

Cette priorité ne doit pas seulement être un vœu pieux, une incantation ou une grande bonne idée comme les Occidentaux le font en ce moment en Afrique. Ce qui pourrait donner l'impression qu'ils n'ont pas les moyens de leur politique. Mais, l'Occident devrait se donner les moyens pour mettre réellement cette idée en pratique sur le terrain. Cependant, l'Occident verra lui-même les gains en Afrique. En effet, adopter une approche sur la réduction de la pauvreté qui charme, séduit les populations, à savoir l'approche économique de Soutien aux Activités Génératrices de Revenus et Créatrices d'Emplois a le mérite de libérer le potentiel des populations. La mise en œuvre des AGR (Activités Génératrices de Revenus) et Créatrices d'Emplois permet une adhésion de la population au projet et une implication dans sa réussite.

En somme, le développement d'activités économiques génératrices de revenus (AGR) est reconnu comme étant la clé de la relance des zones rurales et urbaines des pays africains. D'une part, ces activités permettent de déclencher un dynamisme et un processus de développement au niveau des localités, d'autre part, elles sont un moyen de stimulation de la motivation et de l'intégration de la population dans les projets de développement. En l'occurrence, la finalité de toute AGR est le développement durable économique et social de la population. Et ceci, les populations africaines le savent très bien. Les Occidentaux également ont conscience de ce que les Africains le savent très bien. Malheureusement, les populations africaines ont de plus en plus l'impression que les Occidentaux n'ont pas les moyens de leur politique.

XIV.3. MISE EN ŒUVRE EFFECTIVE DES AGR

XIV.3.1. Stratégie de financement

En réalité, par souci d'efficacité, les pays occidentaux n'ont pas besoin de leurs agences de développement budgétivores pour financer, d'une manière générale, l'aide au développement en Afrique. Ils pourraient même les conserver. Sauf que, ces agences donnent l'impression aux Africains qu'elles aident plutôt à caser et à donner de l'emploi en Afrique, à quelques chômeurs occidentaux. Les pays occidentaux ont plutôt besoin de créer une ligne de crédit et de mettre effectivement des parts de cette ligne de crédit, avec différentes rubriques, à la disposition de chacune de leurs ambassades à travers l'Afrique.

Cette ligne de crédit, parallèlement à ce qu'elle finance actuellement sur le continent africain, pourra spécialement financer dès 2020, à hauteur de 4 (quatre) millions de dollars US, par Pays africain et par an, dans le cadre d'appui des pays occidentaux à la lutte contre la pauvreté en Afrique, la rubrique « Soutien aux activités économiques génératrices de revenus et créatrices d'emplois en Afrique ». Ce, à partir du modèle ci-après que nous proposons aux gouvernements occidentaux.

XIV.3.1.1. Financements directs des activités génératrices de revenus (AGR) ou le budget d'investissement des AGR

Nous proposons que le budget d'investissement puisse représenter 75 % du budget consacré à la rubrique : « Soutien aux Activités Economiques Génératrices de Revenus et Créatrices d'Emplois ». Ce qui sera une grande première, une innovation en matière de programme de lutte contre la pauvreté en Afrique. Ensuite, que le budget d'investissement ne finance ni formation, ni séminaire, ni étude qui seront à leur tour financés par le budget de fonctionnement. Mais que la totalité du budget d'investissement soit consacrée aux financements directs des microprojets.

Ce qui représentera environ 3 (trois) millions de dollars US par Pays africain et par an pour le financement direct et effectif, des Activités Génératrices de Revenus et Créatrices d'Emplois, destiné aux populations locales. Les microprojets seront alors répartis en 3 (trois) catégories :

- Les microprojets d'Activités Génératrices de Revenus et Créatrices d'Emplois ;
- Les microprojets d'Infrastructures liées aux Activités Economiques Génératrices de Revenus ;
- Les prêts liés aux Activités Economiques Génératrices de Revenus et Créatrices d'Emplois.

➢ Financement direct de 200 microprojets d'Activités Génératrices de Revenus et Créatrices d'Emplois par pays africain, sous forme de subvention, à hauteur de 5 (cinq) millions de FCFA, soit, 10 mille dollars US, par bénéficiaire : 2 (deux) millions de dollars US/An et par pays africain

Nous suggérons ici que les financements soient sous forme de subventions non remboursables et que, contrairement à ce qu'ils font actuellement, les Occidentaux évitent le « saupoudrage » et le flou dans cette catégorie. C'est-à-dire que le nombre de microprojets d'Activités Génératrices de Revenus et Créatrices d'Emplois à financer, y compris le budget annuel qui y est consacré, doivent être rendus publics à l'échelle nationale et de façon permanente. Par souci d'efficience et d'efficacité, nous proposons que le montant de financement soit à la fois consistant et identique pour chaque microprojet d'Activités Génératrices de Revenus et Créatrices d'Emplois.

La communication spécialisée s'attelant à demander aux promoteurs de calibrer leurs microprojets sur ce montant. Ensuite, que les promoteurs ou les bénéficiaires dans cette catégorie ne soient pas des particuliers, mais, exclusivement des Associations, des GICs (Groupes d'Initiatives Communes), etc. Et que, ce montant consistant soit d'une valeur de 5 (cinq) millions de FCFA, soit 10 mille dollars US par projet et par association bénéficiaire. Ce qui représente 1 (un) milliard de FCFA, soit environ, 2 (deux) millions de dollars US par Pays africain et par an, pour le financement direct et effectif de 200 (deux cents) microprojets d'Activités Génératrices de Revenus et Créatrices d'Emploi, destiné aux populations locales.

Quelques critères d'éligibilité et des indications d'ordre pratique dans cette catégorie :

- La population cible de cette catégorie

Toutes les personnes résidentes dans le pays africain qui bénéficie de ce financement et qui sont regroupées en associations, porteuses de projets générateurs de revenus et créateurs d'emplois sont considérées comme étant potentiellement éligibles. Particulièrement, les populations démunies, pauvres et vulnérables en milieu urbain et surtout rural, à savoir, les femmes, les handicapés et les jeunes regroupés en associations sont privilégiés.

- Les organes facilitateurs de cette catégorie

Les ONG, les associations, les GICs et les acteurs locaux (élus locaux, cadres communaux, cadres associatifs, les chefferies traditionnelles, le clergé, etc.).

- Les critères d'éligibilité dans cette catégorie

À côté des critères généraux tels que les projets doivent :

- Profiter aux groupes et associations de personnes les plus défavorisées de la population.
- Être viables sur le plan technique et socio-économique.
- Présenter les garanties.de durabilité.

- Utiliser en priorité les ressources humaines et matérielles locales.
- Ne présenter aucun impact négatif sur l'environnement.

Les microprojets d'Activités Génératrices de Revenus et Créatrices d'Emplois, selon leur nature, seront évalués sur la base de certains critères spécifiques :

- Les Objectifs.
- Les Résultats attendus.
- Les composantes du projet ; Les échéanciers de réalisation ; Le Budget initial du projet.
- Les informations sur les porteurs du projet.
- Une petite Étude de rentabilité à présenter.
- Les modalités et stratégies pour pérenniser le projet et son financement.

▪ Les Activités éligibles de cette catégorie

- Agriculture.
- Élevage.
- Pisciculture.
- Pêche.
- Artisanat.
- Tourisme rural.
- Promotion des petites activités techniques en milieu rural et urbain.
- Promotion d'Activités de Service en milieu urbain, Etc.

▪ Les objectifs visés par cette catégorie

- Libérer le potentiel des populations.
- Stimuler le génie créateur des populations.
- Assurer le développement local durable, économique et social de la population ; Promouvoir les activités génératrices de revenus, à travers la mise en œuvre des projets opérationnels

au profit essentiellement des femmes, des jeunes et des handicapés ;

- Favoriser la promotion sociale par la formation qualifiante, des groupes défavorisés.

➢ Microprojets d'Infrastructures liées aux Activités Economiques Génératrices de Revenus en subvention : 500 {cinq cents) mille dollars US/An et par pays africain

Nous suggérons, ici, que les financements soient sous forme de subventions non remboursables accordées à des communautés, des associations et des particuliers. Nous proposons dans cette catégorie que les subventions puissent varier d'une valeur de 50 000 (cinquante mille) FCFA à 5 (millions) selon qu'il s'agira de la réparation, de la réfection, de la réhabilitation, l'achat d'une machine, de l'équipement d'un atelier, de l'aménagement partiel ou total, de l'amélioration d'une infrastructure ou de la réalisation d'un ouvrage à usage collectif. Cette proposition est faite à la lumière de l'expérience de notre organisation en la matière.

En 2003, sur proposition et suivi technique l'ACATED-PCDE (Programme de Croissance et de Développement Economique), le ministère de l'Agriculture du Cameroun subventionne, à hauteur de 5 à 6 millions l'unité, suivant l'éloignement et l'accès des matériaux dans les villages, la réalisation des puits d'eau à pompe manuelle dans plusieurs villages de ce pays. Après 5 (cinq) années d'utilisation par les populations, certains ·puits vont tomber en panne. Certaines populations vont se retourner vers notre organisation, l'ACATED-PCDE pour solliciter notre aide. C'est ainsi qu'en 2008, nous allons intervenir à hauteur de 300 000 (trois cent mille) FCFA pour réhabiliter un puits. Le même puits va tomber en panne en 2012 et sa réparation, cette fois moins grave ne va nécessiter que 100 000 (cent mille) FCFA, soit, *70 000* (soixante-dix mille) FCFA pour l'achat de matériels et 30 000 (trente mille) FCFA pour la main-d'œuvre du technicien que nous avions recruté à cet effet.

La joie fut immense dans ce village appelé Makondo, situé à 20 km de la ville d'Édéa, dans la région du littoral au Cameroun, où les populations parcouraient des kilomètres pour s'approvisionner en une eau à peine buvable dans les sources. Pourquoi en plus des communautés, est-il important de subventionner dans cette catégorie des associations et des individus ? Un individu ou une association peut avoir, sur initiative personnelle ou sur financement propre, créé une plantation de palmeraie par exemple, ou une culture maraîchère irriguée péniblement.

L'individu ou l'association peut alors solliciter l'aide occidentale dans cette catégorie pour s'acheter un pressoir à huile, agrandir sa plantation afin de recruter davantage la main- d'œuvre, ou pour améliorer son infrastructure d'irrigation pour sa culture maraîchère. Une communauté peut solliciter la réhabilitation d'un ponceau ou d'une piste pour permettre l'évacuation des denrées alimentaires, des tables-bancs où les enfants s'assoient parfois à même sol dans certaines écoles de nos villages, ou alors, solliciter une contribution à la construction d'une salle de classe, de la toiture d'une école ou d'une salle de classe, à cimenter le sol d'une salle de classe, à équiper un dispensaire en médicaments, matelas, lits et matériels médicaux, ainsi de suite. Dans cette catégorie, la subvention peut aller de 50 mille FCFA à cinq millions FCFA environ entre 100 dollars US et 10 mille dollars US, selon la nature des sollicitations pour le bonheur immense de ces populations dont les gains, au plan sympathique de la politique d'aide occidentale en Afrique, seront inestimables.

En somme, avec une petite enveloppe annuelle d'une valeur de 250 (deux cent cinquante) millions FCFA, soit environ, 500 (cinq cents) mille dollars US par an et par pays africain, l'Occident peut apporter son soutien, sa contribution à la réalisation de centaines petites œuvres et petits ouvrages liés aux activités économiques génératrices de revenus et créatrices d'emplois, et contribuer à procurer directement du bonheur à des milliers de personnes dans chaque pays africain. L'objectif visé ici, par cette catégorie étant d'améliorer l'accès des populations pauvres aux services de base, liés à la création des activités économiques.

➢ Les prêts liés aux Activités Economiques Génératrices de Revenus et Créatrices d'Emplois (remboursables à 0%de taux d'intérêt débiteur) : 500 mille dollars US/An et par pays africain

En Afrique, les difficultés d'accès au crédit sont avérées. Elles le sont encore plus, pour les couches sociales défavorisées telles que, les femmes, les handicapés et les jeunes qui font ou ambitionnent de faire les affaires. Nous pensons, ici, au cas de cet individu issu de cette couche sociale, ci-dessus citée :

- Qui a gagné un marché dans une entreprise ou un ministère et qui ne parvient pas à le réaliser faute de financement ;
- Qui veut agrandir sa petite affaire et embaucher d'autres personnes afin de réaliser un peu plus de bénéfice, mais n'y parvient pas, faute de financement ;
- Qui est porteur d'un bon petit projet rentable, mais ne peut le mettre sur pied, faute de financement, etc.

C'est pour ces raisons qu'au-delà des subventions, nous avons pensé qu'il serait nécessaire d'intégrer cette catégorie de financement (des prêts remboursables à 0%de taux d'intérêt débiteur), que d'ailleurs, les Occidentaux essayent déjà d'implémenter sur le continent africain. Malheureusement, cela se limite aux bonnes intentions et à un rythme homéopathique. Ce qui donne, une fois de plus, l'impression aux populations qu'ils n'auraient pas les moyens de leur politique.

Cette catégorie de financement va principalement concerner des particuliers, spécialement les personnes défavorisées, à savoir, les handicapés, les femmes et les jeunes hommes d'affaires, imaginatifs, dynamiques et ambitieux. Mais aussi, dans une moindre mesure, quelques associations ou groupes de personnes qui présentent des garanties de remboursement et remplissent certains critères. L'intérêt ici, étant de présenter un projet, une affaire qui a la capacité de générer des revenus, mais aussi d'employer ou de créer de l'emploi pour d'autres personnes, à court ou à moyen terme.

Nous proposons que l'enveloppe soit de 500 mille dollars US par an et par pays africain, à cette catégorie de financement. Mais, uniquement sur les 5 (cinq) premières années.

L'idée étant que l'argent recouvré auprès des emprunteurs puisse être prêté à d'autres ou aux mêmes, sous forme de crédit revolving. Ce qui est nettement possible si cette opération est conduite dans la souplesse, mais suivant les règles de l'art. Ce qui va nécessiter qu'elle soit menée par des professionnels de la micro finance encadrés par des gens qui ont l'expérience ou la pratique des questions sociales, de développement, et l'esprit associatif. Aussi, nous suggérons que, le montant des prêts puisse varier d'une valeur de 200 mille FCFA à 10 (dix) millions de FCFA et que le début de remboursement (à 0%de taux d'intérêt débiteur) puisse intervenir, seulement 12 mois après la première avance, les montants des avances étant différents selon la nature des projets : les montants et les délais de remboursement doivent tenir compte des cycles de production et de commercialisation des produits pour le secteur agricole, par exemple.

Enfin que certains emprunteurs, suivant la nature et l'étude de leurs dossiers, particulièrement ceux ayant gagné des marchés dans des ministères ou des entreprises, puissent automatiquement et totalement rembourser le prêt (à 0 de taux d'intérêt débiteur), dès paiement de leurs factures, c'est-à-dire, entre 03 à 06 mois au plus, suivant un mécanisme spécial de suivi-évaluation du projet et de remboursement du crédit qui doit être mis en place (voir rôle des établissements de micro finance de relais au chapitre 7).

XIV.3.1.2. Budget de Fonctionnement des AGR :

Nous proposons que le budget de fonctionnement puisse représenter, seulement, 25%du budget consacré à la rubrique « Soutien aux Activités Economiques Génératrices de Revenus et Créatrices d'Emplois ». Ce qui sera également une grande première, une innovation en matière de programme de lutte contre la pauvreté en Afrique. Nous proposons qu'une allocation budgétaire annuelle de 500 (Cinq cents) millions de FCFA, environ, un (01) million de dollars US, soit retenue pour le fonctionnement (honoraires des consultants, frais de déplacements et d'Hébergement, carburants, salaires du personnel, loyer, téléphone, secrétariat, communication stratégique et publicité, et exclusivement pour la première année, achat de 5 véhicules tout-terrain, etc.) de la structure technique, de préférence, une ONG ou une Association qui sera chargée, à l'échelle nationale, d'assurer techniquement le travail dans chaque pays africain, sous la supervision et le contrôle, par exemple, de la mission de l'Union européenne représentée dans chaque pays africain. Ensuite, que le même budget de fonctionnement finance les séminaires et les ateliers de formation pratique au profit des bénéficiaires, puis les études (assistance technique, des porteurs de projets sélectionnés, à la réalisation des petites études de marché, de rentabilité, d'impact environnemental, etc.).

XIV.3.2. Travail de la structure technique

- Proposer des options stratégiques complémentaires.
- Élaborer le plan de travail annuel.
- Examiner et Sélectionner les microprojets à l'échelle nationale.

- Sélectionner les partenaires et définir (élaborer les Termes De Référence de) leurs missions.
- Valider les microprojets et les conventions de partenariat ;
- Coordonner, Mobiliser, Suivre et Encadrer les partenaires sur le terrain.
- Sélectionner et Superviser les établissements de micro finance de relais chargés du suivi-évaluation des microprojets financés sous forme de prêts ; Assurer la Communication Stratégique ; Assurer la Gestion Administrative.

XIV.3.3. Organigramme de la structure technique

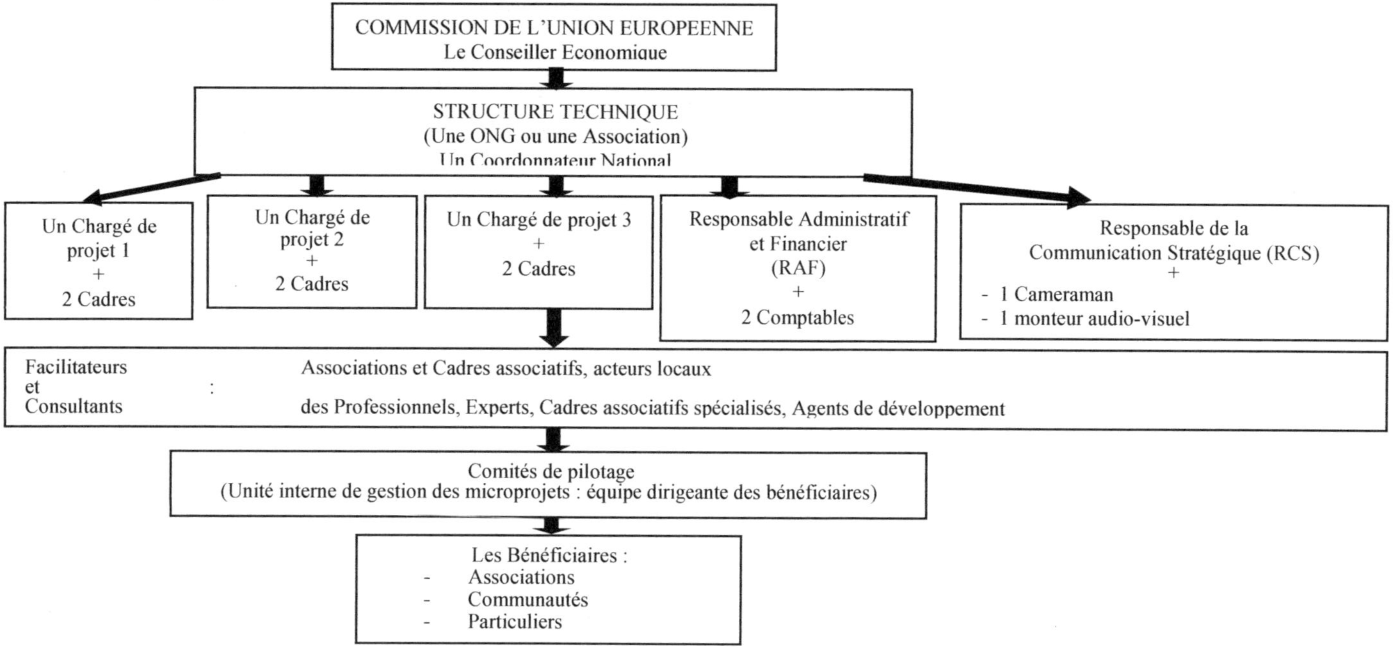

XIV.4. CONCLUSION

En somme, nous suggérons que la phase expérimentale de cette approche que nous venons de vous présenter, ci-dessus, se fasse au Cameroun, et que la structure technique soit assurée par l'organisation que dirige l'auteur de cet ouvrage au niveau africain (l'Agence Internationale d'Assistance au Développement Local) et au niveau national (ACATED – PCDE : Programme de Croissance et de Développement Economique) qu'il soit encore à sa tête ou qu'il soit ailleurs. Ce, sous la supervision et le contrôle de la mission de l'Union européenne.

Aussi, la mission de l'Union européenne devra totalement assurer la gestion du compte bancaire où seront logés les fonds destinés à la rubrique « Soutien aux Activités Economiques Génératrices de Revenus et Créatrices d'Emplois au Cameroun, par exemple ».

La mission de l'Union européenne de commun accord avec la structure technique qui sera également chargée d'élaborer et de proposer un budget annuel détaillé procédera par étape au décaissement des fonds sur la base de celui-ci. Les décaissements se feront directement au profit des bénéficiaires suivant un calendrier technique, élaboré pour chaque dépense et chaque bénéficiaire, proposé par la structure technique et arrêté de commun accord avec la mission de l'Union européenne.

À chaque étape de décaissement, doit être produit un compte d'emploi auquel doivent être jointes toutes les pièces justificatives des dépenses y afférentes. Ce n'est qu'après validation de ce compte d'emploi par la structure technique et la mission de l'Union européenne que l'on peut passer à une autre échéance de décaissement pour une dépense ou un bénéficiaire précis. Deux ans après cette phase expérimentale au Cameroun, et au vu des résultats, le moment venu, notre organisation se propose d'accompagner l'Union européenne à l'élaboration des TDR (Termes De Référence), à la sélection et à la supervision permanente des Associations devant assurer la coordination des Structures Techniques dans les pays africains qui seront éligibles par l'Union européenne, au Financement de « Soutien aux Activités Economiques Génératrices de Revenus .et Créatrices d'Emplois en Afrique » dans le cadre de la coopération occidentale (européenne) sur la réduction de la pauvreté en Afrique. Avec seulement 4 (quatre) millions de dollars US, accordés à chaque pays africain par an et sur la base de cette stratégie ou de ce modèle, les missions diplomatiques des pays occidentaux se rendront très vite compte de l'impact sur le terrain et sur l'image de leurs pays en Afrique.

CONCLUSION GÉNÉRALE

Comme vous avez pu le remarquer, le modèle libéral est un mode d'organisation de l'activité économie par excellence qui s'impose de lui-même dans certains secteurs de l'économie, quel que soit le pays, grâce à la main invisible qui parvient à coordonner le comportement des producteurs et des consommateurs malgré leur nature égoïste dans l'intérêt de tous. C'est pour cela que le communisme était voué à l'échec. Parce que l'on ne s'oppose pas à la science tout comme à la nature. Car, chaque fois que l'Homme s'oppose à la science ou à la nature, tôt ou tard, les effets sont dévastateurs[18]. Ainsi, dans certains secteurs de l'économie, autant la main invisible ajuste le prix pour que l'offre et la demande s'équilibrent sur le marché dans l'intérêt général, reconnaissons que, dans d'autres secteurs de l'économie, comme toute théorie, la main invisible a ses limites, c'est-à-dire, qu'elle est inefficace et inéquitable, par exemple, dans la production du capital physique, notamment dans la production des infrastructures dans un pays pauvre et sous-développé. La preuve, depuis 58 ans, ou depuis 1960, date d'accès à l'indépendance de la plupart des pays africains au sud du Sahara, la main invisible ne parvient pas ajuster le prix du kilomètre de route bitumée ou de rail, toujours très élevé en Afrique, pour équilibrer l'offre, par exemple, des voies de chemin de fer, des routes, etc., et la demande des populations en chemins de fer, routes (même en terre battue), hôpitaux, écoles, points d'eau potable, comme c'est le cas, dans les pays développés. Ce, malgré et en plus de la régulation keynésienne pratiquée dans ce secteur en Afrique (la plupart des gouvernements africains au sud du Sahara régulent le marché du ciment et du fer à béton, par exemple, en homologuant systématiquement le prix de ces matériaux prioritaires de construction que tous les concurrents sont obligés d'observer sur le marché). En

[18]*C'est le risque que l'Occident est en train de courir et de faire courir aux Occidentaux avec le déferlement des vagues d'immigration, de la jeunesse africaine, depuis les côtes et frontières méditerranéennes. Une jeunesse dont rien ne pourra ni stopper ni altérer la détermination. Car, rien ne peut stopper ou altérer l'instinct de survie, en dehors, de la vie. (Voir chapitres 2 et 11).*

effet, c'est la preuve que, Adam Smith, John Maynard Keynes et autres, en pensant la théorie économique ne pensaient pas à l'Afrique, mais, plutôt à l'Occident. Ce qui est normal et tout à fait intellectuellement responsable. C'est d'abord des Occidentaux, ils devaient penser à la meilleure manière de résoudre les problèmes de leur environnement et de leurs concitoyens avec les moyens qui étaient ceux de leurs pays. Contrairement aux *intellectuels* africains, non, aux grands diplômés africains qui dans leurs publications scientifiques ne manquent pas d'occasion d'étayer leur manipulation de la formulation mathématique inutile et des concepts théoriques ''savants'' à peine bons pour les amphis, au point de devenir des assimilateurs et des simulateurs des concepts des autres. En revanche, il revient à l'économiste africain responsable à son tour de penser à la meilleure façon de résoudre les problèmes de son environnement et de ses concitoyens avec les moyens qui sont ceux de son pays ou de son continent. Donc, de repenser la théorie économique, ou de l'adapter aux réalités des pays africains. Tel a été l'objet de cet ouvrage et c'est ce que nous avons tâché concrètement de faire tout au long de sa rédaction, comme cela n'a certainement pas pu échapper à votre compréhension.

Comme Alfred de Vigny, c'est une bouteille que nous avons jetée à la mer, aux gouvernements des pays africains et à leurs partenaires au développement bilatéraux et multilatéraux, sincères vis-à-vis de l'Afrique et prudents pour l'avenir de leurs propres pays et de la tranquillité de leurs concitoyens de s'en saisir.

Que pourrait donc faire l'Asie dès maintenant ?

Pour l'instant, les Occidentaux ont l'avantage de pouvoir mieux pêcher en eau trouble en Afrique. Parce que, ayant colonisé ce continent, créé et installé des réseaux, longtemps à l'avance sur le terrain. Ceux-ci leur donnent la possibilité de maintenir, mettre et démettre des dictatures et des hommes de paille à la tête de certains États africains au service exclusif de leurs intérêts personnels et des intérêts occidentaux souvent au détriment de leurs propres populations. Jusqu'à quand ce paradigme pourrait-il tenir ?

Les Asiatiques, particulièrement les Chinois sont conscients de ce que l'Afrique de demain ne sera pas comme l'Afrique d'aujourd'hui. Cependant, tous les grands stratèges chinois sont en train d'œuvrer au quotidien pour l'imminence de l'avènement de cette nouvelle Afrique afin de parvenir à damer le pion aux Occidentaux le moment venu. Car, ne perdons jamais de vue que les Chinois sont obstinés par une seule question ou un seul objectif, et toutes les largesses qu'ils multiplient en direction des pays africains ne sont que des stratagèmes pour atteindre cet objectif : Comment parvenir à supplanter les occidentaux dans la conquête et le contrôle des matières premières et des autres ressources naturelles, en Afrique, indispensables à la survie de l'économie chinoise donc à la production industrielle des usines en Chine ?

Pour y parvenir assez rapidement, ils sont en train d'anticiper lentement mais sûrement sur l'avenir. Inutile de vous en faire un dessin. Il n'y a que les Occidentaux qui semblent ne pas voir ce qui est en train de se dessiner sous leurs yeux en Afrique. Ils somnolent encore sur leurs lauriers, notamment sur les acquis de la conférence de Berlin de 1885, les réseaux et les accords désormais caducs de la décolonisation. Demain, quand ils se réveilleront, ce sera trop tard. Il leur restera seulement deux options :

1. Soit, négocier très difficilement et à prix d'or les ressources naturelles en général, et les matières premières en particulier en Afrique.

2. Ou alors, multiplier les théâtres de guerre, de conflits et de déstabilisation dans les pays africains pour essayer de récupérer dans la douleur, par la force et dans le sang, les matières premières et les autres, les ressources naturelles. Ce qui sera instantanément su, très mal vu, voire inacceptable et insupportable dans le monde à venir que les Occidentaux eux-mêmes sont en train de créer, d'instaurer et d'imposer de façon irréversible à travers le développement de la technologie, internet, l'ouverture d'esprit des nouvelles générations du monde en général, et de la majorité des Africains de demain en particulier à travers : la vitesse de la communication et de l'information en image et en temps réel ou la mondialisation, le regard et le discours occidental sur les droits de l'homme à travers la planète.

Pour stratégiquement anticiper sur l'avenir dans l'intérêt des Occidentaux d'une part (ils ont besoin des matières premières et des autres ressources naturelles africaines) et des Africains d'autre part (ils ont besoin du développement, de la technologie occidentale, de l'industrialisation et des emplois), nous venons de proposer ici, une stratégie qui en plus de préserver les intérêts des uns et des autres, va également contribuer à affaiblir la concurrence industrielle asiatique. Mais, maintenant que nous avons rendu publiques nos idées à travers la publication de cet ouvrage qui décrit en détail notre stratégie, elles ne nous appartiennent plus et échappent, désormais à notre propre contrôle. Dès lors, lorsque nous savons comment fonctionnent tous les grands stratèges asiatiques en général, et chinois en particulier, toujours à l'affût de la moindre petite idée pertinente qui mettrait à mal ou qui contribuerait à renforcer leurs intérêts, nous demeurons convaincus que si l'Occident ne met pas immédiatement en pratique les idées contenues dans cet ouvrage, leurs concurrents s'en saisiront très vite, les adapteront et les implémenteront à leur propre compte en Afrique, au détriment des occidentaux.

Par exemple, nos idées sur l'éclatement des chaînes de valeurs de l'industrie occidentale en Asie et sur la délocalisation d'une partie de leur production en Afrique dans les années à venir, à travers des accords transparents de partenariats industriels (implantation des usines, transfert de compétences, achat et transformation des matières premières), les Asiatiques en général, et les Chinois, en particulier, ne pourraient-ils pas s'en saisir, et les implémenter entre la Chine et les pays africains ? Bien qu'en réalité, ces usines chinoises en Afrique pourraient également servir de portes d'entrée des matières premières et des autres ressources naturelles en Chine, les Africains n'auraient-ils pas à cœur de préserver leurs multiples emplois créés par l'implantation et le fonctionnement des usines chinoises sur leurs sols ? La nouvelle opinion publique africaine n'en serait-elle pas très sensible ? À partir de ce moment, les Chinois ne pourraient-ils pas tenir les Africains en chantage et l'Occident ne serait-il pas stratégiquement sevré des ressources naturelles en général et des matières premières, en particulier, en provenance de l'Afrique ?

Depuis quelques années, Exim Bank China a comme axe de priorité en Afrique, le financement systématique de la construction des barrages hydroélectriques et des infrastructures routières. Est-ce pour les beaux yeux des Africains, même s'il s'agit des prêts ? Cette stratégie d'investissement du gouvernement chinois en Afrique, aurait-elle un lien avec l'anticipation sur l'avenir ou avec l'aménagement des facteurs qui détermineraient à l'avenir son intention de production stratégique sur le sol africain ? Interrogez John

Maynard Keynes sur la question, vous aurez la réponse. À bon entendeur, salut !

BIBLIOGRAPHIE

- Adam Smith, *Recherche sur la nature et les causes de la richesse des nations* W. Strahan and Cadell edition, Londre, 1876.

- Alfred Marshall, *Principes de l'économie et l'économie de l'industrie*, Paris-France, De Boeck, 1890.

- Alvin Hansen, *A Guide to Keyne, Fiscal policy and Business cycles et business cycles and national income*

- AmartyaSen, *Development as Freedom, l'Idée de justice et Poverty and Famines,* DUP– Oxford, 2001.

- Antoine Laurent de Lavoisier, *Traité élémentaire de chimie, Interfaces/Fonds Anciens*, BU – Lyon France, 1789.

- Arthur Cecil Pigou, *la Théorie du Chômage*, Routledge Paris-France, 1933.

- Bergson Henry, *l'évolution créatrice*, Presses Universitaires de France, 2013

- Bertil Ohlin, *some notes on the stockholm theory of saving and investment et interregional and international trade,* USA, Kessinger Publishing, 2010

- Christopher Pissarides *Equilibrium Unemployement Theory et Labour Market Adjustment: Microeconomics foundations of Short-run Neoclassical and Keynesian Dynamics*, MIT Press ,Massachusetts USA , 2000

- Christopher Sims ,,*New Methods in Business Cycle Research.*

- Clive Granger , *Spectral analysis of economic time series*, Princeton University Press –London , 2016.

- Dale Mortensen, *Technological Progress job creation and Job Decreation*

- Daniel Defoe, *Robinson Crusoë,* Librairie de Firmin Didot frères, Pleine Percaline Rouge, 1870.

- Daniel Kahneman, *Système 1 / système 2 : les deux vitesses de la pensée et Heuristics and Bases : The Psychology of Intuitive Judgement* , Paris Flammarion, 2012.

- Daniel Mcfadden, *Urban Travel Demand :A Behaviour Analysis : a charles River Associates Research study* .

- Edmund Phelps , *Microeconomic Foundations of Employment and Inflation Theory*, Free Press – USA, 2013.

- ElinorOstrom, *La Gouvernance des biens communs : Pour une nouvelle approche des ressources naturelles*, Commission Université Palais - France, 2010

- Emmanuel Macron, *Assemblée Générale des Nations-Unies - à propos du multilatéralism*e – New York USA, 2017

- Franco Modigliani , *Foundations of Financial Markets and Institutions,* Amérique Pearson 2010.

- Friedrich August Hayek, *la route de la servitude, la constitution de la liberté et la présomption fatale : les erreurs du socialisme,* Presses Universitaires de France, 2013

- Général de Gaulle, *le fil de l'épée*, Plon - France métropolitaine, 1999.

- George Stigler , *The Theory of Price, memoirs of an Unregulated economist, The Organization of Industry et Citizen and the state : Essays on Regulation*

- Georges AKerlof ,*Identity Economics et Explorations in Pragmatic Economics*, Princeton University Press ,London ,2010

- Gunnar Myrdal , *Asian drama ; An inquiry into the poverty of nations et The political element in the development of economic theory*, New York Pantheon ,1968

- Hegel, *Principes de la philosophie du droit,* Gallimard, Paris – Fraonce,1989.

- Henry Bergson, *l'Évolution Créatrice,* Presses universitaires de France, 2013.

- Herbert Alexander Simon, *Administrative Behaviour: A study Making Processes in Administrative organization et models of man : social and rational.*

- Jacques Attali, *Pour une Économie Positive*, Fayard, Paris-France, 2013.

- James Heckman , *The Determinants of Participation in a Social Program : Evidence from a Prototypical Job Training Program , Earnings Functions and Rates of Return et Ashenfelter's Dip and the Determinants of Participation in a Social Program : Implications for Simple Evaluation Strategies*

- James Meade , *The Theory of International Economic Policy'' et ''Efficiency, Equality and the Ownership of Property*, Oxford University Press, 1951 .

- James Mirrlees ,*Project Appraisal and Planning for Developing Countries* .

- James Tobin , *policies for prosperity et Asset Accumulation and Economic Activity : reflections on contemporary Macroeconomic theory*

- Jan Tinbergen ,*On the theory of economic policy ,centralization and decentralization in economic policy , income distribution : Analysis and policies The dynamics of business cycles : a study in economic fluctuations Elsevier Science and Technology Editeur ,* North Holland,1970.

- Jean Pierre Cot et Jean Pierre Mounier, *Pour une Sociologie Politique,* Hachette, Paris-France, 1974.

- John Maynard Keynes, *Théorie Générale de l'Emploi, de l'Intérêt et de la Monnaie*, Payot et Rivages, Paris-France, 1988.

- John Richard Hicks, *Capital and Growth* .

- Joseph Stiglitz, *The Price of Inequality, les liens qui libèrent*, 2010

- KWAME NKRUMAH, *le Consciencisme,* Présence Africaine, Paris France, 2001.

- Lawrence Robert Klein , *The Keynesian revolution*, Farrigdon Street , London,1953.

- Le ministre chinois des Affaires étrangères, *Euros News TV*, 2014.

- Léon Walras, *Éléments d'Economie Politique Pure*, Literary Licensing, Paris France, 1874.

- Léonid Brejnev, *une Passion Russe – le Monde*

- Leonid Hurwicz, *Designing Economic Mechanisms*, Cambridge University Press London,2006.

- Michael Spence , *MarketSignaling International Transfer*.

- Milton Friedman , *Price Theory,* Transaction Publishers 1656.

- Oliver Williamson , *The mechanisms of governance et The economics institutions of capitalism,* DUP USA ,1999.

- Olivier Guez, *l'Éloge de l'Esquive,* Grasset, Paris France, 2014.

- Paul Anthony Samuelson , *Foundations of Economic Analysis*, MC Arrow Hill Professional ,America, 1998.

- Paul krugman, *Économie internationale et pourquoi les crises reviennent toujours*, Pearson, France, 2018.

- Peter Diamond , *Saving social security* , Brookings Institution Press ,2003.

- Robert Aumann , *Game and Economic Theory : Selected Contributions in Honor of Robert J. Aumann*, The University of Michigan Press ,USA ,1995.

- Robert Engle, *Anticipating Correlations et Empirical Asset Pricing:The cross Section of Stock Returns*, Princeton University Press ,London ,2009.

- Robert Lucas, *Models of Business Cycles et Lectures on Economic Growth,* University of Chicago Press, USA, 1983.

- Robert Mundell , *The internetional Monetary system conflict and reform*.

- Robert Solow, *Growth Theory : An Exposition et Learning from Learning by Doing : Lessons for Economic Growth,* Oxford University Press ,Amérique ,2000.

- Roger Myerson , *Probability Models for Economics Decisions*, Cengage Learning ,1750.

- Ronald Coase , *How China Became Capitalist* , N. Wang, Amérique, 2012.

- Simon Smith Kuznets ,*Economic Growth of Nations : Total Output and production structure et Toward a Theory of Economic Growth*, Cambridge Mass Belnap Press of Harvard Unversity Press ,1971 .

- Theodore Schultz, *Transforming traditional agriculture, investment in human capital, investing in people :the economics of population quality et investment in human capital : the role of education and of research.*

- Thomas Sargent, *Rational Expectations and Inflation*, Hapercollins College Div Amérique ,1986.

- Thomas Schelling ,*The Strategy of Conflicts, Arms and Influence , Micromotives and Macrobehaviour et Choice and Consequence*, Harvard Unversity Press – USA,

- United Nations (rapport sur la population 2009) ;

- Vernon Smith , *Rethinking Housing Bubbles : The Role of Household and Bank Balance Sheets in Modeling Economics Cycles et Rationality in Economics : Constructivist and Ecological Forms,* Cambridge University Press ,London ,2014.

- William Arthur Lewis , *The theory of economic growth, Politics in West Africa, The principles of economic planning et Growth and fluctuations*, Routledge library Economic ,London ,2005.

TABLE DES MATIÈRES

Structures éditoriales du groupe L'Harmattan

L'Harmattan Italie
Via degli Artisti, 15
10124 Torino
harmattan.italia@gmail.com

L'Harmattan Hongrie
Kossuth l. u. 14-16.
1053 Budapest
harmattan@harmattan.hu

L'Harmattan Sénégal
10 VDN en face Mermoz
BP 45034 Dakar-Fann
senharmattan@gmail.com

L'Harmattan Cameroun
TSINGA/FECAFOOT
BP 11486 Yaoundé
inkoukam@gmail.com

L'Harmattan Burkina Faso
Achille Somé – tengnule@hotmail.fr

L'Harmattan Guinée
Almamya, rue KA 028 OKB Agency
BP 3470 Conakry
harmattanguinee@yahoo.fr

L'Harmattan RDC
185, avenue Nyangwe
Commune de Lingwala – Kinshasa
matangilamusadila@yahoo.fr

L'Harmattan Congo
67, boulevard Denis-Sassou-N'Guesso
BP 2874 Brazzaville
harmattan.congo@yahoo.fr

L'Harmattan Mali
Sirakoro-Meguetana V31
Bamako
syllaka@yahoo.fr

L'Harmattan Togo
Djidjole – Lomé
Maison Amela
face EPP BATOME
ddamela@aol.com

L'Harmattan Côte d'Ivoire
Résidence Karl – Cité des Arts
Abidjan-Cocody
03 BP 1588 Abidjan
espace_harmattan.ci@hotmail.fr

L'Harmattan Algérie
22, rue Moulay-Mohamed
31000 Oran
info2@harmattan-algerie.com

L'Harmattan Maroc
5, rue Ferrane-Kouicha, Talaâ-Elkbira
Chrableyine, Fès-Médine
30000 Fès
harmattan.maroc@gmail.com

Nos librairies en France

Librairie internationale
16, rue des Écoles – 75005 Paris
librairie.internationale@harmattan.fr
01 40 46 79 11
www.librairieharmattan.com

Librairie l'Espace Harmattan
21 bis, rue des Écoles – 75005 Paris
librairie.espace@harmattan.fr
01 43 29 49 42

Lib. sciences humaines & histoire
21, rue des Écoles – 75005 Paris
librairie.sh@harmattan.fr
01 46 34 13 71
www.librairieharmattansh.com

Lib. Méditerranée & Moyen-Orient
7, rue des Carmes – 75005 Paris
librairie.mediterranee@harmattan.fr
01 43 29 71 15

Librairie Le Lucernaire
53, rue Notre-Dame-des-Champs – 75006 Paris
librairie@lucernaire.fr
01 42 22 67 13

www.ingramcontent.com/pod-product-compliance
Lightning Source LLC
LaVergne TN
LVHW011437061026
849535LV00004BA/843
* 9 7 8 2 3 4 3 1 6 0 0 4 7 *